KB015523

법정채권법

[제3판]

오 병 철 저

法 文 社

제3판 머리말

2021년 제2판을 출간한 이후 2년 만에 다시 제3판으로 개정하게 되었다. 법학전문대학원 체제가 자리를 잡으면서 학생들의 법학에 대한 이해도가 향상되어 필수 기초과목에서도 논의의 심도가 깊어지게 되었다. 이에 따라 최신 판례를 비롯하여 가능한 많은 대법원 판례를 추가하였고, 그동안 불법행위에 비해서 상대적으로 주목받지 못했던 부당이득과 사무관리에 대한 비중을 높이는 변화를 시도하였다.

제3판을 출간해주신 법문사 사장님과 영업부 권혁기 차장님 그리고 편집부 노윤정 차장님께 깊은 감사의 뜻을 전한다.

2023년 2월

오병철

제2판 머리말

2014년 법정채권법을 처음 출간한 후 7년의 세월이 지났다. 민법은 시민사회의 근간을 이루는 법으로 법적 안정성이 무엇보다도 중요하다. 그러한 이유로 미성년자 성적 침해의 소멸시효에 관한 제766조 제3항의 신설을 제외하면 법정채권법 영역의 중요한 민법 개정은 없었다. 그 외에 주목할 만한 민사특별법의 부분적인 개정이나 대법원 판례의 변경 등의 변화가 있었다. 대표적으로는 제조물책임법에서 인과관계의 법률상 추정이나 징벌적 손해배상제도의 도입이 있었고, 육체노동자의 가동연령을 65세로 확대하는 대법원 전원합의체 판결이 선고되었다. 이러한 법률과 판례의 변화를 반영한 제2판을 준비하였다.

또한 초판에는 다수의 오탈자나 오류 그리고 불완전한 설명이 산재해 있었다. 초판으로서는 피하기 어려운 한계였지만, 이를 바로잡기 위해서도 제2판의 출간이 불가피하였다. 제2판을 출간하는 기회에 편집도 개선하였다. 초판에서는 주요 판례의 배경을 이루는 간략한 사실관계를 좌·우측 단에 배치하였던 것을 하단의 각주로 변경하였다. 이로써 하나의 면에 더 많은 설명이 가능하게 되어 내용을 풍부하게 하면서도 동시에 면수를 줄일 수 있게 되었다.

전례 없이 심히 어려운 출판환경에도 불구하고 제2판의 출간을 결정해주신 법문사 사장님께 깊은 감사를 드리고 출판되기까지 수고해주신 영업부 장지훈 부장님과 편집부 김제원 이사님께도 감사의 마음을 전한다.

2021년 2월

오병철

머 리 말

2009년 법학전문대학원이 문을 열면서 우리나라 법률가 양성과정에 큰 변화가 본격적으로 시작되었다. 일제 강점기 이후 오랜 기간 유지되어 온 사법시험과 학부 법학과를 폐지하고 학부과정에서 다양한 전공을 공부한 사람들이 법학전문대학원에서 법학교육을 3년간 이수한 후 변호사 시험을 거쳐 변호사 자격을 취득하는 이른바 '로스쿨' 체제는 미국의 제도를 모델로 한 것이었다. 미국식 법률가 양성 제도의 영향은 법학전문대학원의 민법 교육에서도 예외는 아니었다. 우리나라는 독일, 프랑스 그리고 일본과 같은 대륙법계에 속하는 민법전을 갖고 있음에도 불구하고, 불문법주의의 영미법계 전통을 모방하여 '계약법', '불법행위법', '물권법'으로 나누고 사례를 중심으로 민법 교육을 실시하는 경향이 나타났다. 저자가 속한 연세대학교 법학전문대학원도 이러한 변화의 흐름에 따르게 되었기 때문에 기존의 민법교재와는 차별화된 새로운 경향에 부합하는 민법교재가 필요하게 되었다. 이에 저자가 법학전문대학원 개원 이래 담당해 왔던 '불법행위법' 강의의 교재를 보완하여 정식으로 출판하게 되었다.

이 책의 특징으로는, 첫째로 상세하되 방대하지는 않게 하여 법학전문대학원의 한 강좌에서 모두 소화할 수 있는 정도의 적정한 분량이 되도록 구성하였다. 특히 변호사 시험에서 요구되는 법정채권법의 기본적인 지식을 모두 망라함으로써 강의 교재뿐만 아니라 수험준비서로도 활용할 수 있도록 하였다. 둘째로 고답준론으로 받아들여질 만한 추상적인 법이론에 대한 언급을 최소한으로 줄이고 실증적인 사례를 통하여 법이론의 적용에 대한 현실적인 감각을 체득할 수 있도록 하였다. 모든 대법원의 판결이나 결정이 '판례'로서의 의미를 갖는가의 논란은 있겠지만, 가능한 한 많은 대법원 판결을 소개하였고 판결문에서 구체적으로 밝힌 중요한 판례이론은 원문 그대로를 인용하였다. 셋째로 저자가 민법을 공부하면서 가장 아쉬웠던 점은 기존의 교재들에서는 판례의 태도를 소개하면서 최종적인 결과만을 주로 언급할 뿐 구체적으로 그러한 결론에 도달하게 된 배경에 어떠한 사실관계가 기초하고 있는가를 모두 알기 어려웠다는 것이다.

따라서 본문에서 판례의 태도를 언급하면서 좌우측 단의 주석을 통해 그러한 판단을 하게 된 배경을 이루는 구체적인 사실관계를 아주 간략하게라도 소개하였다. 끝으로 이 책은 강의의 진행을 염두에 두고 서술 순서를 기존의 교재들과 다소 차별적으로 구성하였다. 법학전문대학원의 사례해결형의 중간고사를 통한 학업성취도 평가를 위해서는 앞 절반의 강의가 어느 정도 독립적인 완결성을 가져야 할 필요가 있다. 이 책에서는 불법행위법을 먼저 다룰 뿐만 아니라 '특수불법행위'보다 '불법행위의 효과'를 우선 설명하여 가장 중요한 불법행위의 성립과 효과에 대한 학습과 평가를 상반기에서 마무리한 후에 '특수불법행위'와 '부당이득', '사무관리'로 나아갈 수 있도록 강의진행의 편의를 고려하였다.

이 책은 저자가 민법 분야의 저서로는 처음으로 세상에 내놓는 것으로, 깊이 있는 이론적 연구의 결실이라기보다는 학습과 강의의 편의를 도모하기 위한 산물이라는 점에서 마음 한편으로는 아쉬움이 남는다. 오랜 시간 공들여 다듬었음에도 불구하고 여전히 숨길 수 없는 오류와 짧은 식견의 흔적이 산재해 있을 것 같은 두려움도 떨칠 수 없다. 저자가 민법을 공부하기 시작한 이후 훌륭한 스승님들의 학은을 입어 출판의 기쁨을 누리게 되었다. 학부와 대학원에서 민법에 눈을 뜨게 가르침을 주신 김주수 교수님, 고 이근식 교수님과 박사학위논문을 지도해주시고 학자로서의 자세를 깨우쳐주신 김상용 교수님께 머리 숙여 깊은 감사를 드린다. 이 책이 출판되기까지 제자들의 기여도 결코 작지 않았다. 교정과 색인 작업을 도맡아 고생한 대학원 박사과정에 재학 중인 이시직 법학석사와 석사과정에 입학하는 김솔왕 법학사의 학업에 큰 성과가 있기를 바란다. 그리고 어려운 출판업계의 환경에도 불구하고 보기 좋게 한권의 책으로 출판하게 해주신 법문사 사장님과 영업부 장지훈 차장님 그리고 편집부 김제원 부장님께 감사를 드린다.

끝으로 저자가 학문의 길에 본격적으로 나아가기 시작한 이래 아쉬움이 있다면 사회적 존재로서의 삶에 몰두하여 가족들과 많은 시간을 함께 하지 못했다는 점이다. 그리하여 이제 학문의 길에 막 발을 내딛은 사랑하는 큰딸 하연에게 미안함과 아쉬움의 작은 보상으로 이 책을 내어 주고자 한다.

2014년 2월

오병철

차   례

제 3 장 사무관리 (243~262)

참고문헌

김준호, 민법강의(제29판), 법문사, 2022.

김형배 · 김규완 · 김명숙, 민법학강의(제2판), 신조사, 2013.

송덕수, 신민법강의(제15판), 박영사, 2022.

이은영, 채권각론(제5판), 박영사, 2007.

지원림, 민법강의(제19판), 홍문사, 2021.

제 1 장

불법행위

제1장 불법행위

제1절 불법행위법 서설

1. 의   의

가. 개   념

민법 제750조[1]는 "고의 또는 과실로 인한 위법행위로 타인에게 손해를 가한 자는 그 손해를 배상할 책임이 있다"라고 규정하고 있다. 따라서 불법행위를 "고의 또는 과실로 인한 위법행위로 타인에게 손해를 가하는 행위"라고 개념 정의할 수 있다.

법률사실의 분류를 살펴보면, 불법행위는 '용태' 중 '외부적 용태'에 속하며, 외부적 용태 중에서 법이 허용할 수 없다는 부정적 평가를 받는 '위법행위'이다. 즉 불법행위는 '위법행위'라는 법률사실에 해당한다. 불법행위는 위법행위라는 법률사실인 동시에, 하나의 법률사실로 이루어지는 불법행위라는 법률요건이며, 이 법률요건이 충족되면 손해배상청구권의 발생이라는 법률효과가 발생한다.

위법행위라는 법률사실에 해당하는 것으로는 '불법행위'와 '채무불이행' 그리고 '계약체결상의 과실책임'을 들 수 있다. 이들 간의 차이를 살펴보면, 채무불이행은 계약관계를 전제로 하여 계약 내용을 위반하는 위법행위를 말하는 것이므로 계약관계를 전제로 하지 아니하는 불법행위와는 구별된다. 계약체결상의 과실책임은 계약 교섭 과정에서의 위법행위로서 형식적으로는 계약관계가 존재하는 것은 아니므로 채무불이행과 구별되고, 계약 교섭 과정을 기본적인 전제조건으로 하지 않는 불법행위와도 구별되는 특수한 유형이라고 할 수 있다.

---

1) 이하 민법은 법률명 생략.

나. 채권 발생원인으로서의 불법행위

채권을 발생시키는 원인은 크게 약정채권 발생원인과 법정채권 발생원인으로 구분할 수 있다. 계약과 같은 당사자 간의 법률행위에 의해 채권이 발생하는 약정채권 발생원인은 당사자의 의사가 채권발생의 효력근거라고 할 수 있으며, 계약자유의 원칙이 지배하는 영역이다. 예를 들어 매매계약의 체결로 인해 대금 지급 의무와 재산권 이전 의무가 상호 간에 발생하는 것이 전형적인 약정채권 발생원인의 모습이라 할 수 있다.

반면에 법률규정에 의해 채권이 발생하는 법정채권 발생원인은 성문법이나 관습법의 법규범이 채권발생의 효력근거라고 할 수 있으며, 과실책임주의나 공평의 이념 등이 지배하는 영역이다. 예를 들어 전방주시 의무를 태만하여 앞서가던 차량을 추돌하여 손해를 발생시킨 자에게 그 손해를 배상할 의무를 지우는 것이 전형적인 법정채권 발생원인이라고 할 수 있다. 불법행위는 제750조에 근거를 두고 있는 대표적인 법정채권 발생원인이며, 불법행위 이외에 부당이득, 사무관리도 민법상의 법정채권 발생원인에 해당한다. 법정채권 발생원인에 의한 법률관계를 망라하여 법정채권관계라고 부르기도 한다.

다. 민사제재로서의 불법행위

불법행위는 위법행위로서 법규범을 위반하는 행위의 본질을 갖는다. 법규범을 위반하는 행위에 대한 제재는 크게 민사제재와 형사제재로 구별될 수 있다. 민사법상 위법행위인 불법행위에 대한 제재수단이 손해배상이라면, 형사법상 위법행위를 범죄라 하고 그에 대한 제재수단은 형벌이다. 절도나 상해와 같이 하나의 행위가 민법상 불법행위에 해당되면서도 동시에 형법상 범죄에 해당될 수 있지만, 과실로 타인의 재물을 손괴한 경우처럼 민법상 불법행위에는 해당되지만 형법상 범죄에 해당되지 않는 경우도 있고, 민법상 불법행위에 해당되지 않지만 형법상 범죄에는 해당되는 각종 미수범도 있다. 양 제재수단은 독립적인 것이므로, 각각의 판단이 다를 수도 있고 또한 하나의 제재가 실현된다고 다른 제재가 면제되는 것도 아니다. 따라서 형법상 무죄라 할지라도, 불법행위가 성립되어 손해배상책임을 지는 경우도 있을 수 있다[대법원 2008.2.1. 2006다6713].[2]

다음과 같은 점에서 민사제재로서의 불법행위와 형사제재로서의 범죄는 구별된다. 불법행위의 목적은 손해의 전보에 있는 만큼 손해가 발생하지 아니한 미수는 불법행위의 영역에 포함되지 않지만, 범죄는 행위자의 처벌과 교화에 그 목적이 있으므로 미수도 범죄의 영역에 포함된다(형법 제25조). 또 불법행위는 추상적이고 포괄적인 구성요건으로 되어 있으나, 범죄는 죄형법정주의에 따라 엄격하게 구체적이고 세부적인 구성요건으로 이루어져 있다. 불법행위는 민사재판절차에 의해 과실책임 중심으로 다루어지고 성립에 있어 고의와 과실에 차별이 없지만, 범죄는 형사재판절차가 적용되며 고의범을 원칙으로 하고 과실범은 예외적인 경우에만 인정된다(형법 제14조). 끝으로 불법행위에서는 금전배상주의 원칙상 무자력의 경우에는 책임의 한계가 있으며, 범죄에서는 죄형법정주의 원칙상 형벌부과나 피해자의 위로에 한계가 있을 수밖에 없다.

2. 이 념

불법행위에 의한 손해배상제도의 이념은 모든 손해의 완전한 배상에 있는 것이 아니라 '손해의 공평·타당한 분담'에 있다[대법원 2010.11.11. 2008다52369].[3] 중요한 문제는 '손해를 어떻게 나누는 것이 공평한가'를 구체적인 경우에 밝히는 것이다. 로마법 이래 "법익에 생긴 손해는 법익보유자가 부담한다(casum sentit dominus)"는 것이 부동의 법원리였으므로, 자신이 보유한 법익에 손해가 발생한 경우 손해를 스스로 부담하지 않기 위해서는 그것을 타인에게 전가할 근거가 요구되었다. 손해를 전가하는 규범적 근거로 가장 중요한 것이 고의·과실이라는 귀책사유였다. 즉 손해에 대해 고의 또는 과실의 귀책사유 있는 자에게 그 손해를 전가하여 배상책임을 지우는 것이 과실책임주의였다.

그러나 과실책임주의를 적용한다고 해도 피해자도 손해발생에 어느 정도 과실이 함께 있는 경우이거나, 자연력이나 피해자의 체질적 소인이 손해를 확대시킨 경우[대법원 2010.2.25. 2009다75574][4] 혹은 피해자에게 손해와 동시에 이익을 주는

---

2) 경찰관의 총기 사용이 무죄라도 과실이 있다면 민사책임을 인정.
3) 중도환매 수수료에 대한 설명의무를 위반한 경우라도 중도환매가 가능한 시점 이후의 손실은 상당인과관계가 결여되어 손해배상책임을 부정.
4) 피해자가 어리고 보호자가 증상을 제대로 알리지 않아 적절한 의료상 조치가 이루어지지 못

경우 등에는 그러한 점들을 감안하여 손해배상액이 실제 발생한 손해액과 달리 제한적으로 산정되어야 한다. 즉 불법행위의 이념이 손해의 공평타당한 분담이라는 점에서, 손해의 완전한 회복이 이루어지지 않는다고 하더라도 불법행위제도의 기능을 다하지 못한다는 피해자 편향적인 비판을 하여서는 아니 된다.

3. 책임의 근거

가. 과실책임주의

불법행위의 이념이 '손해의 공평·타당한 분담'이므로, 불법행위에서는 손해를 공평하게 배분하기 위한 근거가 무엇보다 중요하다. 법익에 생긴 손해를 타인에게 전가하기 위해서는 일정한 법적 근거가 필요하다. 고대나 중세에서는 타인의 행위에 의해 손해가 야기되었다면, 그 인과성을 근거로 손해 결과에 대해 배상책임을 행위자에게 인정하는 결과책임주의를 채택하였다. 그러나 근대 이후에는 민법의 최고원리인 '사적 자치의 원칙'의 구체적인 내용 중 하나인 과실책임주의에 따라 행위자에게 고의 또는 과실의 귀책사유가 존재하는 경우에만 배상책임을 지우게 되었다. 즉 '내 잘못이 없으면 나는 책임지지 않으며, 나에게 책임을 지우고자 한다면 나의 잘못을 증명하라'는 언명이 성립되게 된다. 이는 피해자를 손해로부터 보호하는 동시에 행위자도 과도한 책임전가의 위험으로부터 보호하는 기능을 균형있게 실현시킨다.

나. 무과실책임주의

(1) 등장 배경

복잡한 현대 사회에서 가해자에게 고의 또는 과실이라는 귀책사유만으로 책임을 귀속시킬 수 있는가, 혹은 가해자에게 귀책사유를 엄격하게 요구하는 것이 현실적으로 타당한가의 의문이 제기되어 왔다. 이에 따라 무과실책임주의나 중간책임과 같이 책임근거를 이념적으로 수정하고자 하는 시도가 등장하게 되었고, '사적 자치의 원칙'의 현대적 변용으로서 '무과실책임주의의 가미'라는 수정이 가해지

한 경우에 손해배상액을 제한.

게 되었다.

특히 현대 사회에서 기업활동이 성행하여 개인적인 차원의 가해행위보다는 기업의 업무 과정에서 발생되는 가해행위가 많은 부분을 차지하게 되었으므로 기업에 책임을 지울 수 있는 새로운 논리가 필요하게 되었다. 그리고 피해자의 지적 능력으로는 가해행위와 손해 사이의 인과관계나 귀책사유를 증명하는 것이 갈수록 어려워지고 있다는 점도 지적된다. 또 가해행위와 피해영역이 과학기술화되었다는 점에서 전통적인 인간의 귀책사유만으로 판단하기에는 어려운 점이 나타나고 있다. 특히 인간의 조작행위 없이 인공지능이 통제하는 기계장치가 손해를 발생시킨 경우에는 아예 행위성을 인정하기 어렵거나 누구의 고의 또는 과실인가를 판단하는 것이 사실상 불가능하게 된다. 오늘날 근대적인 과실책임주의에 대한 수정은 불가피하다.

그렇다고 해서 근대 민법 이래 유지되어 온 과실책임주의를 완전히 부정하거나 무과실책임주의를 남발하는 것은 바람직하지 않다. 과실책임주의를 완전히 대체할 수 있는 새로운 이념적 근거를 제시하는 것은 현재로서는 기대하기 어려우므로, 과실책임주의는 원칙으로서 그대로 유효한 것으로 인정되어야 한다. 그러나 과실책임주의를 고수하는 것이 적절하지 않은 영역에서는 제한적이고 예외적으로 무과실책임주의를 입법적으로 도입하는 것이 올바른 해결 방법이라 생각된다. 다만 민법전의 개정이나 특별법의 제정이 용이한 것은 아니므로 판례에 의해 과실책임주의를 완화하는 경향을 지속적으로 견지하는 것도 하나의 방편이 될 수 있다.

무과실책임주의는 결과책임주의와 구별되어야 한다. 즉 어떠한 책임근거도 요구하지 아니하고 행위가 손해를 야기하면 모든 책임을 져야 하는 것이 결과책임주의라면, 무과실책임주의는 전통적인 귀책사유인 고의·과실이 아닌 새로운 근거에 따라 책임을 지우는 것을 의미한다.

(2) 보상책임주의

무과실책임주의의 하나인 보상책임주의는 배상책임의 근거로서 이익 귀속을 제시하고 있다. 즉 이익이 있는 곳에 손실 부담도 귀속되어야 한다는 것이다. 보상책임주의가 적용되는 대표적인 불법행위가 제조물책임법상의 제조물책임과 환경정책기본법상의 환경오염책임이다. 제756조의 사용자책임도, 판례는 단서 조항의 법문에도 불구하고 면책인정에 매우 인색하여, 사실상 보상책임주의에 의거하여 운영되고 있다. 타인을 통해 행위를 확장하여 이익의 범위를 증가시켰다면, 그 확장된 행위가 야기하는 손해도 함께 인수하여야 한다는 것이다. 보상책임주의는 기업활동에 의한 불법행위의 증가에 적절한 대응수단이 된다.

(3) 위험책임주의

무과실책임주의로서 위험책임주의는 위험 야기를 배상책임의 근거로 제시하고 있다. 즉 위험을 발생시킨 자에게 그 부정적 결과도 귀속되어야 한다는 것이다. 위험책임주의가 적용되는 대표적인 불법행위가 제758조의 공작물소유자책임이다. 어떠한 목적을 위해 스스로 위험을 창출하였다면, 그 위험이 현실화되어 발생된 손해도 함께 귀속되어야 한다는 것이다. 위험책임주의는 특히 휴대전화의 인체유해성, 자동차 급발진 등 과학기술에 의한 불법행위의 경향에 적절한 대응수단으로 활용될 수도 있을 것이다.

다. 중간책임

(1) 의 의

과책을 책임근거로 설정하는 과실책임주의와 고의 또는 과실이 아닌 이익 귀속이나 위험 야기를 책임근거로 설정하는 무과실책임주의라는 극단적 형태의 중간으로서, 귀책사유를 요하기는 하되 과실을 추정하여 과실책임주의의 취약점을 보완하는 것도 가능하다. 이러한 과실책임주의의 완화된 형태를 중간책임이라 한다.

(2) 과실의 법률상 추정

행위자의 과실을 법률상으로 추정하여, 행위자가 스스로 과실 없음을 증명하지 못하면 책임을 면할 수 없도록 규율하는 중간책임을 취하는 민법상 불법행위는 감독자책임(제755조), 사용자책임(제756조), 공작물점유자책임(제758조), 동물점유자책임(제759조)이 있다. 이 중에서 사용자책임의 경우에는 판례에서 사용자의 면책항변을 허용한 예가 극히 드물어서 실질적으로는 무과실책임주의, 즉 보상책임주의에 의거하여 운영되고 있다고 평가할 수 있다.

(3) 과실의 사실상 추정

법률상 과실 추정 규정은 없으나 판례 등을 통해 행위자의 과실을 사실상 추정하여, 행위자에게 면책증명을 요구하는 중간책임의 예로는 의료과오책임을 들 수 있다. 의료소송에서 환자는 일반인의 상식에 바탕을 둔 의료상의 과실만을 증명하도록 함으로써 의사의 의료과실이 사실상 추정되고, 의사가 그 손해 결과가 의료상의 과실에 의한 것이 아님을 반증하지 못하는 한 책임을 면할 수 없다는 것이 판례[대법원 2003.1.24. 2002다3822][5]의 태도이다.

4. 민법의 다른 제도와의 관계

가. 채무불이행

채무불이행과 불법행위는 위법행위라는 점에서 공통점을 갖는다. 먼저 성립영역의 측면에서 채무불이행은 계약관계와 같은 채무의 존재를 전제로 하는 반면, 불법행위는 어떠한 경우에서든, 즉 채무관계가 있건 없건, 발생 가능하다. 증명책임의 주체에서 채무불이행은 채무자(배상의무자)가 과실의 부존재 증명책임을 부담하는 반면, 불법행위는 피해자(배상청구권자)가 과실의 존재 증명책임을 부담한다.

효과의 측면에서 제393조 손해배상의 범위에 관한 규정이 공통으로 적용된다는 점에서 그리고 피해자나 채권자의 과실을 고려한 과실상계가 적용된다는 점에서는 유사성이 있다. 다만 판례에 따르면 '피해자의 부주의를 이용한' 고의 불법행위의 경우에는 가해자가 피해자의 부주의를 이유로 과실상계를 주장할 수 없다[대법원 2000.1.21. 99다50538].[6] 그러나 피해자의 부주의를 이용한 것이 아니라면 고의에 의한 불법행위의 경우에도 과실상계가 허용될 수 있다[대법원 2016.4.12. 2013다31137]. 채무불이행의 경우에 지연배상을 수동채권으로 상계가 가능하지만, 불법행위의 경우에 고의 불법행위를 행한 가해자가 피해자에게 이미 갖고 있던 금전채

---

5) 임산부의 임신성 당뇨에 대한 검사를 게을리하여 태아의 견갑난산(肩甲難産)을 야기한 사안에 대해 의사의 의료상 과실을 추정.
6) 노래방과 임야를 교환하는 계약을 중개하면서 일방 당사자를 고의로 기망하였다면, 기망당한 당사자에게 과실이 있다 하더라도 그를 기망한 중개인의 과실상계 주장은 불허.

권을 자동채권으로 하고 불법행위 손해배상청구권을 수동채권으로 하여 상계하는 것은 금지된다(제496조). 이를 허용하면 사적 제재가 성행할 우려가 있기 때문이다. 반면에 피해자가 불법행위 손해배상청구권을 자동채권으로 하여 상계하는 것은 허용된다. 끝으로 피해자의 생계를 고려한 배상액의 경감이 채무불이행의 경우에는 인정되지 않지만, 경과실에 의한 불법행위의 경우에는 가능하다. 소멸시효의 적용에서 채무불이행은 채무불이행시점으로부터 10년의 단일 소멸시효가 적용되지만[대법원 2005.9.15. 2005다29474], 불법행위는 불법행위를 안 날로부터 3년 또는 불법행위가 있은 날로부터 10년의 소멸시효가 이원적으로 적용된다.

하나의 행위가 채무불이행책임과 불법행위책임 양자를 충족시키는 것도 가능하다. 예를 들어 택시를 타던 승객이 택시 기사의 운전 부주의로 인한 사고로 부상을 당한 경우, 운송계약의 채무불이행책임과 동시에 불법행위책임이 성립될 수 있다. 이처럼 채무불이행책임과 불법행위책임이 경합하는 경우에 구체적으로 어떻게 다루어야 하는가에 대해 학설이 대립하고 있다.

먼저 청구권경합설은 양자 모두 성립이 가능하지만, 피해자가 그중 하나만 자유롭게 선택하여 주장할 수 있으며 어느 하나를 선택하여 만족을 받으면 다른 하나는 자동으로 소멸하게 된다는 것이다. 이러한 청구권경합설이 통설이자 판례[대법원(전) 1983.3.22. 82다카1533][7]라고 할 수 있다.

> 본래 채무불이행책임과 불법행위책임은 각각 요건과 효과를 달리하는 별개의 법률관계에서 발생하는 것이므로 하나의 행위가 계약상 채무불이행의 요건을 충족함과 동시에 불법행위의 요건도 충족하는 경우에는 두 개의 손해배상청구권이 경합하여 발생한다고 보는 것이 당연할 뿐 아니라, 두 개의 청구권의 병존을 인정하여 권리자로 하여금 그중 어느 것이든 선택하여 행사할 수 있게 하는 것이 피해자인 권리자를 두텁게 보호하는 길〈후략〉[대법원(전) 1983.3.22. 82다카1533].

이에 반해 법조경합설은 아무런 관계도 전제로 하지 않는 불법행위는 일반법의 지위에 있고 채권 관계를 전제로 하는 채무불이행은 특별법의 지위에 있으므로, 특별법 우선의 원칙에 따라 실제로는 채무불이행만이 성립할 뿐이고 불법행위

---

7) 해상운송인이 과실로 운송물을 멸실·훼손시킨 경우 선하증권 소지인에게 청구권 경합을 인정하고, 선하증권상의 면책특약이 불법행위에도 원칙적으로 적용된다고 판시.

는 성립하지 않는다고 한다.

최근 청구권규범통합설도 제기되고 있으며, 이는 일정한 가치판단을 기초로 불법행위법과 채무불이행법을 통합하여 새로운 요건과 효과를 가지는 한 개의 청구권으로 구성하자는 견해이지만 널리 수용되지는 않고 있다.

나. 부당이득

부당이득과 불법행위는 법정채권 발생원인이라는 점에서는 공통적이다. 그러나 완전히 구별되는 별개의 제도로서 다음과 같은 점에서 차이가 있다. 먼저 법률사실의 측면에서 부당이득은 '사건'이지만, 불법행위는 위법행위에 해당한다. 요건에서도 부당이득은 위법의 영역이 아니라 법률상 정당한 원인이 결여되는 것이라는 부당으로 충분하지만, 불법행위는 부당으로는 충분하지 아니하고 위법한 가해행위가 존재해야 한다. 또 제도적 취지에서 부당이득은 이득자의 이익을 반환하여 원상을 회복하는 것이 목표이지만, 불법행위는 가해자의 이익 여부와는 관계없이 피해자의 손해를 배상함으로써 손해의 공평한 분담이 목표가 된다.

하나의 행위로 부당이득과 불법행위가 동시에 성립할 수도 있다. 예를 들어 타인의 토지를 무단으로 점유하여 자신의 물건을 적치하고 있다면, 임료 상당의 부당이득이 발생하는 동시에 위법하게 타인의 소유권을 침해하여 토지를 사용하지 못한 손해가 발생하는 불법행위가 성립된다. 부당이득반환청구권과 불법행위에 기한 손해배상청구권이 동시에 성립되면, 자유롭게 선택적으로 행사가 가능하되 중첩적으로는 행사를 할 수 없다는 것이 판례[대법원 1993.4.27. 92다56087][8]의 태도이다.

> 어떤 법률행위가 사기에 의한 것으로서 취소되는 경우에 그 법률행위가 동시에 불법행위를 구성하는 때에는 취소의 효과로 생기는 부당이득반환청구권과 불법행위로 인한 손해배상의 청구권은 경합하여 병존하는 것이므로, 채권자는 어느 것이라도 선택하여 행사할 수 있지만 중첩적으로는 행사할 수 없는 것〈후략〉[대법원 1993.4.27. 92다56087].

---

8) 법률상 불가능한 영업을 타인을 기망하여 양도한 경우에 계약취소에 따른 부당이득반환과 불법행위에 의한 손해배상의 경합을 인정.

다. 물권적 청구권

물권적 청구권과 불법행위에 기한 손해배상청구권은 물권의 침해에 따른 효과라는 측면에서는 공통적인 성격을 갖는다. 예를 들어 타인의 자전거를 몰래 훔쳐 타고 다니고 있다면 소유자에게 물권적 청구권 및 불법행위에 기한 손해배상청구권이 인정된다.

그러나 물권적 청구권은 침해자에게 고의·과실이라는 귀책사유를 필요로 하지 않는 반면, 불법행위에 기한 손해배상청구권은 가해자에게 귀책사유를 요한다. 또 물권적 청구권은 침해가 현실화되기 이전에 사전예방도 가능한 반면, 불법행위에 기한 손해배상청구권은 오로지 손해발생 이후의 사후 배상만이 가능할 뿐이다. 끝으로 물권적 청구권은 원상회복주의를 근간으로 하고 있으나, 불법행위에 기한 손해배상청구권은 금전배상주의를 근간으로 한다.

하나의 행위로 불법행위에 기한 손해배상청구권과 물권적 청구권을 동시에 발생시킬 수 있으며, 채무불이행이나 부당이득과 달리 각각의 요건을 충족시키면 중첩적으로 행사가 가능하다. 즉 자기의 자전거를 절취당한 소유자는 물권적 청구권을 주장하여 자전거를 반환받는 동시에, 가해자에게 손해배상청구권을 행사하여 자전거의 반환으로 회복되지 못하는 손해에 대한 금전배상도 별도로 받을 수 있다. 예를 들어 절취된 자전거의 일부가 파손되어 반환된 경우, 그 파손은 자전거 반환으로 회복되지 못하므로 별도의 배상청구를 해야 한다. 다만 가해자에게 귀책사유가 존재하고 또 현실적으로 손해가 발생하였음을 피해자가 증명하는 등 불법행위의 성립요건을 완전히 충족하는 경우에만 가능하다.

5. 불법행위와 보험제도

불법행위의 구제 방법인 금전배상은 배상책임을 지는 가해자가 무자력인 경우에는 피해자에게 어떠한 구제도 불가능하다는 점에서 현실적으로 한계를 지니게 된다. 이러한 취약점을 보완하는 방법으로 제기되는 것이 보험제도이다. 보험제도를 활용하게 되면 불법행위 피해자의 구제가 용이하게 되는 장점 외에도 불가항력으로 인한 손해에 대해서도 사회적으로 대비할 수 있는 장점이 있다. 또한 자동차

사고와 같이, 누구나 가해자도 될 수 있고 피해자도 될 수 있는, 가해와 손해의 호환성이 상존하는 영역에서 손해배상의 사회화를 실현할 수 있다. 나아가 인공지능에 의해 통제되는 기기가 손해를 야기한 경우처럼, 전통적인 과실책임주의에 따른 귀책이 어려운 상황에서 보험제도는 피해자를 구제할 수 있는 현실적인 대책이 될 수 있다.

　반면에 보험제도의 도입이 가져오는 부작용으로는 귀책사유의 존부를 판단하는 규범적 기능이 퇴화하게 되고, 피해 발생을 예방하기 위한 개인적인 노력이 현저히 감소되며, 같은 보험료를 납부하는 경우 비침해자가 상습침해자를 부조하는 가치역전현상이 발생한다. 이러한 문제점들을 해결하기 위해 보험료 차별화나 보험료 할인 및 할증 등 여러 가지 대책이 보험의 영역에서 시도되고 있다.

제 2 절　불법행위의 성립요건

1. 개　　설

　제750조는 "고의 또는 과실로 인한 위법행위로 타인에게 손해를 가한 자는 그 손해를 배상할 책임이 있다"라고 불법행위를 규정하고 있다. 이에 따르면 불법행위는 '고의 또는 과실로 인한 위법행위로 타인에게 손해를 가하는 행위'라고 개념정의할 수 있을 것이다. 불법행위는 법률사실이 성립됨과 동시에 법률요건이 충족되므로, 그러한 행위를 한 자가 손해를 배상할 책임을 지는 법률효과를 가져오게 된다. 이는 마치 단독행위의 경우에 하나의 의사표시라는 법률사실이 단독행위라는 법률요건을 충족시키는 것과 유사하다.

　민법상 불법행위의 개념정의에 따라 성립요건을 구체적으로 나누어 보면, 학설들은 일치해서 가해행위, 고의·과실, 위법성, 손해의 발생, 인과관계 그리고 책임능력의 6개의 요건을 들고 있다. 즉 가해행위가 존재해야 하고, 그것이 고의 또는 과실이라는 귀책사유로 인한 위법한 것이어야 하며, 이를 통해 손해가 현실적으로 발생되어야 하고, 가해행위와 손해 사이에 인과관계가 존재하여야 하며, 끝으로 가해자가 책임 없는 자가 아니어야 한다. 이하에서는 각각의 개별적인 성립요건을 살펴본다.

2. 가해행위

가. 자유의지에 의한 거동

민법상 권리와 의무의 주체는 오로지 인(人)뿐이다. 불법행위의 주체는 반드시 인간이어야 하고, 불법행위는 인간의 행위이어야 한다. 인간의 '행위'는 자유의지에 의한 거동이고, 크게 '작위'와 '부작위'로 구분할 수 있다. 작위는 행위자의 자유의지에 기한 외부적 표출을 말하는 것이고, 부작위는 행위자의 자유의지에 기해 의무로 부과되어 있는 작위를 소극적으로 행하지 않는 것이다. 부작위라 함은 단순히 무엇인가를 하지 않는 그 자체를 말하는 것이 아니라 해야 함에도 하지 아니하고 있음을 말하는 것이고, 작위의무가 전제되지 아니하면 부작위는 논리적으로 성립될 여지가 없다. 즉 부작위의 행위성은 작위의무를 전제로 하는 것이다.

행위는 행위자의 자유의지를 전제로 하므로, 자유의지 자체가 부정되는 환경에서는 행위성이 인정되지 않는다. 억지로 권총 방아쇠에 타인의 손가락을 집어넣고 그 손가락을 당겨서 격발을 만들어내는 경우와 같이 절대적 폭력(vis absoluta)에 의한 움직임은 행위성이 부정된다. 저항 불가능한 외부의 강제력에 의해 행해지는 거동은 절대적 폭력을 당하는 자의 불법행위라고 할 수 없다. 또 수면 중의 뒤척임, 마취에서 깨어날 때 행하는 욕설, 최면상태에서의 언동, 불수의운동(involuntary movement) 등도 자유의지가 없는 상태이므로 행위라고 할 수 없다. 다만 고의 또는 과실로 자유의지가 없는 상태를 유도한 경우라면, 그 유도행위와 일체로 불법행위로 평가될 수 있다.

동물점유자책임에서는 직접적인 가해 원인은 동물이지만, 동물은 권리주체가 되지 못하므로 동물을 점유하거나 이에 갈음하여 보관하는 자의 보관상 주의의무를 해태한 행위를 불법행위로 다루게 된다. 만약 간접점유자를 포함한 점유자[대법원 1981.2.10. 80다2966][9]가 없거나 이에 갈음하여 보관하는 자가 없는 야생의 동물에 의해 피해를 입은 경우라면, 당연히 불법행위가 성립하지 아니하고 생활위험으

---

9) 타인에게 투견대회에서 우승한 도사견을 안전하게 관리할 수 있는 시설이 없는 자에게 빌려준 경우, 그 소유자에게 동물점유자책임을 인정.

로서 법익보유자인 피해자가 스스로 그 피해를 감수하여야 한다. 물론 동물이나 책임 없는 자를 도구로 활용하여 고의적으로 타인에게 손해를 끼치는 경우, 예를 들어 개에게 물도록 명령하거나 5살 아동에게 타인의 물건을 집어오게 시켰다면, 이를 도구로 활용한 자의 고의적인 행위 그 자체가 불법행위가 된다.

나. 법인의 불법행위능력

(1) 법인의 본질과의 관계

민법상 법인도 자연인과 마찬가지로 권리주체이므로 권리능력과 행위능력을 가지며 명문으로 불법행위능력도 인정하고 있다(제35조). 그러므로 법인도 불법행위의 주체가 될 수 있다. 기업활동이 왕성한 현대 사회에서 법인의 불법행위능력을 인정하는 것은 시대적 당위라고도 볼 수 있다.

법인의 불법행위능력은 법인의 본질론과 법이론적으로 밀접한 관계를 갖는다. 먼저 실재설에 따를 경우 법인은 실체가 있는 사회적 존재이므로 불법행위능력을 갖는 것이 당연하고, 설령 대표기관인 개인이 구체적인 행위를 하였을지라도 그것은 자연인의 불법행위가 아니라 법인의 불법행위라고 보게 된다. 반면에 의제설에 따를 경우 법인은 실체적 존재 없는 관념적 의제에 불과하므로 불법행위능력을 인정할 수 없고, 오로지 구체적인 행위를 한 법인의 대표기관을 맡고 있는 개인의 불법행위라고 보게 된다.

제35조 제1항 제1문은 법인의 불법행위책임을 인정하는 동시에, 제2문은 대표기관도 개인의 불법행위책임을 부담하도록 규정하고 있다. 그러므로 우리 민법은 법인의 불법행위능력에 대해서 실재설(제35조 제1항 제1문)과 의제설(제35조 제1항 제2문)을 하나의 조문에서 조화롭게 규정하고 있다고 평가할 수 있다. 이처럼 법인과 대표기관 양자에게 책임을 모두 지우는 태도는 활발한 기업활동의 토대 위에 서 있는 현대 사회에서 피해자 보호를 위해 정책적으로도 타당하다.

(2) 성립요건

(가) 대표기관의 행위

법인의 대표기관(이사 기타 대표자)이 행한 불법행위에 대해서만 법인의 불법행위가 성립된다. 판례는 이사라도 대표권이 없으면 법인의 대표기관은 아니므로 불법행위가 성립되지 않는다고 한다[대법원 2005.12.23. 2003다30159].[10] 이사가 아닌 대표자로는 이사의 직무대행자, 임시이사, 특별대리인, 청산인, 설립 중의 발기인 [대법원 2000.1.28. 99다35737][11]이 여기에 해당되며, 이들이 불법행위를 하게 되면 법인의 불법행위가 성립된다. 대표기관이 아닌 법인의 구성원이 불법행위를 하면, 법인이 사용자책임을 지는 것은 별론으로 하더라도 법인의 고유한 불법행위는 인정되지 않는다.

(나) 직무연관성

법인 대표기관의 행위라도 그것이 직무에 관한 것이어야만 법인의 불법행위가 성립된다. 직무연관성의 판단은 일도양단적으로 표현할 수 있는 것은 아니지만, 판례는 우선 외형상 객관적으로 법인 대표자의 직무행위라고 인정할 수 있는 경우, 예를 들어 학교법인 이사나 대표의 금전차용행위 등이라면 설령 대표자 개인의 사리사욕을 도모하기 위한 것이거나 법령의 규정에 위반된 것이라도 직무연관성을 인정한다[대법원 2004.2.27. 2003다15280].[12] 통상적 업무행위의 범위를 넘더라도 업무행위와 밀접한 관계가 있고 외관상으로도 유사하다면 보다 폭넓게 직무연관성을 인정한 판례[대법원 1974.5.28. 73다2014][13]도 찾아볼 수 있다.

직무연관성에 대한 피해자의 선의·무과실을 요할 것인가도 논란의 대상이지만, 선의이고 중대한 과실이 없는 정도로 족하다고 볼 것이다. 판례도 피해자가 직무연관성이 없음을 알았거나 중과실로 알지 못한 경우에는 손해배상책임을 부정하고 있다[대법원 2004.3.26. 2003다34045].

> 법인의 대표자의 행위가 직무에 관한 행위에 해당하지 아니함을 피해자 자신이 알았거나 또는 중대한 과실로 인하여 알지 못한 경우에는 법인에게 손해배상책임을 물을 수 없다고 할 것이고, 여기서 중대한 과실이라 함은 거래의 상대방이 조금만 주의를 기울였

---

10) 학교법인의 이사이나 대표권이 없는 이사가 법인의 자금을 무단 인출한데 대해 학교법인의 불법행위 성립을 부정.
11) 설립 중의 회사의 발기인이 행한 무단처분행위에 대해 주식회사의 불법행위 손해배상책임을 인정.
12) 토지구획정리조합의 대표자가 시공회사의 채무를 연대보증하였으나 조합원총회의 결의를 거치지 않아 무효가 된 경우에 법인의 불법행위 인정.
13) 자기가 대표이사인 회사의 운영자금을 마련하기 위해 자기가 전무이사로 있는 회사의 수표를 위조한 경우에 직무연관성을 인정.

더라면 대표자의 행위가 그 직무권한 내에서 적법하게 행하여진 것이 아니라는 사정을 알 수 있었음에도 만연히 이를 직무권한 내의 행위라고 믿음으로써 일반인에게 요구되는 주의의무에 현저히 위반하는 것으로 거의 고의에 가까운 정도의 주의를 결여하고, 공평의 관점에서 상대방을 구태여 보호할 필요가 없다고 봄이 상당하다고 인정되는 상태를 말한다[대법원 2004.3.26. 2003다34045].

(다) 불법행위의 성립

법인 대표기관의 행위가 제750조 불법행위의 일반적인 성립요건을 모두 충족하여야 법인의 불법행위가 성립된다. 다만 일부 학설(이은영, 288)은 대리인에게 행위능력을 요하지 않는다는 규정을 유추 적용하여 대표기관의 책임능력은 요건이 아니라고 주장하지만, 행위능력은 책임능력과 체계적 지위가 다르므로 이를 수긍하기는 어렵다.

(3) 효 과

법인의 불법행위가 성립하면, 법인이 손해배상책임을 부담한다. 동시에 외형상으로 가해행위를 한 자연인인 대표기관도 역시 손해배상책임을 부담한다. 법인과 대표기관의 손해배상책임은 부진정연대책임이라는 것이 통설이다. 법인이 부진정연대책임인 손해배상책임을 부담한 경우, 대표기관에 대해 구상권을 행사할 수 있다.

법인의 불법행위가 성립되는 경우에 법인이 사용자책임도 함께 부담하여야 하는가에 대해, 판례는 대표기관의 불법행위에 대해서, 사용자책임과는 그 성질이 다르므로 이를 적용하지 아니하고, 오로지 법인의 불법행위만을 적용한다고 판시하고 있다[대법원 1978.3.14. 78다132].[14]

(4) 비법인 사단의 경우

법인설립등기를 통해 법인격을 얻는 수준에 이르지 못한 비법인 사단의 경우에도 법인의 불법행위능력에 관한 제35조를 유추적용할 수 있는가에 대해 판례는 긍정하고 있다[대법원 2003.7.25. 2002다27088].[15]

---

14) 학교법인의 대표자의 차금행위에 대해서 학교법인 자체의 불법행위가 되면 사용자배상책임은 성질이 다르므로 적용하지 아니한다고 판시.

3. 손   해

가. 손해의 개념

불법행위가 성립하기 위해서는 가해행위에 의해 현실적으로 손해가 발생하여야 한다. 가해행위가 존재하지만 실제 손해가 발생하지 아니한 미수상태라면, 불법행위가 성립되지는 않는다. 이러한 점은 물권적 청구권이나 범죄의 성립과는 구별되는 불법행위의 성질이다.

불법행위로 인한 재산상 손해는 위법한 가해행위로 인하여 발생한 재산상 불이익이다. 재산상 손해란 위법행위가 없었더라면 존재하였을 재산상태와 그 위법행위가 가해진 현재의 재산상태의 차이를 말하는 것이다[대법원(전) 1992.6.23. 91다33070].[16] 즉 재산상 손해는 차액설에 의해 판단하는 것이 일반적이다. 그러나 차액설은 재산상 손해에는 적합할지 몰라도, 정신적 손해의 경우에는 적절하지 않다.

> 불법행위로 인한 재산상 손해는 위법한 가해행위로 인하여 발생한 재산상 불이익, 즉 그 위법행위가 없었더라면 존재하였을 재산상태와 그 위법행위가 가해진 현재의 재산상태의 차이를 말하는 것이므로, 위법행위가 있었다 하더라도 그로 인한 재산상태와 그 위법행위가 없었더라면 존재하였을 재산상태 사이에 차이가 없다면 다른 특별한 사정이 없는 한 위법행위로 인한 손해가 발생하였다고 할 수 없다[대법원 2009.9.10. 2009다30762].

현실적으로 손해가 발생되었는가는 사회통념에 비추어 객관적이고 합리적으로 판단되어야 한다[대법원 1998.4.24. 97다28568].[17] 손해의 발생에 대한 증명책임은 피해자가 부담한다[대법원 2003.4.8. 2000다53038]. 이론적으로는 손해발생 여부에 대한 판단이 용이해 보이지만, 구체적인 사건에서 손해가 현실적으로 발생되었는지를 판단하는 것은 매우 어려운 일이다. 이에 대해서는 손해 여부의 구체적 판단에서 사안별로 살펴본다.

---

15) 단위조합들로 구성된 주택조합과 같은 비법인사단에 대해 법인의 불법행위를 적용.
16) 공무원이 국유토지를 무단으로 매각하였다가 국가가 회수한 경우 매수인은 소유권을 취득한 바 없으므로 매매대금이 손해이고 소유권상실은 손해가 될 수 없다고 판시.
17) 매수인이 인수하기로 약정한 액수를 초과하여 매도인이 목적물을 담보로 대출을 받은 경우 그 초과액은 매수인의 손해라고 인정.

나. 인체손해의 손해3분설

(1) 손해3분설

손해3분설이란, 인체에 대한 손해를 크게 3가지 범주로 나누어 각각 판단하는 것을 말한다. 먼저 재산적 손해와 정신적 손해로 구별하고, 다시 재산적 손해를 현재의 이익을 상실한 것(적극적 손해)과 향후에 얻을 수 있었던 이익을 상실한 것 (소극적 손해)으로 세분하는 것이다. 판례는 적극적 손해와 소극적 손해 및 정신적 손해는 서로 소송물을 달리하는 것이라고 판시하여[대법원 2002.9.10. 2002다34581], 각각의 손해 간의 전용은 허용되지 않는다[대법원 1976.10.12. 76다1313].[18]

(가) 적극적 손해

적극적 손해란 인체손해로 인해 직접적으로 발생하는 재산적 손해를 말한다. 인체손해로 발생하는 재산의 감소나 비용의 지출이므로, 현재까지 그리고 장래의 치료비, 개호비, 장례비 등이 이에 해당한다.

(나) 소극적 손해(일실이익)

소극적 손해란 인체손해로 인해 장래 얻을 수 있었던 이익의 상실을 말하고, 이를 일실이익이라고도 한다. 일실이익의 판단에 대해서는 소득의 차액으로 판단하는 차액설과 노동능력의 상실률로 판단하는 평가설로 크게 나누어진다. 판례는 차액설과 평가설 어느 것에 의하든 합리적이고 객관성 있는 기대수익액을 산정할 수 있으면 족하다고 판시하고 있다[대법원 1990.11.23. 90다카21022].[19]

(다) 정신적 손해

재산적 손해가 아니라 피해자 또는 피해자의 직계존속, 직계비속, 배우자와 같은 일정한 관계자의 정신적 손해를 말한다. 정신적 손해에 대한 배상금을 특별히 '위자료'라 부른다. 정신적 손해에 대한 위자료가 재산적 손해의 입증 곤란 등의 사정에 대한 보완적 기능을 할 수는 있으나, 편의를 위해 재산적 손해의 사실상

---

18) 탄광사고로 인해 일실임금을 이미 청구한 피해자가 다시 일실퇴직금을 청구한 경우 이를 부정함으로써 일실이익 중 일부를 다른 손해로 전용하는 것을 불허.

19) 국가공무원이 사고로 인한 후유장애에도 불구하고 같은 직장에서 동일한 보수를 받는 경우에 평가설에 따라 일실이익배상을 인정.

전보를 꾀하는 확장은 허용되지 않는다[대법원 1984.11.13. 84다카722].[20]

　　위자료의 보완적 기능은 재산상 손해의 발생이 인정되는데도 손해액의 확정이 불가능하여 그 손해전보를 받을 수 없게 됨으로써 피해회복이 충분히 이루어지지 않는 경우에 이를 참작하여 위자료액을 증액함으로써 손해전보의 불균형을 어느 정도 보완하고자 하는 것이므로, 함부로 그 보완적 기능을 확장하여 그 재산상 손해액의 확정이 가능함에도 불구하고 편의한 방법으로 위자료의 명목아래 사실상 재산상 손해의 전보를 꾀하는 것과 같은 일은 허용되어서는 안 될 것이다[대법원 1984.11.13. 84다카722].

(2) 일실이익의 평가

손해의 개념을 어떠한 관점에서 볼 것인가에 따라 크게 차액설과 평가설로 구별된다. 이러한 논쟁은 특히 인체손해에 따른 재산적 손해에 관한 일실이익의 평가에서 주로 논의된다.

(가) 차액설

차액설은 가해가 없었다면 존재하였을 이익과 가해가 있은 후의 이익의 차액이 손해라는 것이다. 그러나 때로는 인체에 명확한 가해가 행해졌음에도 실제 수입에는 아무런 감소가 없거나, 심지어는 오히려 수입이 증가할 수도 있다. 이 경우 인체에 발생한 부정적 변화에도 불구하고 구체적인 수입에 감소가 없다는 이유로 손해가 부정되는 문제가 발생된다.

(나) 평가설

평가설은 가해 전후의 이익 상태의 변화가 아니라 피침해이익 그 자체에 생긴 손해를 가치로 평가하는 것이다. 즉 법익의 손상 그 자체가 손해라는 학설이다. 이 학설의 경우 인체에 명확한 가해가 행하여졌으나 수익에 감소가 없다고 해서 손해가 부정되는 문제를 해결할 수는 있으나, 인체 그 자체에 생긴 손상을 크게 초월하는 수익의 감소가 발생 되는 때에는 손해의 크기가 협소하게 되는 문제가 발생한다. 예를 들어 공연을 앞둔 유명 피아노 연주자의 가벼운 손가락 염좌는 일정한 시간이 경과하면 자연히 치유되고 후유증도 없으나, 공연이 불가능하게 되어

---

20) 의대 2학년 학생이 사망한 경우 다양한 일실이익 주장이 인정되지 않으면 그 액수 이상을 위자료 명목으로 청구하는 것을 불허.

생기는 수익의 감소는 막대하다. 만약 평가설을 철저하게 따른다면, 그 수익의 감소를 모두 손해로 인정하기는 어렵게 된다.

다. 손해 여부의 구체적 판단

(1) 손해를 인정한 판례

아파트의 일조권은 침해되었으나 시세는 하락하지 않고 오른 경우에도 일조권 침해 그 자체로 손해가 발생하였다고 할 수 있으며[대법원 1999.1.26. 98다23850], 건물철거를 명한 판결이 확정되면 철거로 인한 손해배상소송의 사실심 변론종결 시까지 건물이 철거되지 않고 있어도 손해는 이미 확정되어 있는 것이다[대법원 1998.7.10. 96다38971]. 저당권이 위법하게 말소된 후 경매가 이루어지는 바람에 배당을 전혀 받지 못하면, 부동산 가액 범위 내에서 채권최고액을 한도로 하는 피담보채권액의 손해발생이 인정된다[대법원 1997.11.25. 97다35771]. 불법행위로 외모가 현저하게 흉하게 되었다면 육체활동에는 아무런 지장이 없어도 추상장애로서 노동능력의 상실이 있으며[대법원 1993.11.23. 93다35421], 노동능력은 어느 정도 상실되었으나 실제 소득에는 감소가 없어도 재산상 손해가 있다[대법원 1990.11.23. 90다카21022].

(2) 손해를 부정한 판례

위조수표의 손해는 액면가액이 아니라 그 위조수표를 취득하기 위하여 현실적으로 출연한 할인금이며[대법원(전) 1992.6.23. 91다53848], 처분금지 가처분이 부당하게 집행되어도 처분기회의 상실은 점용이익을 초과하지 않는 한 손해라고 할 수 없다[대법원 2001.1.19. 2000다58132]. 아직 임대차관계가 유지되고 있다면 차임채권이 발생하므로, 설령 무단 전대차가 되었다고 해도 바로 손해가 발생한 것은 아니며[대법원 2008.2.28. 2006다10323], 동일인 대출한도 규정을 위반한 대출이라고 해서 곧바로 대출채권을 회수할 수 없게 될 손해발생이나 손해의 위험이 생겼다고 볼 수 없다[대법원(전) 2008.6.19. 2006도4876].

4. 인과관계

가. 의   의

제750조는 고의 또는 과실로 인한 위법행위'로' 타인에게 손해를 가한 자에게 배상책임을 지우고 있으므로, 불법행위가 성립하기 위해서는 행위와 손해 사이에 인과관계가 존재해야 한다. 손해가 가해행위에 의해 발생한 것이어야 하며, 가해행위가 원인이면 손해는 그 결과라고 할 것이다. 법이론적으로는 행위와 손해 사이의 인과관계를 요한다는 설명이 비교적 용이하다. 그러나 현실적으로는 하나의 결과를 가져오기 위해서는 수많은 가깝고 먼 원인들이 존재할 수밖에 없다. 이 많은 원인 중에서 어디까지를 인과성 판단의 대상으로 한정할 것인가를 규범적으로 획정하는 것은 매우 어려운 문제이다.

나. 인과관계 판단의 학설

(1) 조건설

조건설은 가해행위가 손해발생의 원인으로 사실상 작용하기만 하면 인과관계를 긍정하는 것이다. 일정한 결과는 일정한 원인이 없었으면 발생하지 않았을 것이라는 "conditio sine qua non"법칙을 그대로 따르는 판단방법이다. 어떠한 행위를 배제하여도 그 결과가 발생되는데 아무런 지장이 없는 경우에만 인과관계가 부정될 뿐이므로, 지나치게 인과관계의 범위가 확대되는 문제를 가져오게 된다. 예를 들어 가해자의 어머니가 가해자를 출산하지 않았다면 손해가 발생하지 않았을 것이므로, 어머니의 출산행위까지도 손해발생의 원인이라고 하게 된다. 조건설은 사실적 인과관계와 법적 인과관계가 모호해지는 문제가 있으므로, 이 조건설 하나만으로 인과관계를 판단하여 행위에 손해배상책임을 지우는 것은 결코 적절하지 않다.

(2) 상당인과관계설

인과관계가 존재하는가의 판단을 행위와 손해 사이에 상당한 인과관계가 있는 경우에 국한하여 인정하는 학설이다. 결과와 상당한 법적 관련을 갖는 조건만을 원인으로 인정하는 점에서 조건설이 갖는 인과관계의 과도한 확장 문제를 해소할 수 있다. 조건설적 인과관계가 있는 행위 중에서, 규범적으로 상당한 인과성이 존재하는가를 각각 심사하여 이에 이르지 아니한 원인행위들은 불법행위로부터 해방시키는 것이다. 이러한 점에서 상당인과관계설이야 말로 본격적인 규범적 인과관계 판단이라고 할 수 있다.

판례는 행위와 손해사이의 인과관계에 대해 자연적 또는 사실적 인과관계가 존재하는 것만으로는 부족하고 법률적 인과관계, 즉 상당인과관계를 필요로 한다고 명시적으로 밝히고 있다[대법원 2010.6.10. 2010다15363, 15370].[21)]

> 불법행위로 인한 손해배상의 범위를 정함에 있어서는 불법행위와 손해와의 사이에 자연적 또는 사실적 인과관계가 존재하는 것만으로는 부족하고 이념적 또는 법률적 인과관계 즉 상당인과관계가 있어야 할 것이다[대법원 2010.6.10. 2010다15363, 15370].

법해석의 어려운 문제는 '상당한 인과성'이라는 추상적 표현의 구체적인 의미를 밝히는 것에 있다. 상당성 판단 기준에 대해서는 "객관적으로 보아 어떤 선행사실로부터 보통 일반적으로 초래되는 후행사실이 있을 때 양자는 상당인과관계가 있다고 할 수 있다"거나(송덕수, 819), "결과적으로 신의·공평의 이념에 비추어 결론을 이끌어낼 수밖에 없다"(지원림, 1115)고 한다. 판례는 결과발생의 개연성과 규범의 목적, 보호법익 등 복합적인 상당성 판단 기준을 제시하고 있다.

> 상당인과관계의 유무는 일반적인 결과 발생의 개연성은 물론 주의의무를 부과하는 법령 기타 행동규범의 목적과 보호법익, 가해행위의 태양 및 피침해이익의 성질 및 피해의 정도 등을 종합적으로 고려하여 판단해야 한다[대법원 2020.11.26. 2018다221676].

(3) 규범목적설

규범목적설은 손해배상책임을 발생시키는 규범의 보호범위에 포함되는 손해에 대해서만 귀책가능하다는 학설이다. 규범목적설은 독일 민법학의 영향을 강하게 받은 학설로서, 독일 민법상의 불법행위 규정의 특수성이 그대로 반영되어 있다.

---

21) 변호사 비용은 변호사강제주의를 취하지 않는 한 불법행위와 상당인과관계 있는 손해가 아니라 판시.

독일 민법상의 불법행위는 크게 3가지의 열거적인 구성요건으로 이루어져 있어서, '고의·과실로 위법하게 타인의 절대권을 침해하는 경우'(독일 민법 제823조 1항), '보호법규를 위반하여 타인에게 손해를 가한 경우'(독일 민법 제823조 2항), '고의로 공서양속을 위반하여 타인에게 손해를 가한 경우'(독일 민법 제826조)로 한정되어 있다. 따라서 각 유형이나 보호법규에 고유한 규범의 목적이 존재하고 그 규범목적의 범위 내에 있는 손해가 발생된 경우에만 배상책임을 인정할 수 있다는 것이다.

그러나 제750조와 같이 포괄적인 구성요건으로 되어 있는 우리나라의 경우에 그 규범의 목적을 구체화하는 것은 여전히 어려운 일이 아닐 수 없다. 앞서 살펴본 바와 같이 상당인과관계설을 취하는 대법원 판례는 상당성 판단 기준의 하나로서 법령 및 행동규범의 목적을 예시적으로 들고 있을 뿐이다.

(4) 위험성 관련설

손해를 1차 손해와 2차 손해로 구분하여, 1차 손해는 조건적 인과관계로 판단하되 2차 손해는 1차 손해와의 위험성 관련으로 판단하자는 견해도 있다. 이러한 견해는 후속손해가 발생하거나 인과관계가 중첩되는 유형의 불법행위라면 유용할 수 있다. 그러나 1차 손해와 2차 손해를 어떻게 구별할 수 있는지, 또 불법행위에서 항상 2차 손해가 발생하는 것은 아니라는 점에서 인과관계 판단의 일반론으로 주장하는 데는 한계가 있다.

다. 인과관계에 대한 체계론

(1) 일원적 인과관계론

불법행위에서 인과관계의 체계에 대한 전통적인 학설은 가해행위와 손해 사이에 상당인과관계가 있는 것으로 충분하다고 일원적으로 이해하는 것이다. 즉 가해행위와 손해 사이에 상당인과관계가 있으면, 그 행위가 불법행위가 되는 동시에 그 손해를 배상하여야 한다는 것이다. 가해행위와 사실적 인과관계 있는 손해 중 법적으로 타당한 관계에 있는 손해에 대해서만 배상책임이 인정된다는 것이며, 인과관계의 법적 상당성이라는 단일기준에 의해 불법행위의 성립과 손해배상이 동시에 결정된다. 이러한 일원적 인과관계론이 전통적인 우리 학설인 동시에 판례의 일관된 태도라고 할 수 있다.

주의하여야 할 것은 일원적 인과관계론을 취한다고 하더라도 손해배상의 범위에 관한 제393조를 적용하지 않거나 그 독자적인 존재가 부정되는 것은 아니다. 다만 제393조 손해배상의 범위에서 통상성이라는 요건을 인과관계에서의 상당성이라는 요건과 실질적으로 동일하게 보고 있기 때문[대법원 2010.11.25. 2010다51406][22]에 일원적인 단일한 기준으로 동시에 판단이 가능하다는 것이지, 불법행위의 성립을 위해 상당인과관계가 요구되므로 손해배상의 범위에 관한 제393조가 아예 적용되지 않는다는 것은 아님에 유의해야 한다.

일원적 인과관계론의 문제는 제393조 손해배상의 범위에 필요한 통상성의 판단을 인과관계 판단의 상당성과 동일한 내용으로 다루는 데 있다고 생각된다. 만약 양자가 실질적으로 다르다면, 상당성은 제750조의 불법행위 성립을 위한 인과관계의 판단이고 통상성은 불법행위의 성립과는 무관하게 배상범위를 결정하는 제393조에 고유한 통상손해의 판단이라고 볼 여지도 있는 것이다. 즉 제393조를 인과관계와 독립시켜, 인과관계는 당해 사건에서 가해행위가 결과를 발생하는데 객관적인 상당인과관계가 있는가를 판단하고, 비록 그 사건에서는 상당한 인과관계가 있었다고 하더라도 그러한 손해가 통상적으로 발생하는 것이 아닌 예외적인 때에는 예견가능성이라는 주관적인 인식을 기반으로 책임을 제한하는 구조로 이해되는 것이 바람직하지 않을까 생각한다.

(2) 이원적 인과관계론

독일 민법 인과관계이론의 영향을 받아 가해행위와 손해 그리고 손해와 배상 사이에 각각 별도의 인과관계를 요구하는 것이 이원적 인과관계론이다. 이에 따르면 가해행위와 손해 사이에는 '책임설정적 인과관계'가 요구되고, 손해와 배상 사이에는 '책임충족적 인과관계'가 필요하다. 먼저 책임설정적 인과관계에 대한 판단은 사실적 인과관계인 조건설에 따른 인과성 판단으로 충분하다는데 학설이 일치한다. 그러나 책임충족적 인과관계는 엄격하게 규범적으로 판단되어야 한다고 하며, 구체적인 판단기준으로는 학설에 따라서 규범목적설, 위험성 관련설, 상당인과

---

22) 치료비는 불법행위와 상당인과관계 있는 범위에서만 배상청구가능하므로 상급병실이용료는 특별한 사정이 없는 한 상당인과관계를 부정.

관계설 등으로 각각 주장하는 바가 다르다.

이러한 이원적 인과관계론에 따르게 될 경우에, 불법행위는 성립되지만 손해배상책임은 부담하지 않는 영역도 발생하게 된다. 그러한 영역이 논리적으로 존재할 수 있다는 데는 공감할 수 있으나, 이 관념적 영역이 과연 현실적으로 필요한 것인가는 의문이 아닐 수 없다. 예를 들어 사용자책임의 성립을 위해서는 피용자의 불법행위가 성립되어야 한다는 대위책임설이 통설이자 판례인데, 그렇다면 피용자의 가해행위와 손해발생 사이에 조건적 인과관계(책임설정적 인과관계)는 존재하지만 손해와 배상 사이의 책임충족적 인과관계가 존재하지 않는 경우에 피용자의 손해배상책임은 없더라도 불법행위는 성립되기 때문에 사용자는 그러한 손해에 대해서도 책임을 부담할 수 밖에 없다. 결국 피용자에게 책임충족적 인과관계가 없는 경우에도, 사용자는 사용자책임을 부담하게 되는데 이러한 결과는 쉽게 수긍하기 어렵다.

(3) 손해배상주의와의 관계

제763조에 따라 손해배상의 범위에 관한 제393조가 불법행위에도 준용되므로, 제750조의 인과관계는 불법행위 성립까지만 작용하더라도 체계적으로는 아무런 문제가 없다. 즉 손해배상의 범위는 통상손해인가의 여부에 달려있는 것이지, 인과관계 존부와는 법문상으로 아무런 논리적 관계도 없다. 통상손해는 일반적·객관적으로 그 불법행위로부터 발생하리라고 예상되는 손해로, 그리고 특별손해는 일반적·객관적으로 그 불법행위로부터 발생하리라고 예상되지 않는 손해로 이해된다. 따라서 제750조의 불법행위 성립요건으로서의 인과관계는 일원적인 객관적 상당인과관계로 단일하게 판단하되, 그 사건에서는 객관적으로 상당인과관계가 인정되지만 통상적으로는 발생하지 않는 특별한 손해라면 가해자가 알았거나 알 수 있었을 경우에만 국한하여 책임을 지우는 것으로서 제393조의 독자적인 의의와 기능을 부여할 수 있을 것이다.

반면에 독일 민법은, 제393조와 같이 손해배상범위를 조절하는 조문을 두고 있지 않으므로, 가해행위와 인과관계 있는 모든 손해는 전부 배상해야 하는 완전배상주의를 취하고 있다. 그러므로 불법행위의 성립 판단과 손해배상의 범위 결정을 모두 인과관계이론으로 해결할 수밖에 없는 법적 시스템을 가지고 있다. 따라서 불법행위 성립 판단에 필요한 인과관계인 책임설정적 인과관계를 조건적 인과관계로 개략적으로 한번 걸러내고, 배상범위 결정에 필요한 인과관계는 책임충족적 인과관계로서 규범목적설 등을 통해서 규범적으로 정교하게 판단하게 된다.

라. 인과관계의 증명

(1) 일반론

가해행위와 손해 사이 인과관계의 증명책임은 피해자가 부담하는 것이 원칙이다. 그러나 현실적인 소송과정에서 인과관계의 증명은 용이한 것이 아니며, 특히 과학기술에 의한 가해행위의 경우에 가해행위와 손해 사이의 인과관계 증명은 비전문가인 일반인이 부담하기에는 매우 어려운 문제이다. 따라서 예외적인 경우에는 피해자의 구제를 위해서 인과관계의 증명책임을 완화하거나 상대방에게 전환하는 방안도 고려할 필요가 있다.

이러한 인과관계 증명의 완화나 전환은 법률 규정에 의해 명문으로 이루어지기도 하지만, 학설이나 판례에 의해 관행적으로 행하여지기도 한다. 인과관계 증명책임의 완화나 전환이 행해지는 대표적인 경우가 환경오염, 제조물책임 및 의료과오소송 등이다.

(2) 환경오염의 인과관계 증명

㈎ 개연성이론

환경오염사건에서는 피해자가 인과관계를 엄격하게 증명할 필요가 없이 인과관계 존재의 개연성만을 증명하는 것으로 충분하다는 것이 개연성이론이다. 여기에서 개연성이라 함은, 어떠한 행위로부터 그러한 결과 발생이 추상적으로 가능하다는 증명과 어떠한 행위가 그 결과를 가져왔음이 구체적으로 틀림없다는 증명의 중간에 해당하는, 아마도 그러할 것이라는 수준의 확실성을 말한다. 피해자가 개연성을 증명하였다면 가해자가 인과관계의 부존재에 관해 구체적으로 반증을 제시하지 못하는 한 책임을 면할 수 없다. 즉 피해자는 인과관계 존재의 개연성만을 증명하면 된다는 개연성이론을 학설상으로는 사실상의 추정과 동일시하고 있다. 판례는 1970년대 초반부터 개연성이론을 채택하여 인과관계 증명을 완화하여 왔다[대법원 1974.12.10. 72다1774].[23]

공해로 인한 불법행위에 있어서의 인과관계에 관하여 당해 행위가 없었더라면 결과가 발생하지 아니 하였으리라는 정도의 개연성이 있으면 그로써 족하다는 다시 말하면 침해 행위와 손해와의 사이에 인과관계가 존재하는 상당정도의 가능성이 있다는 입증을 하므로써 족하고..〈후략〉[대법원 1974.12.10. 72다1774].

그 후 개연성이론이 유지되어 왔으나, 1980년대 중반 간접반증이론이 등장하면서 쇠퇴하고 있다. 판례에 따라서는 실질적으로는 간접반증이론으로 인과관계를 판단하면서도, 이를 개연성이론에 따른 것이라고 명시한 경우도 있었다[대법원 1991. 7.23. 89다카1275].[24)]

피고공장에서 수목의 생육에 악영향을 줄 수 있는 아황산가스가 배출되고 그 아황산가스의 일부가 대기를 통하여 이 사건 원고의 농장에 도달되었으며 그로 인하여 유황이 잎 내에 축적되어 수목의 성장에 장해가 됨으로써 한파로 인한 동해에 상조작용을 하였다는 사실인정을 하고 그러한 사실관계에 터잡아 피고공장에서 배출한 위 아황산가스와 원고농장의 관상수들의 동해와 사이에 인과관계를 인정한 조치는 위 설시와 같은 공해소송에 있어서의 인과관계에 관한 개연성이론에 입각하여 볼 때 정당하고..〈후략〉[대법원 1991.7.23. 89다카1275].

(나) 간접반증이론

간접반증이론이란 '가해자의 공해 원인물질의 배출', '피해자에게 원인물질의 도달', '피해자에게 피해의 발생'의 3가지 간접사실만 증명하면 행위와 손해 사이의 인과관계가 일응 증명되었다고 보는 견해이다. 즉 피해자는 도달된 원인물질의 어떠한 성분의 어떠한 작용으로 피해결과가 발생되었다는 증명을 할 필요 없이, '배출-도달-피해'의 3가지 간접사실의 증명으로 충분하게 된다. 1980년대 중반부터 판례[대법원 1984.6.12. 81다558][25)]에 의해 도입된 간접반증이론은 현재까지도 환경오염소송에서 여전히 유지되고 있다.

일반적으로 불법행위로 인한 손해배상청구사건에 있어서 가해행위와 손해발생 간의

---

23) 화력발전소의 아황산가스가 과수원에 손해를 입혔다는 사실을 개연성을 바탕으로 판단.
24) 아황산가스가 농장에 손해를 입힌 사실을 실질적으로는 간접반증이론에 따라 판단하면서도 이를 개연성이론이라고 판결문에서 명시.
25) 화학공장의 폐수가 김양식장에 피해를 준 사안에서 간접반증이론을 제시.

인과관계의 입증책임은 청구자인 피해자가 부담하나, 대기오염이나 수질오염에 의한 공해로 인한 손해배상을 청구하는 소송에 있어서는 기업이 배출한 원인물질이 대기나 물을 매체로 하여 간접적으로 손해를 끼치는 수가 많고 공해문제에 관하여는 현재의 과학수준으로도 해명할 수 없는 분야가 있기 때문에 가해행위와 손해의 발생 사이의 인과관계를 구성하는 하나 하나의 고리를 자연과학적으로 증명한다는 것이 매우 곤란하거나 불가능한 경우가 많으므로, 이러한 공해소송에 있어서 피해자에게 사실적인 인과관계의 존재에 관하여 과학적으로 엄밀한 증명을 요구한다는 것은 공해로 인한 사법적 구제를 사실상 거부하는 결과가 될 우려가 있는 반면에, 가해기업은 기술적·경제적으로 피해자보다 훨씬 원인조사가 용이한 경우가 많을 뿐만 아니라, 그 원인을 은폐할 염려가 있기 때문에, 가해기업이 어떠한 유해한 원인물질을 배출하고 그것이 피해물건에 도달하여 손해가 발생하였다면 가해자 측에서 그것이 무해하다는 것을 입증하지 못하는 한 책임을 면할 수 없다고 보는 것이 사회형평의 관념에 적합하다[대법원 2009.10.29. 2009다42666].

(3) 제조물책임의 인과관계 증명

제조물책임법은 제조자의 고의·과실이라는 귀책사유를 요하지 아니하고, 오로지 제조물의 결함으로 손해가 발생하기만 하면 배상책임을 지우는 무과실책임주의를 취하고 있다. 따라서 제조물의 결함과 손해의 발생 사이의 인과관계가 더욱 중요하게 된다. 판례는 제조물책임법 제정 이전부터 제조물책임에서 인과관계의 증명책임을 완화한 이래[대법원 2000.2.25. 98다15934],[26] 그러한 태도를 견지해 왔다.

> 물품을 제조·판매한 자에게 손해배상책임을 지우기 위하여서는 결함의 존재, 손해의 발생 및 결함과 손해의 발생과의 사이에 인과관계의 존재가 전제되어야 하는 것은 당연하지만, 고도의 기술이 집약되어 대량으로 생산되는 제품의 경우, 그 생산과정은 대개의 경우 소비자가 알 수 있는 부분이 거의 없고, 전문가인 제조업자만이 알 수 있을 뿐이며, 그 수리 또한 제조업자나 그의 위임을 받은 수리업자에 맡겨져 있기 때문에, 이러한 제품에 어떠한 결함이 존재하였는지, 나아가 그 결함으로 인하여 손해가 발생한 것인지 여부는 전문가인 제조업자가 아닌 보통인으로서는 도저히 밝혀 낼 수 없는 특수성이 있어서 소비자 측이 제품의 결함 및 그 결함과 손해의 발생과의 사이의 인과관계를 과학적·기술적으로 완벽하게 입증한다는 것은 지극히 어려우므로, 텔레비전이 정상적으로 수신하는 상태에서 발화·폭발한 경우에 있어서는, 소비자 측에서 그 사고가 제조업자의 배타적 지배하

---

26) 내구연한을 1년 초과한 텔레비전이 정상적인 이용 상태에서 폭발한 사안.

에 있는 영역에서 발생한 것임을 입증하고, 그러한 사고가 어떤 자의 과실 없이는 통상 발생하지 않는다고 하는 사정을 증명하면, 제조업자 측에서 그 사고가 제품의 결함이 아닌 다른 원인으로 말미암아 발생한 것임을 입증하지 못하는 이상, 위와 같은 제품은 이를 유통에 둔 단계에서 이미 그 이용시의 제품의 성상이 사회통념상 당연히 구비하리라고 기대되는 합리적 안전성을 갖추지 못한 결함이 있었고, 이러한 결함으로 말미암아 사고가 발생하였다고 추정하여 손해배상책임을 지울 수 있도록 입증책임을 완화하는 것이 손해의 공평·타당한 부담을 그 지도원리로 하는 손해배상제도의 이상에 맞는다[대법원 2000. 2.25. 98다15934].

2000년 제정되어 2002년부터 시행된 제조물책임법은 2017년 개정을 통해 판례 이론을 반영하여 제3조의2를 신설하였다. 즉 피해자가 '해당 제조물이 정상적으로 사용하는 상태에서 피해자에게 손해가 발생하였다는 사실'과 '손해가 제조업자의 실질적 지배영역에 속한 원인으로부터 초래되었다는 사실' 그리고 '그 손해가 해당 제조물의 결함 없이는 통상 발생하지 아니한다는 사실'을 증명하면, 제조물의 결함으로 인하여 손해가 발생한 것으로 법률상 추정한다. 다만 제조업자가 제조물의 결함이 아닌 다른 원인으로 인하여 그 손해가 발생한 사실을 증명함으로써 인과관계의 법률상 추정은 깨어진다.

'해당 제조물이 정상적으로 사용하는 상태에서 피해자에게 손해가 발생하였다는 사실'은 제조물의 용법대로 사용하는 과정에서 손해가 발생하여야 한다는 것이다. 예를 들어 기계 세척용 알코올을 인체 소독용으로 사용하여 피부에 발진이 생긴 경우와 같이 비정상적인 용도로 사용하는 경우까지 인과관계를 법률상 추정할 수는 없다.

'손해가 제조업자의 실질적 지배영역에 속한 원인으로부터 초래되었다는 사실'이라 함은 사고 발생까지 피해자 등 제조자 이외의 자의 부정적 개입이 존재하지 않는 것으로 이해할 수 있다. 예를 들어 전기밥솥의 과열로 인한 화재나 자연 상태의 콜라병이나 시청 중 텔레비전 브라운관의 폭발은 소비자의 어떠한 행위도 개입되지 않은 상태에서 사고가 발생하는 것이므로 사고가 제조자의 실질적 지배 하에서 발생한 것이라고 할 수 있다. 그러나 자동차 급발진 사고의 경우에는 운행을 위해서는 반드시 운전자의 조작이 개입되어야 하므로 급발진이 전적으로 제조자의 실질적 지배에 있다고 보기는 어렵다고 할 수 있다.

또 '그 손해가 해당 제조물의 결함없이는 통상 발생하지 아니한다는 사실'은 전술한 바와 같이 자연 상태의 콜라병이나 시청 중의 텔레비전의 브라운관이 폭발하는 사고가 통상 발생하지 않는다는 점을 의미한다. 피해자가 이러한 사실들을 증명하면 제조업자 측에서 '그 사고가 제품의 결함이 아닌 다른 원인으로 말미암아 발생한 것임을 입증하지 못하는 이상' 제조물책임의 인과관계는 법률상 추정된다.

(4) 의료과오소송의 인과관계 증명

의료과오소송에서도 가해행위와 손해 사이의 인과관계 증명을 완화하고 있다. 특히 주목할 것은 의료과오소송에서는 가해행위와 손해 사이의 인과관계 증명뿐만 아니라 의사의 과실에 대한 증명도 완화하고 있다는 점이다. 즉 의료과오소송에서는 의사의 의료상 과실에 대한 증명도 '일반인의 상식에 바탕을 둔' 의료상 과실있는 행위를 입증하는 것으로 충분하고, 그 외에 의료행위 이전에 다른 원인이 될 만한 기왕증과 같은 건강상 결함이 없었음을 증명하는 것으로 인과관계의 증명도 충분하다는 것이다.

> 환자측이 의사의 의료행위상의 주의의무 위반과 손해의 발생과의 사이의 인과관계를 의학적으로 완벽하게 입증한다는 것은 극히 어려운 일이므로, 의료사고가 발생한 경우 피해자측에서 일련의 의료행위 과정에 있어서 저질러진 일반인의 상식에 바탕을 둔 의료상의 과실이 있는 행위를 입증하고 그 결과와 사이에 일련의 의료행위 외에 다른 원인이 개재될 수 없다는 점, 이를테면 환자에게 의료행위 이전에 그러한 결과의 원인이 될 만한 건강상의 결함이 없었다는 사정을 증명한 경우에는, 의료행위를 한 측이 그 결과가 의료상의 과실로 말미암은 것이 아니라 전혀 다른 원인으로 말미암은 것이라는 입증을 하지 아니하는 이상, 의료상 과실과 결과 사이의 인과관계를 추정하여 손해배상책임을 지울 수 있도록 입증책임을 완화하는 것이 손해의 공평·타당한 부담을 그 지도원리로 하는 손해배상제도의 이상에 맞는다[대법원 1999.6.11. 99다3709].

그러나 인과관계의 추정도 의사의 과실로 인한 결과발생을 추정할 수 있을 정도의 개연성이 담보되지 않는 사정들을 가지고 막연히 중한 결과에서 의사의 과실과 인과관계를 추정함으로써 결과적으로 의사에게 무과실의 입증책임을 지우는 것까지 허용되는 것은 아니다[대법원 2004.10.28. 2002다45185].[27]

---

27) 어지럼증으로 입원한 환자가 뇌혈관 조영술을 받다가 뇌경색으로 의식을 상실한 경우까지 과

마. 인과관계의 경합

현실세계에서는 하나의 가해행위와 손해가 단선적으로 존재하는 경우뿐만 아니라 복수의 원인행위가 복합적으로 작용하여 하나의 손해를 야기하는 경우도 매우 빈번하다. 이와 같이 다수의 원인행위가 존재하는 경우에 각각의 행위자가 손해결과에 대해 어떠한 책임을 부담해야 하는가라는 어려운 법적 문제가 발생된다.

(1) 중첩적 경합

인과관계의 중첩적 경합이란, 하나의 가해행위로도 손해발생을 야기하기에 충분한 각 행위가 복수로 경합하는 것을 말한다. 예를 들어 갑이 쏜 총탄과 을이 쏜 총탄이 각각 심장과 머리를 관통하여 병이 사망한 경우에, 그 중 어느 하나라도 사망의 원인이 되기에는 충분하므로 갑과 을의 행위는 모두 인과관계가 인정된다. 다만 갑이 쏜 총탄과 을이 쏜 총탄이 각각 병의 심장과 머리를 관통하여 사망한 경우에 누구의 총탄에 의해 먼저 사망하였고 후에 누구의 총탄이 사체를 관통한 것인지가 밝혀진다면, 중첩적 경합이 아니라 사망한 후에 사체를 관통한 총탄은 후술하는 가정적 경합에 해당된다고 할 것이므로 실질적으로는 인과관계의 경합이 아니다.

중첩적 경합은 제760조 제2항의 가해자 불명의 복수행위와 엄밀하게는 다음과 같은 점에서 구별될 수 있다. 두 개의 총탄이 각각 심장과 머리를 관통하였으나 누구의 총탄에 의해 사망한 것인지 알 수 없는 경우가 중첩적 경합이라면, 하나의 총탄만이 심장을 관통하였으나 어느 사격행위에 의한 총탄인지 알 수 없는 경우는 가해자 불명의 복수행위에 해당된다. 즉 하나의 행위만이 결과를 가져왔음이 명백하지만, 누구의 행위인지를 밝힐 수 없는 경우에는 인과관계의 중첩적 경합이 아닌 가해자 불명의 복수행위가 된다.

이처럼 결과발생에 충분한 원인행위들이 우연히 중첩되는 경우에는 일단 공동불법행위의 성립 여부를 판단하여야 한다. 두 원인행위 사이에 객관적 행위공동이 있는 경우라면 공동불법행위가 성립되어 각자가 부진정연대책임을 부담함이 당연하다. 객관적 행위공동이 없는 경우에도 제760조 제1항을 유추 적용하여 부진정연

실과 인과관계를 추정하는 것을 배척.

대책임을 지워야 한다는 학설(지원림, 1801)도 있으나, 앞서 살펴본 바와 같이 인과관계의 중첩적 경합과 사태 유형이 가장 유사한 제760조 제2항의 가해자 불명의 복수행위를 유추 적용하여 부진정연대책임을 지우는 것이 타당하다고 생각된다.

(2) 필요적 경합

인과관계의 필요적 경합이란, 하나의 가해행위로 손해발생을 야기하기에는 충분하지 않은 각 행위가 복수로 경합함으로써 비로소 결과를 발생시키는 것을 말한다. 예를 들어 갑이 30t의 폐수를 방류하고 동시에 을도 30t의 폐수를 방류하여 양식장의 치어를 폐사시켰는데, 폐사에 이르는 농도가 되기 위해서는 50t 이상의 폐수가 방류되어야 하는 경우가 이에 해당된다. 이 경우에 갑과 을 누구의 행위라도 결여되었다면 결과가 발생되지 않았을 것이므로, 양자 모두 인과관계가 긍정될 것이다.

이와 같이 결과발생에 충분하지 않은 원인들이지만 이들이 경합됨으로써 결과가 발생된 경우의 법적 취급에 대해 제760조 제2항의 가해자 불명의 복수행위를 유추적용하여 부진정연대책임을 지워야 한다는 견해(지원림, 1801)가 있다. 그러나 필요적 경합은 누구의 행위가 어떠한 결과를 가져오는지에 대해 인과관계가 불명확하다기보다는 결과발생에 부족한 행위의 경합이 중한 결과를 가져온 것이므로, 만약 객관적 행위공동이 있는 경우라면 협의의 공동불법행위가 성립되어 부진정연대책임을 각자에게 부담시키되, 객관적 행위공동이 없으면 제760조 제2항보다는 오히려 제760조 제1항을 유추 적용하여 부진정연대책임을 지우는 것이 타당할 것이다.

(3) 과잉적 경합

인과관계의 과잉적 경합이란, 손해발생을 야기하기에 충분한 선행행위에 이어서 손해발생을 야기하기에는 부족한 후행행위가 경합하여 결과를 발생시키는 것을 말한다. 예를 들어 갑의 교통사고로 혼수상태의 위독한 환자를 병원에 후송하던 중, 응급실 간호사 을이 구급차의 이동침대를 떨어뜨려 바로 숨지게 한 경우가 이에 해당된다.

이처럼 결과발생에 충분한 선행행위가 있어서 그 결과발생이 목전에 이르는 상태에서 가벼운 후행행위가 경합하여 선행행위에 따른 결과 발생을 가져오게 한 경우의 법적 취급에 대해 후행행위자의 인과관계를 부정하는 견해(김준호, 1170)도 있으나 선행행위자는 손해 전부에 배상책임을 지는 것이 당연하고, 후행행위자는 기여분을 증명하지 못하면 부진정연대책임을 지지만 기여분을 증명하면 그 기여분에 한하여 책임을 부담한다는 견해(지원림, 1801)가 타당하다고 생각된다.

(4) 추월적 경합

인과관계의 추월적 경합이란, 손해발생을 야기하기에 충분한 선행행위에 이어서 역시 손해발생을 야기하기에 충분한 후행행위가 경합하는 바람에 후행행위에 의해 결과가 발생되는 것을 말한다. 예를 들어 갑이 준 치사량의 독극물을 먹고 비틀거리면서 횡단보도를 건너던 중 을의 신호위반 과속차량에 치어서 심장 파열로 즉사한 경우 또는 갑이 쏜 총탄이 주요 장기를 관통하였으나 아직 숨이 완전히 떨어지지 않은 상태에서 을이 쏜 총탄이 머리를 관통하여 그로 인해 즉사한 경우가 이에 해당된다. 추월적 경합은 동가치한 복수의 원인행위 중 결과발생을 가져오는 인과관계가 확연히 식별된다는 점에서 동가치한 복수의 원인행위 중 결과발생을 가져오는 인과관계가 확인되지 않는 중첩적 경합과는 구분된다.

추월적 경합의 경우에 직접적인 원인은 후행행위이므로 선행행위는 면책되어야 한다는 주장과 후행행위가 없어도 손해결과는 당연히 발생되므로 중첩적 경합과 동일하게 취급되어야 한다는 주장이 대립되고 있으나, 중첩적 경합과 다른 효과를 인정할 실질적인 차별성은 없다고 생각된다.

(5) 가정적 경합

인과관계의 가정적 경합이란, 손해발생을 야기하기에는 충분한 선행행위가 손해결과를 완전히 발생시키고 난 이후에 역시 손해발생을 야기하기에 충분한 후행행위가 경합하는 것을 말한다. 예를 들어 갑이 준 치사량의 독극물을 먹고 이미 죽은 시체에 대해 살아있다고 오신하고 을이 머리에 총탄을 발사하는 행위가 이에 해당된다. 가정적 경합은 이미 선행행위에 의해 결과가 발생된 이후에 행하여진 가해행위이므로 논리적으로는 결과발생 자체가 불가능한 것이다. 따라서 실질적으로는 인과관계의 경합이라 할 수 없고, 후행행위 그 자체에 대해서 사체 훼손 등

별도의 독립적인 불법행위의 성립을 검토해야 할 것이다.

(6) 자연력과의 경합

가해자의 불법행위에 인간의 행위가 아닌 자연력이 더하여 손해결과를 야기한 경우에도 인과관계를 인정할 수 있다. 예를 들어 원자력발전소의 온배수를 이용한 양어장에 이상기온으로 온배수와 자연해수의 수온이 모두 상승하여 어류가 폐사한 경우에도, 원자력발전소의 온배수 배출에 인과관계를 인정할 수 있다[대법원 2003.6.27. 2001다734]. 즉 인간의 행위에 설령 자연력이 경합되어 손해를 발생시킨 경우라도 원칙적으로 불법행위는 인정된다.

불법행위가 인정된다 하더라도 손해의 범위는 자연력의 기여분을 고려하여 이를 공제한 나머지 부분으로 제한하는 것이 공평의 원리에 부합한다. 다만 가해자가 그와 같은 자연적 조건이나 그에 따른 위험의 정도를 미리 예상할 수 있었고 합리적으로 사전에 예방할 수 있었다면 자연력의 기여분을 인정하여 배상범위를 제한할 것은 아니다[대법원 2001.2.23. 99다61316].[28] 그리고 자연력의 기여분을 구체적으로 얼마나 인정할 것인가는, 형평의 원칙에 비추어 현저히 불합리하다고 인정되지 아니하는 한, 사실심의 전권사항에 속하는 것이다[대법원 2009.6.11. 2006다13001].

> 불법행위에 기한 손해배상사건에 있어서 피해자가 입은 손해가 자연력과 가해자의 과실이 경합되어 발생된 경우 가해자의 배상범위는 손해의 공평한 부담이라는 견지에서 손해발생에 대하여 자연력이 기여하였다고 인정되는 부분을 공제한 나머지 부분으로 제한하여야 함이 상당하나, 다만 피해자가 입은 손해가 통상의 손해와는 달리 특수한 자연적 조건 아래 발생한 것이라 하더라도 가해자가 그와 같은 자연적 조건이나 그에 따른 위험의 정도를 미리 예상할 수 있었고 또 과도한 노력이나 비용을 들이지 아니하고도 적절한 조치를 취하여 자연적 조건에 따른 위험의 발생을 사전에 예방할 수 있었다면 그러한 사고방지 조치를 소홀히 하여 발생한 사고로 인한 손해배상의 범위를 정함에 있어서 자연력의 기여분을 인정하여 가해자의 배상범위를 제한할 것은 아니다[대법원 2004.6.25. 2003다69652].

---

28) 임도 개설공사 이후 집중호우로 인한 산사태로 말미암아 발생한 손해의 배상범위를 정하는데 자연력의 기여분을 인정하지 않음.

5. 귀책사유

가. 고   의

(1) 고의의 개념

고의라 함은 일정한 결과가 발생할 것을 알면서도 감히 이를 행하는 심리상태를 말한다[대법원 2002.7.12. 2001다46440].[29] 보다 구체적으로는 결과발생을 의욕하는 수준에 미치지 않고, 결과발생을 인식하는 정도인 미필적 고의에 머무르더라도 고의를 인정할 수 있다. 다만 결과발생을 인식하였으나 결과가 발생되지 않을 것으로 진지하게 신뢰한 경우라면 '인식있는 과실'에 해당된다.

고의가 성립되기 위해서 위법성의 인식이 필요한가에 대해 학설대립이 있으나, 통설과 판례[대법원 2002.7.12. 2001다46440]는 민법상 고의의 성립을 위해서는 위법성의 인식을 요하지 않는다고 한다.

> 불법행위에 있어서 고의는 일정한 결과가 발생하리라는 것을 알면서 감히 이를 행하는 심리상태로서, 객관적으로 위법이라고 평가되는 일정한 결과의 발생이라는 사실의 인식만 있으면 되고 그 외에 그것이 위법한 것으로 평가된다는 것까지 인식하는 것을 필요로 하는 것은 아니라고 할 것이다[대법원 2002.7.12. 2001다46440].

(2) 민법상 고의와 과실의 차별성

형법상으로는 고의범만을 처벌하는 것이 원칙이고 과실범은 특별히 구성요건에서 과실범을 처벌하는 규정이 있는 경우에만 범죄가 성립되므로 고의와 과실을 구별하는 것은 매우 중요하다. 예를 들어 과실에 의한 재물손괴는, 과실범을 처벌하는 규정이 형법에 없으므로, 범죄가 성립되지 않는다. 그러나 민법상 불법행위의 성립요건에서 고의와 과실은 아무런 차별성이 없으므로, 고의에 의한 행위이든 과실에 의한 행위이든 불법행위가 성립되는 데는 차이가 없다.

다만 다음과 같은 점에서는 고의와 과실을 구별하는 실익이 있다. 먼저 고의의

---

29) 채무불이행으로 양식장의 철거를 허용하였다 하더라도 양식장의 어류를 위한 조치 없이 철거하여 어류를 폐사시킨 경우에는 고의를 인정.

경우에는 손해배상청구권을 수동채권으로 해서 상계하는 것이 불가능하지만(제496조), 과실의 경우에는 손해배상청구권을 수동채권으로 해서 상계하는 것이 허용된다. 둘째로 고의의 경우에는 가해자의 경제적 환경을 고려하여 손해배상액을 감액하는 것이 불가능하지만(제765조), 과실의 경우에는 감액이 허용된다. 셋째로 판례에 따르면 고의의 경우에 피해자의 과실을 적극적으로 이용하였다면 과실상계를 주장하는 것을 허용하지 않는 경우[대법원 1987.7.21. 87다카637][30]도 있으나, 과실의 경우에는 피해자의 과실상계가 당연히 허용된다. 끝으로 고의의 불법행위까지 면책특약을 하는 것은 허용되지 않지만(제103조, 약관의 규제에 관한 법률 제7조 제1호), 과실의 불법행위에 대한 면책특약은 유효하다.

나. 과　실

(1) 과실의 개념

과실이라 함은 일정한 부정적 결과의 발생을 예견하거나 방지할 수 있었으나 주의를 게을리 하여 결과를 발생케 하는 심리상태를 말한다. 과실을 이해함에 있어서 가장 중요한 요소는 '주의의무 위반'과 '결과의 예견 및 회피가능성'이라 요약할 수 있다. 이하에서 각각을 개별적으로 살펴본다.

(가) 주의의무 위반

과실 판단이 가능하기 위해서는 무엇보다 가해자에게 주의의무가 존재해야 한다. 만약 주의의무 자체가 존재하지 않는다면, 과실이라는 개념도 성립할 수 없다. 주의의무는 법률규정에 의해 명시적으로 부과되기도 하지만(도로교통법 제17조 제1항 안전거리확보의무 등), 사회상규에 의해 묵시적으로 인정되는 경우도 빈번하다. 주의의무의 구체적인 내용은 교통사고 응급환자에게 의심가는 장기손상 여부를 의료인이 능동적으로 확인할 의무와 같은 적극적인 작위의무일 수도 있고, 또 고위험 인화물질 근처에서 불씨를 다루지 않을 의무처럼 소극적인 부작위의무인 경우도 있다.

주의의무의 위반 역시 적극적인 작위형태로 행해질 수도 있고, 또 소극적인 부

---

30) 상사의 감독소홀을 틈타 적극적으로 부정행위를 한 후 그 감독소홀을 과실상계의 사유로 주장한 사안.

작위형태로 행해질 수 있다. 즉 소극적인 부작위의무에도 불구하고 작위를 행해서 주의의무를 위반하거나 또는 일정한 작위를 해야 할 의무를 소홀히 하고 다른 작위를 행하는 경우가 전자에 해당할 것이고, 적극적인 작위의무가 있음에도 불구하고 아무런 작위도 하지 않음으로써 부작위의 형태로 의무를 위반하는 것이 후자에 해당한다. 전자를 작위에 의한 과실이라 할 것이고, 후자를 부작위에 의한 과실이라 할 것이다. 특히 부작위에 의한 과실에는 반드시 작위의무의 존재가 전제되어야 한다[대법원 1996.6.11. 98다22963].[31] 따라서 작위의무가 존재하지 않는 경우에는 설령 특정인에게 불이익이 발생할 지라도 불법행위가 성립된다고 할 수 없다. 예를 들어 실내 수영장에서 어린이가 익사한 경우에 구조의무가 존재하는 안전관리요원에게만 부작위에 의한 과실이 인정되는 것이고, 그러한 작위의무가 없는 다른 수영장 이용자에게는 과실이 인정되지 않는다. 판례는 채권·채무의 상계는 권리이지 의무가 아니므로 채권자가 채무자에게 상계권을 행사하지 아니한 것이 제3자에 대해 불법행위를 구성한다고 할 수 없다고 판시한 바 있다[대법원 2002.2.26. 2001다74353].[32]

특정한 행위에 어떠한 허가나 면허가 요구되는 경우에, 그러한 허가나 면허가 없는 그 자체로 곧바로 주의위반이 인정되는 것은 아니다. 감독관청의 승인 없이 임상실험에 해당하는 의료행위를 하였다 하더라도 그 자체로 주의의무 위반이 되지는 않으며[대법원 2010.10.14. 2007다3162],[33] 무면허 의료행위의 경우에도 마찬가지이다[대법원 2002.1.11. 2001다27449].[34]

(나) 결과의 예견 및 회피가능성

주의의무의 내용으로 가장 중요한 점은 자신의 행위가 어떠한 결과를 가져올 것이라고 합리적으로 예견하는 것과 자신의 행위가 가져올 결과를 회피하기 위한

---

31) 소유권이전등기청구권이 가압류되면 제3채무자는 채무자 등에 의해 제기된 소유권이전등기 청구소송에 응소하여 가압류사실을 주장하고 입증할 의무가 있으므로, 응소하지 않아 채무자에게 소유권이전등기가 경료되고 다시 제3자에게 처분되어 채권자가 손해를 입으면 불법행위가 성립됨.

32) 갑이 을에게 대출금채권을 갖고 있고 갑은 을에게 예금채권을 갖고 있는데 갑이 상계하지 않아 을의 보증인이 대위변제한 후 경매를 신청하자 을로부터 담보물을 이전받은 병이 갑을 상대로 불법행위를 주장한 사안.

33) 식약청의 승인 없는 줄기세포 이식행위.

34) 약사가 환자를 진단하여 처방/조제하는 행위.

노력을 기울여야 하는 것이다. 이러한 노력이 의미가 있으려면, 가해자에게 부정적 결과발생에 대한 예견가능성과 회피가능성이 존재했어야만 한다. 만약 가해자로서는 도저히 예견할 수 없었던 경우나 아무리 노력해도 회피할 수 없는 결과라면 그에게 주의를 게을리 하여 의무를 위반한 것이라고 비난할 수 없기 때문이다. 따라서 행위자에게 결과 발생의 예견가능성이나 회피가능성이 없었다면, 그에게 과실을 인정할 수 없다.

> 의사가 행한 의료행위가 그 당시의 의료수준에 비추어 최선을 다한 것으로 인정되는 경우에는 환자를 진찰·치료하는 등의 의료행위에 있어서 요구되는 주의의무를 위반한 과실이 있다고 할 수 없다[대법원 2020.11.26. 2020다244511].

판례는 과실판단에서 예견가능성과 회피가능성이 있는가를 일일이 검토하여 주의의무 위반을 심사하는 태도를 취하고 있지는 않지만, 공무원의 국가배상법 적용사건[대법원 2010.9.9. 2008다77795;[35] 대법원 2009.9.24. 2006다82649][36]이나 의료과오의 경우[대법원 2010.7.22. 2007다70445;[37] 대법원 2010.7.8. 2007다55866 외 다수]에는 명시적으로 예견가능성과 회피가능성을 언급하기도 한다.

> 의료과오사건에 있어서의 의사의 과실은 결과발생을 예견할 수 있었음에도 불구하고 그 결과발생을 예견하지 못하였고 그 결과발생을 회피할 수 있었음에도 불구하고 그 결과발생을 회피하지 못한 과실이 검토되어야 할 것이다[대법원 1984.6.12. 82도3199].

특히 의사의 과실과 관련하여, 의료행위에 따르는 후유증이나 부작용 등의 위험 발생 가능성이 희소하다고 해서 의사의 설명의무가 면제되는 것은 아니다. 후유증이나 부작용이 당해 치료행위에 전형적으로 발생하는 위험이거나 회복할 수 없는 중대한 것인 경우에는 그 발생 가능성의 희소성에도 불구하고 설명의 대상이 된다[대법원 2020.11.26. 2018다217974].

---

35) 미니컵 젤리의 질식사고 위험성에 대한 판단.
36) 형사재판 증인에 대한 피고인의 복수행위에 대한 판단.
37) 스테로이드 녹내장을 유발한 과실의 판단.

(2) 과실의 유형구분

(가) 추상적 과실과 구체적 과실

과실이란 곧 주의의무의 위반이라고 할 때, 누구를 주의의무의 기준으로 설정할 것인가에 따라 추상적 과실과 구체적 과실로 구분된다. 사람마다 주의를 기울이는 정도는 개인의 특성에 따라 각각 달라서, 그 편차는 클 수밖에 없다. 따라서 구체적인 사례에서 그 가해자를 기준으로 할 것인지 아니면 일반적인 보통인을 기준으로 할 것인지에 따라 요구하는 주의의무의 정도는 다르다.

먼저 주의의무의 수준을 구체적인 사례에서의 상황을 전제로 하여 일반적인 보통인에게 요구되는 정도를 기준으로 하는 것이 추상적 과실이다. 즉 객관적 판단기준을 가지고 요구되는 주의의무의 정도를 결정하는 것이고 민법상으로는 통상 '선량한 관리자의 주의'(제374조, 제681조)라는 표현으로 사용된다. 다만 일반적 보통인이라도 추상적인 일반인이 아니라 그와 같은 업무와 직무에 종사하는 보통인을 말하는 것이다[대법원 1967.7.18. 66다1938].[38] 판례도 불법행위의 성립요건으로서의 과실은 추상적 과실로서 구체적 사례에서의 보통인인 사회평균인으로서의 주의의무를 위반한 경우라고 명시적으로 밝히고 있다[대법원 2001.1.19. 2000다12532].[39]

불법행위의 성립요건으로서의 과실은 이른바 추상적 과실만이 문제되는 것이고 이러한 과실은 사회평균인으로서의 주의의무를 위반한 경우를 가리키는 것이지만, 그러나 여기서의 '사회평균인'이라고 하는 것은 추상적인 일반인을 말하는 것이 아니라, 그때 그때의 구체적인 사례에 있어서의 보통인을 말하는 것이다[대법원 2001.1.19. 2000다12532].

구체적 과실이란 구체적인 사례에서 바로 그 행위자의 능력을 기준으로 주의의무의 정도를 설정하여 이를 위반한 경우를 말한다. 따라서 행위자의 주관적인 판단기준이 적용되며, 민법상으로는 '자기 재산과 동일한 주의'(제695조, 제922조)라는 표현으로 사용되고 있다. 민법상 불법행위에서 구체적 과실이 문제가 되는 경

---

38) 화학약품 생산판매자가 그 화학약품으로부터 일어날 자연발화를 예견함에 있어서 동종 업계 종사 보통인을 기준으로 판단한 사안.

39) 자동차운전학원에서 기능강사가 동승해서 약 10여 회의 주행코스 연습을 한 가해자의 과실 여부를 그 정도 운전 연습을 한 보통·일반의 피교습자를 기준으로 판단한 사안.

우는 없지만, 일반적으로는 구체적 과실에서 주의의무의 수준이 추상적 과실에 비해 낮다고 이해되고 있다.

(나) 경과실과 중과실

민법상 불법행위에서의 과실이란 추상적 과실을 말하므로 주의의무의 정도는 사람의 능력이나 특성에도 불구하고 동일하다. 당해 사안에서 누구에게나 동일하게 적용되는 기준을 가해자가 어떠한 양태로 위반하는가에 따라 경과실과 중과실로 구별할 수 있다. 경과실이라 함은 보통으로 태만하게 위반한 것을 말하며, 구체적인 사례에서 일반인을 기준으로 통상의 태만한 정도로 주의의무를 위반한 것을 말한다. 민법상 불법행위에서의 과실이란 경과실을 기본으로 하고 있으므로, 추상적 경과실을 원칙으로 한다. 중과실이라 함은 주의의무를 심히 태만하게 위반한 것을 말하며, 주의의무를 현저히 위반하여 고의에 가까울 정도로 주의를 결여하는 것이 이에 해당한다. 민법상 불법행위에서 중과실은 예외적인 경우에만 기준으로 작용하며, 도급인에게 도급 또는 지시에 관하여 중대한 과실이 있는 경우에만 책임을 지우도록 하는 제757조가 이에 해당한다.

> 피용자의 불법행위가 외관상 사무집행의 범위 내에 속하는 것으로 보이는 경우에 있어서도 피용자의 행위가 사용자나 사용자에 갈음하여 그 사무를 감독하는 자의 사무집행 행위에 해당하지 않음을 피해자 자신이 알았거나 중대한 과실로 인하여 알지 못한 경우에는 사용자책임을 물을 수 없다고 할 것인바, 이 경우 중대한 과실이라 함은 거래의 상대방이 조금만 주의를 기울였더라면 피용자의 행위가 그 직무권한 내에서 적법하게 행하여진 것이 아니라는 사정을 알 수 있었음에도 만연히 이를 직무권한 내의 행위라고 믿음으로써 일반인에게 요구되는 주의의무에 현저히 위반하는 것으로 거의 고의에 가까운 정도의 주의를 결여하고, 공평의 관점에서 상대방을 구태여 보호할 필요가 없다고 봄이 상당하다고 인정되는 상태를 말한다[대법원 2010.2.25. 2009다87621].

경과실과 중과실의 판단은 주의의무의 수준이나 정도에 관한 구별이 아니라 주의의무를 해태하는 가해자의 양태에 따른 구별이다. 예를 들어 30km/h의 제한속도구간을 32km/h로 달리는 정도가 경과실이고, 100km/h로 달린다면 중과실이라고 할 것이다. 경과실과 중과실 어떠한 경우에도 30km/h라고 하는 주의의무의 기준 자체가 변화하는 것이 아님에 유의해야 한다.

제757조의 도급인의 책임이나 제765조의 배상액의 감경에서 경과실과 중과실은 다음과 같이 다르게 취급되므로 양자는 구별의 실익이 크다. 도급인은 도급 또는 지시에 관하여 중과실이 있는 경우에만 예외적으로 책임을 질 뿐이고, 경과실이 있는 경우에는 책임을 부담하지 않는다. 그리고 손해배상의무자가 배상으로 인하여 생계에 중대한 영향을 미치게 되는 경우에는 법원에 그 배상액의 경감을 청구할 수 있으나 이는 경과실에 의한 불법행위에만 가능한 것이며, 고의 또는 중과실에 의한 불법행위인 경우에는 경감청구가 허용되지 않는다. 실화책임에 관한 법률 제3조 제1항도 실화가 중대한 과실로 인한 것이 아닌 경우에 배상의무자는 법원에 손해배상액의 경감을 청구할 수 있도록 허용하고 있다.

(다) 가해자의 과실과 피해자의 과실

가해자에게 불법행위책임을 지우기 위해서는 성립요건으로서 과실이 요구되는 것처럼, 가해자가 피해자의 과실을 들어 손해배상액을 경감(과실상계)하고자 하는 경우에는 피해자의 과실이 인정되어야 한다. 판례는 피해자의 과실에 대해서는 가해자의 과실과는 달리 엄격한 법률상의 의의로 새길 것이 아니라, 그것이 손해배상액 산정에 참작된다는 점에서 신의칙상 요구되는 결과발생 회피의무로서 일반적으로 예견가능한 결과발생을 회피하여 피해자 자신의 불이익을 방지할 주의를 게을리 함을 말하는 것이라고 풀이하고 있다[대법원 1986.2.11. 85다카1422].[40] 불법행위의 피해자는 그로 인한 손해의 확대를 방지하거나 감경하기 위하여 노력하여야 할 신의칙상의 의무가 있으므로, 예를 들어 피해자는 관례적이고 상당한 결과의 호전을 기대할 수 있는 수술을 용인할 의무가 있어서 그러한 수술을 거부함으로써 손해가 확대된 경우에는 그 손해부분은 피해자가 부담하여야 한다[대법원 2010.11.25. 2010다51406].[41]

이러한 점에서 가해자의 과실과 피해자의 과실은 각각 상이한 것으로 이해될 수 있다. 불법행위에 있어서의 가해자의 과실이 주의의무 위반의 추상적 과실임에 반하여, 과실상계에서 고려되는 피해자의 과실이란 사회통념상, 신의성실의 원칙

---

40) 화물탁송자로서 차량의 조수석에 승차한 자는 운전자가 좌회전금지구역에서 좌회전하는 것을 제지할 주의의무가 없다고 하여 피해자의 과실을 부정.
41) 요실금테이프수술후 방광손상에 대해 방광게실수술을 추가적으로 실시하면 개선될 여지가 있다면 이를 감안하여 손해배상액을 산정.

상, 공동생활상 요구되는 약한 부주의까지를 가리키는 것이다[대법원 2004.7.22. 2001다58269].[42]

(3) 과실의 본질

과실의 본질을 어떻게 이해할 것인지에 대해서 크게 객관적 과실론과 주관적 과실론으로 구별된다. 이 논쟁은 구체적인 분쟁을 해결하는 도구나 수단으로서의 실용적인 논의의 차원을 넘어서 관념적인 체계론과 연결되어가고 있다.

(가) 객관적 과실론

객관적 과실론은 주의를 태만히 하여 결과발생을 예견하지 못하거나 회피하지 못하는 심리상태라고 과실을 이해한다. 그리고 주의의무라 함은 구체적인 사례에 있어서의 보통인을 표준으로 하여 인정되는 객관적인 주의의무를 말한다. 통설과 판례가 취하고 있는 객관적 과실론은 행위자의 개별적인 특성을 고려하지 아니하는 보편타당한 객관적 기준의 주의의무를 위반하는 것을 말한다. 객관적 과실론을 취하는 경우 추상적 과실과 객관적인 주의의무 위반은 거의 동의어로 이해되어도 무방할 것이다.

다만 객관적 과실론을 취하면서도 과실의 본질을 행위자의 심리상태라는 주관적 심사로 이해하는 것은 수긍하기 어렵다. 객관적 과실론을 취한다면 주의의무를 다하지 아니하고 다른 작위를 하거나 아니면 부작위에 머무는 행태 그 자체라고 이해하는 것이 타당하다.

객관적 과실론을 취하는 견해에서는 주의의무 위반이 곧 과실이 되며, 나아가 행위불법론까지 취할 경우에는 주의의무 위반이 곧 과실인 동시에 위법성인 것으로 이해한다. 객관적 과실론 체계에 따르면, 불법행위를 행위자 비난가능형(고의) 불법행위, 행위 비난가능형(과실) 불법행위, 위험원 지배형(무과실) 불법행위의 3가지 범주로 구분할 수 있다.

(나) 주관적 과실론

주관적 과실론은 과실을, 행위자의 책임능력을 전제로 유책성과 관련하여 이해

---

42) 수하인에게 선적서류의 송부를 상당기간 지연시킨 행위가 화물의 무단 반출로 인한 손해와는 관계가 없는 과실이므로 과실상계를 부정.

되는 주관적 과실로서, 행위자에 대한 비난가능성으로 이해한다. 이 관점에 따르면 민법상 과실의 체계는 주관적 과실이 원칙이지만, 현대 사회에 들어오면서 생활의 안전과 관련되는 업무상의 행위 및 위험성이 있는 행위들이 증가됨에 따라 객관적 과실이 적용되는 범위가 확대된다고 한다(김형배 외, 1653). 주관적 과실론을 주장하는 견해는, 통설이 객관적 과실론을 주장하면서도 동시에 고의·과실의 전제로서 책임능력을 요구하는 것은 일견 모순된 태도라고 비판하고 있으며, 또 객관적 과실론을 따르게 되면 결국 과실이 불법개념 내지는 위법개념으로 변용되는 것이며, 행위자의 개인적 능력이 평균인보다 높은 경우에도 평균적 일반인에게 요구되는 주의의무를 기준으로 판단한다면 행위자를 비난해야 하는 경우에도 과실이 없는 것으로 되어 부당하다는 지적을 하고 있다.

주관적 과실론 체계에 따르면, 불법행위를 의사책임적(고의, 주관적 과실) 불법행위, 행위책임적(객관적 과실) 불법행위, 위험책임(무과실)의 세 가지 범주로 구분할 수 있다. 이 세 가지 유형중 의사책임적 불법행위가 기본적인 형태이지만, 현대 사회에서 변호사 등의 전문가에 의한 과실이나 위험원의 창출 등의 현상을 고려하여 예외적으로 객관적 과실이나 무과실책임로 변형되는 것이라고 주장한다.

(4) 위법성과의 관계

(가) 위법성 구분론

위법성에 대해 결과불법론을 취하는 입장에서는 과실은 주의의무 위반을 말하는 것이지만, 위법성은 행위에 의해 침해된 법익의 성질에 의해 판단되는 반가치성을 말한다. 즉 위법성은 보호법익의 침해라는 결과가 있어야만 인정될 수 있는 것이다. 따라서 주의의무를 위반하였으나 손해결과가 발생하지 아니한 행위에 대해서는, 과실이 인정될 수는 있으나 위법한 행위라고 할 수는 없게 되는 문제가 있다. 예를 들어 요리사가 실수로 조미료 대신 청산가리를 넣었으나 이미 대기에 오랜 시간 노출되어 독성이 완전히 제거된 상태라서 아무런 증세도 보이지 않은 경우까지도 위법하지 않다고 할 수밖에는 없다.

(나) 위법성 통합론

위법성에 대해 행위불법론을 취하는 입장에서는 위법성을 주의의무 위반 그 자체라고 이해한다. 행위불법론을 취하면서 객관적 과실론을 취하게 되면, 객관적인 주의의무 위반을 통해 과실과 위법성을 동시에 판단하게 되며, 주의의무를 위반하면 법익침해 발생 여부와 상관없이 위법하다는 평가를 하게 된다. 물론 손해결과의 발생이 일어나지 않으면, 위법하더라도 불법행위의 또 다른 성립요건인 손해발생이 결여되므로 불법행위가 성립되지는 않는다.

이와 같이 과실과 위법성을 단일한 기준인 주의의무 위반으로 설정하게 되면, 불법행위 성립판단이 매우 간명해지는 장점이 있다. 다만 과실이나 위법성 모두를 객관적인 주의의무 위반으로 판단하게 되면, 행위가 아닌 구체적인 행위자를 비난하기 위한 주관적 요소는 불법행위 성립요건에서 거의 배제되는 결과를 가져오게 된다.

(5) 과실의 증명

(가) 일반론

과실에 대한 증명책임은 피해자가 부담한다. 채무불이행과 달리 불법행위에서는 손해발생 사실로부터 곧 주의의무 위반이 도출될 수 있는 것은 아니므로, 피해자가 가해자의 주의의무 위반을 적극적으로 증명하여야 한다. 주의의무 위반, 즉 과실의 증명은 구체적으로는 결과발생에 대해 예견할 수 있었으나 예견하지 못하였다는 사실을 증명하거나 또는 결과발생을 회피할 수 있었으나 이를 회피하기 위한 조치를 다하지 못한 사실을 증명함으로써 이루어지게 된다.

(나) 법률상 추정

구체적인 소송과정에서 과실을 증명하는 것이 그리 용이한 일은 아니므로, 특별히 피해자를 보호할 정책적 필요가 있는 경우에는, 가해자의 과실을 법률상 추정하여 가해자가 스스로 과실이 없음을 증명하여 면책될 수 있도록 규정하기도 한다. 민법상 불법행위에서 가해자의 과실을 법률상 추정하는 규정은 제755조의 감독자책임, 제756조의 사용자책임, 제758조의 공작물점유자책임 그리고 제759조의 동물점유자책임이 있다. 이 경우 감독자, 사용자, 공작물점유자, 동물점유자가 과실이 없음을 스스로 증명하는 경우에만 면책이 가능하도록 규정하고 있다. 그러나 과실을 법률상 추정하는 경우에는, 제756조 사용자책임에 관해서 법원이 사용자의 면책주장을 허용한 판례가 극히 드문 것처럼, 재판상 가해자 면책증명이 상당히 제한되는 것이 일반적 경향이다. 그러므로 과실의 법률상 추정은 실질적으로 무과실책임처럼 운영되고 있는 중간책임이라고 할 수 있다.

(다) 사실상 추정

가해자의 과실을 법률 규정에 의해 추정하지는 않지만, 과실에 대한 피해자의 증명책임을 전환하거나 완화하는 법리를 학설이나 판례를 통해 발전시키기도 한다. 현재 과실의 증명책임을 완전히 전환하는 판례이론이 형성되고 있지는 않지만, 과실을 일응 추정하여 피해자의 과실증명을 완화하는 경향을 부분적으로 찾아볼 수 있다. 그 대표적인 예가 의료과오소송이다. 즉 의료행위에 의해 후유장애가 발생한 경우 그 후유장애가 발생하였다는 사실만으로 의료행위 과정에 과실이 있다고 곧바로 추정할 수는 없지만[대법원 2008.3.27. 2007다76290],[43] 환자가 치료도중 사망한 때에는 피해자 측에서 일련의 의료행위 과정에서 저질러진 일반인의 상식에 바탕을 둔 의료상의 과실있는 행위를 증명하면, 의료행위를 한 측이 그 결과가 의료상의 과실로 말미암은 것이 아니라는 증명을 하여야 한다[대법원 2000.9.8. 99다48245].

6. 위 법 성

가. 개   념

불법행위의 성립요건으로 행위의 위법성을 필요로 한다. 위법성이란 법질서에 반한다는 규범적 가치판단을 말한다. 위법성은 구민법에서 불법행위의 성립요건으로 요구했던 '권리침해'에 상응하는 요건으로서, 생활위험과 불법행위를 구별하는 기준으로 기능하게 된다. 구민법의 '권리침해'라는 요건이 결과 만에 대한 평가를 의미하는 것이라면, 현행 민법에서의 위법성이란 결과 및 그에 이르게 된 행위 과정을 포함하는 총체적인 규범적 평가라고 할 수 있다. 예를 들어 발로 타인의 정강이를 걷어차서 상해를 입힌 경우를 생각하면, 그 행위가 축구 경기 중에서 공을

---

43) 복강경에 의한 자궁적출술의 시행과정에서 일반적인 합병증으로 요관 손상이 생길 수 있으므로 요관 손상이 생겼다고 해서 바로 과실을 인정할 수 없다는 사안.

차지하기 위한 경쟁 과정에서 일어난 것인지 아니면 출발하려는 지하철을 성급히 타려고 하다 일어난 것인지에 따라 규범적 판단은 정반대가 될 것이다. 만약 가해행위-인과관계-손해발생이라는 점만을 고려하면 양자를 구별할 수 없겠지만, 위법성이라는 추가적 판단 요소를 통해 축구 경기 중 경쟁 과정에서 상대에게 부상을 입힌 경우에는 정당행위로서 위법하다고 할 수 없으므로 불법행위의 성립을 부정할 수 있게 된다.

나. 본 질

(1) 결과불법론

위법성을 보호법익의 침해에 따른 결과라고 이해하는 것이 결과불법론이고, 전통적인 통설적 지위를 차지하고 있다. 결과로부터 행위의 반가치성을 추론하는 것이므로, 손해라는 결과가 발생하지 아니하면 행위는 위법하지 않다는 평가를 받아야 한다. 따라서 결과가 발생하지 아니한 미수의 경우에 아예 위법성 자체가 인정되지 않게 된다. 물론 행위불법론에 따라도 미수의 경우에는 손해가 발생되지 않았으므로 불법행위가 성립되지는 않는다. 채권침해의 경우에 권리침해라는 결과는 발생되었으므로 결과불법론에 따르면 원칙적으로 위법하다고 해야 하지만, 법이론상으로 채무자에 대해서만 대인적 효력이 있는 상대권인 채권의 침해는 오히려 예외적인 경우에만 위법하다고 평가되고 있다.

(2) 행위불법론

행위불법론은 법익을 침해하는 행위 자체가 위법성이라고 이해한다. 즉 주의의무를 위반하여 법익을 침해하는 행위가 위법성의 본질이라고 하므로, 법익침해와 더불어 주의의무 위반이 모두 위법성의 본질이 된다. 특히 과실에 의한 불법행위에서는 법익침해만으로는 부족하고 반드시 주의의무 위반이라는 요소가 위법성을 결정하는 근거가 된다고 강조한다.

행위불법론을 취하는 견해는 과실의 본질론과 연계하여 다시 크게 둘로 나누어진다. 그 하나는 객관적 과실론의 입장에서 행위불법론을 채택한 견해로서, 이렇게 되면 과실의 본질도 주의의무 위반이고 과실에 의한 불법행위의 위법성도 주의의무 위반이므로 결국 주의의무 위반 하나로 과실 판단과 위법성 판단이 통합적

으로 이루어지는 특성을 갖는다. 이에 대해 과실과 위법성을 구별하여 명시하는
제750조 법문에 정면으로 반하는 이론이라는 비판도 제기되고 있다. 또 다른 하나
는 주관적 과실론의 입장에서 행위불법론을 주장하는 태도이다. 이 견해는 객관적
주의의무 위반은 위법성의 본질이고, 과실은 행위자의 책임능력을 전제로 유책성
과 관련하여 이해되는 개인적 비난가능성인 주관적 과실이라고 파악하고 있다.

다. 판   단

(1) 판단의 기준

위법성이란 법질서를 위반하는 것이므로, 판단의 기준이 되는 법질서를 어떻게
이해할 것인가에 따라서 실질적 위법성론과 형식적 위법성론으로 구별된다.

(가) 실질적 위법성론

실질적 위법성론은 위법성 판단의 기준이 되는 법질서를 형식적 법규뿐만 아
니라 기타 사회질서를 모두 포함한다는 견해이다. 실질적인 법규범의 종류가 많으
므로 위법한가의 판단 기준도 당연히 폭넓게 적용된다. 다만 위법성 판단의 기준
이 되는 기타 사회질서가 구체적으로 무엇인가가 명확하지 않다는 지적에 노출된
다. 판례도 국가배상법과 관련하여 법령위반에 대해 형식적 의미의 법령이 아니라
실질적 의미의 법규범이라고 해석하고 있다[대법원 2005.6.10. 2002다53995].[44)]

(나) 형식적 위법성론

형식적 위법성론은 위법성 판단의 기준이 되는 법질서란 오로지 형식적 법규만
을 의미한다는 견해이다. 이는 위법성 판단의 기준인 법질서가 무엇인지 매우 명확
해지는 장점이 있으나, 입법의 미비나 지연으로 법규가 완비되지 못한 경우에 이러
한 공백을 불법행위의 인정을 통해 보완할 수 있는 방법이 봉쇄되는 문제가 있다.

(2) 판단의 대상

(가) 주관적 위법성론

주관적 위법성론은 행위자의 주관적 의사가 위법성 판단의 대상이라고 주장한

---

44) 작위의무를 명하는 법령의 규정이 없는 경우 공무원의 부작위로 국민에게 미칠 손해와 그 예
　　견 및 회피가능성을 고려하여 위법 여부를 판단.

다. 행위자의 의사에 기초하여 행하여지는 외적 용태가 불법행위이므로, 위법성 판단의 대상도 행위자의 행위 이면에 존재하는 주관적 의사라고 한다. 이처럼 주관적 의사의 위법성을 판단하기 위해서는 행위자에게 사리 분별을 할 수 있는 정신적 능력인 책임능력을 전제로 하게 된다. 따라서 주관적 위법성론을 따르면 책임능력 없는 자의 위법성 판단은 불가능하다.

(나) 객관적 위법성론

객관적 위법성론은 행위자의 외적 행태인 객관적 행위 사실만이 위법성 판단의 대상이라고 한다. 행위자의 주관적 의사는 책임 비난요소이므로 위법성에서 판단할 것은 아니며, 객관적 행위사실을 규범적으로 평가하는 것이 위법성 평가라고 한다. 이와 같은 객관적 위법성론은 위법성 판단의 전제로 책임능력을 요구하지 아니하게 된다. 현재 객관적 위법성론이 통설적 지위를 차지하고 있다.

(3) 판단 방법

위법성 판단은 관련 행위를 일체로 판단하는 것이 아니라 행위마다 개별적, 상대적으로 위법성을 판단하여야 한다. 전체적으로는 적법하더라도 그중 일부 행위가 위법하면 위법성이 인정된다. 실질적 위법성 판단에서 가장 중요한 것은 개별적인 행위가 사회 통념상 허용되는 수준을 넘는가이다. 예를 들어 위법성이 조각되는 쟁의행위를 하더라도 그 과정에서 일부 감금이나 폭행 등이 있었다면, 감금이나 폭행행위는 위법하다고 평가된다. 판례도 상품의 선전·광고에 있어 다소의 과장이나 허위가 수반되었다고 하더라도 일반 상거래의 관행과 신의칙에 비추어 시인될 수 있는 정도의 것이라면 이를 가리켜 기망하였다고는 할 수가 없고, 거래에 있어 중요한 사항에 관한 구체적 사실을 신의성실의 의무에 비추어 비난받을 정도의 방법으로 허위로 고지한 경우에는 위법성을 인정하고 있다[대법원 2008.11.27. 2008다56118].[45)]

불법행위 성립요건으로서의 위법성은 관련 행위 전체를 일체로만 판단하여 결정하여야 하는 것은 아니고, 문제가 되는 행위마다 개별적·상대적으로 판단하여야 할 것이므로

---

45) 체형보정 속옷이 고혈압 등 질병 치료에 효과가 있는 것처럼 선전·광고하는 것은 상술의 정도를 넘어서 위법하다 판시.

어느 시설을 적법하게 가동하거나 공용에 제공하는 경우에도 그로부터 발생하는 유해배출
물로 인하여 제3자가 손해를 입은 경우에는 그 위법성을 별도로 판단하여야 하며, 이러한
경우의 판단 기준은 그 유해의 정도가 사회생활상 통상의 수인한도를 넘는 것인지 여부라
고 할 것인바, 그 수인한도의 기준을 결정함에 있어서는 일반적으로 침해되는 권리나 이
익의 성질과 침해의 정도뿐만 아니라 침해행위가 갖는 공공성의 내용과 정도, 그 지역환
경의 특수성, 공법적인 규제에 의하여 확보하려는 환경기준, 침해를 방지 또는 경감시키거
나 손해를 회피할 방안의 유무 및 그 난이 정도 등 여러 사정을 종합적으로 고려하여 구
체적 사건에 따라 개별적으로 결정하여야 한다[대법원 2010.7.15. 2006다84126].

위법성 판단에서 고려해야 할 핵심적인 내용은 피침해법익이 무엇인가 그리고
침해행위의 양태가 무엇인가이다. 먼저 위법성 판단에서 피침해법익이 무엇인가에
따라서 그 보호범위가 결정되고 그에 따라 어느 정도 침해해야 위법성이 인정될
수 있는가가 구체적으로 결정될 수 있다. 예를 들어 인격권 특히 그중에서도 생
명·신체의 보호 정도는 가장 높으므로 이를 조금이라도 침해하면 곧바로 위법성
을 인정하지 않을 수 없으나, 재산권 그중에서도 채권의 보호 정도는 가장 낮으므
로 채권을 침해한다고 하더라도 원칙적으로 곧 위법하다고 할 수는 없게 된다. 결
국 침해되는 권리가 무엇인가에 따라서 위법성 평가는 상이할 수밖에 없다. 위법
성에 관한 체계론에서 결과불법론에 따를 경우, 피침해법익의 침해가 위법성 판단
의 핵심이 될 것이다.

다음으로 위법성 판단에서 중요한 것은 침해행위의 양태이다. 어떠한 이익이
침해되는가 뿐만 아니라 어떻게 침해되고 있는가의 과정에 관한 판단도 중요하다.
예를 들어 혐오시설의 설치를 반대하기 위해서 혐오시설 운영자를 비난하는 문구
를 현수막으로 게시하며 게시판에 유인물을 붙이는 행위와 공사 현장을 점거하여
차량과 인원 출입을 원천봉쇄하면서 일부 시설을 파손하는 행위는 규범적 판단에
서 동일시될 수 없는 것이다. 판례는 집단행동의 위법성 판단[대법원 2001.5.8. 2000
다35955],[46] 제3자 채권침해의 위법성 판단[대법원 2009.10.29. 2008다82582],[47] 일조
권 침해[대법원 2007.6.14. 2005다72058][48] 등에서 침해행위의 양태에 관한 판단도

---

46) 소각장 설치반대를 위해 공사장을 점거하고 공사회사의 정문을 봉쇄하는 등의 행위는 위법.
47) 이중분양계약에 기한 대출과 근저당설정이 최초 수분양자의 분양계약에 기한 채권을 침해하
   기 위해서는 금융기관 임직원이 이중분양행위에 적극 가담한 경우에 해당되어야 한다고 판
   시.

피침해이익과 더불어 종합적으로 고려하여야 한다고 명시적으로 밝히고 있다. 위법성에 관한 체계론에서 행위불법론을 따를 경우, 침해행위의 양태가 위법성 판단에서 중요한 요소로 작용할 것이다.

라. 부작위의 위법성

부작위는 외형상 적극적인 동작이 존재하지 아니하므로 부작위의 위법성은 결국 작위의무 위반에서 찾을 수밖에 없다. 따라서 부작위의 경우에는 과실이나 위법성 모두 부과된 작위의무를 위반한 것으로 이론 구성하게 되며, 부작위에서는 객관적 과실론과 결합된 행위불법론이 타당하게 된다. 작위의무가 존재하지 아니하는 한 부작위는 위법하다고 할 수 없으며, 판례도 상계는 채권자의 권리일 뿐 채권자에게 상계의 작위의무가 있는 것은 아니므로 상계권을 불행사하여도 불법행위가 성립되지 않는다고 한다[대법원 2002.2.26. 2001다74353].

작위의무가 객관적으로 인정되는 이상 가해자가 현실적으로 작위의무를 인식하고 있었는가의 여부는 부작위의 위법성 판단에 아무런 영향을 주지 못한다. 판례도 고지의무의 경우에 당사자가 부주의 또는 착오로 고지의무의 존재를 인식하지 못하였다 하더라도 위법성이 부정되는 것은 아니라고 판시하고 있다[대법원 2012.4.26. 2010다8709].[49]

국가공무원이 부과된 작위의무를 위반하여 부작위 하였다면 위법성이 인정되어 국가배상책임을 부담하여야 한다. 검사가 수사 및 공판 과정에서 피고인에게 유리한 증거를 발견하였으나 이를 은폐한 경우에 그 부작위는 위법하며[대법원 2002.2.22. 2001다23447], 경찰관에게 부여된 권한을 행사하여 필요한 조치를 취하지 아니하는 것이 현저히 불합리하다고 인정되는 경우에도 위법성이 인정된다[대법원 2004.9.23. 2003다49009].[50]

공무원의 부작위로 인한 국가배상책임을 인정할 것인지 여부가 문제되는 때에 관련

---

48) 일반상업지역이나 사실상 주거지역인 경우에는 실질적인 토지이용 현황과 실태 등을 고려하여 일조권 침해를 판단.
49) 뉴타운 사업지구로 지정되어 지역주택조합 방식대로 추진하는 것이 불가능할 수 있었음에도 이를 고지하지 아니하고 조합원 가입계약을 받은 것은 고지의무 위반.
50) 성매매업소를 단속하여야 할 경찰이 오히려 뇌물을 수수하며 방치한 것은 위법.

공무원에 대하여 작위의무를 명하는 법령의 규정이 없다면 공무원의 부작위로 인하여 침해된 국민의 법익 또는 국민에게 발생한 손해가 어느 정도 심각하고 절박한 것인지, 관련 공무원이 그와 같은 결과를 예견하여 그 결과를 회피하기 위한 조치를 취할 수 있는 가능성이 있는지 등을 종합적으로 고려하여 판단하여야 한다[대법원 2009.9.24. 2006다 82649].

마. 재산권의 침해와 위법성

전통적인 결과불법론의 관점에서 보면, 피침해이익이 무엇인가가 위법성을 판단하는데 결정적인 요소가 된다. 침해대상이 어떠한 권리인가에 따라서 위법성 판단의 평가가 완전히 달라질 수 있으므로, 이하에서는 판례를 통해 재산권 침해의 구체적인 위법성 판단에 대해 종류별로 살펴본다.

(1) 물 권

(가) 소유권의 침해

완전물권인 소유권에 대한 침해는 위법성이 폭넓게 인정된다. 소유자의 동의 없이 타인의 물건을 자기 채무에 대한 질물로 이용하는 경우에 소유권침해가 인정된다[대법원 1954.12.23. 4287민상116]. 권원 없이 물건을 점유한 자가 주의를 게을리하여 이를 도난당한 경우에도 그 점유자가 소유자의 소유권을 침해한 것으로 인정하여 불법행위책임을 지웠다[대법원 2008.12.11. 2008다54617]. 다만 경료된 근저당권 설정등기에 대해 소유권자가 원인무효를 주장하면서 말소를 요구한 경우라도, 민사소송절차를 통하여 이를 가려보기 위해 저당권자가 말소등기에 응하지 않은 사실만으로 위법성이 있다고 할 수 없다고 판시한 바 있다[대법원(전) 1980.8.26. 79다852].

소유권침해행위가 관청의 허가를 받았는지 여부는, 특히 제217조의 생활방해 금지의 판단에서, 위법성 배제의 유일한 판단 요소가 되지 못한다는 것이 판례이다. 따라서 새로운 원천의 개발 및 지하수 이용으로 인하여 기존의 인근 토지 소유자의 생활용수에 장해가 생긴다면, 사회 통념상 일반적으로 수인할 정도를 넘어서지 않는다고 볼 만한 특단의 사정이 없는 한 그 생활방해는 위법하고, 관할 행정청으로부터 합법적인 허가를 받았다는 사유만으로는 위 생활방해가 정당화된다고 할 수 없다[대법원 1998.4.28. 97다48913]. 또한 어떠한 건물 신축이 건축 당시의 공법적 규제에 형식적으로 적합하다고 하더라도 현실적인 일조방해의 정도가 현저하게 커 사회 통념상 수인한도를 넘은 경우에는 위법행위로 평가될 수 있다[대법원 2002.12.10. 2000다72213].

또한 특정 사업에 대해 국가가 허가 또는 신고 등의 법령상 규제를 설정하고 이를 위반한 영업행위와 관련된 물건을 소지와 판매를 금지하고 있다고 하더라도 그 물건의 멸실 또는 훼손으로 인한 손해의 배상을 구할 수 있는지는 법령의 입법 취지와 행위에 대한 비난가능성의 정도 특히 그 위반행위가 가지는 위법성의 강도 등을 종합하여 구체적, 개별적으로 판단하여야 한다[대법원 2012.1.12. 2010다79947].[51]

(나) 제한물권의 침해

점유권도 절대권인 물권의 일종이므로 점유권의 침해는 원칙적으로 위법하다. 그러나 판례는 지입차주의 점유하에 있던 지입차량을 대외적인 소유권자인 지입회사가 장기불법주차로 방치된 차량이라는 경찰관서의 신고를 받고 임의로 자신의 점유로 이전한 사안에서 그 점유 이전행위는 사회 통념상 허용 가능한 상당성이 있다는 이유로 위법성을 부정한 경우도 있다[대법원 1996.2.9. 95다11207].

용익물권의 침해도 위법하다. 따라서 지상권, 지역권, 전세권을 침해하는 행위는 원칙적으로 위법하다. 담보물권도 절대권인 물권이므로 담보목적물의 훼손이나 가치감소는 위법하다. 판례도 제3자가 근저당목적물인 선박을 침몰시킨 경우 소유권침해와 저당권침해의 두 가지 권리를 침해한 것이 된다고 인정한다[대법원 1975.4.8. 73다29]. 저당권의 목적인 토지 위에 포장도로를 개설하고 옹벽공사를 시행하여 일반 공중이 사용하는 도로로 제공함으로써 그 교환가치를 감소시킨 경우 저당권을 침해하는 위법한 행위로, 저당권설정자와 시공자는 공동불법행위책임을 부담한다[대법원 2008.1.17. 2006다586].

담보 여력의 평가와 관련하여, 금융거래확인서를 발급하는 금융기관이 고의 또는 과실로 그 내용을 허위로 기재하거나 누락하여 발급하는 경우에는, 구체적인

---

51) 수산업법의 허가를 받지 아니한 양식장의 장어가 타인의 공사로 폐사한 경우에도 손해배상을 인정.

용도가 어떠하든 그 자체로 위법한 행위라고 판시한 바 있다[대법원 2006.2.24. 2005 다38355].

(2) 지식재산권

지식재산권은 준물권으로서 배타성 있는 절대권이므로, 그 침해 역시 원칙적으로 위법하다. 지식재산권의 침해에 대해서는 관련된 특별법에서 이를 규정하고 있다. 특허권, 상표권, 실용신안권, 디자인권은 설정·등록된 경우에 한하여 배타적으로 보호를 받으므로, 설정·등록된 이러한 지식재산권을 침해하면 위법하다는 평가를 받게 된다. 그러나 저작권은 등록이 권리발생 요건이 아니므로 저작권 등록되지 아니한 저작물이라도 침해는 위법하게 된다. 다만 저작권의 경우에는 공정 이용의 법리에 따라 비교적 폭넓은 범위에서 위법성이 조각된다는 특징이 있다(저작권법 제30조 내지 제36조).

(3) 채 권

(가) 원 칙

채권은 상대권이자 대인권이므로 채권자와 채무자 사이에서만 존중될 뿐 제3자들로부터 일반적으로 보호되는 것은 아니다. 채권자 상호 간 또는 채권자와 제3자 사이에서는 자유경쟁이 원칙이다. 따라서 이미 채권 관계가 성립되어 있음을 알면서도 동일한 채권 관계를 병존적으로 설정하는 것은 허용되고, 복수의 채권자 중 누구에게 채무자가 급부를 이행할 것인가는 자유경쟁의 영역이다. 예를 들어 갑과 회갑연에서 축가를 부르기로 이미 계약을 체결한 유명 가수 을이 동일한 시간의 다른 장소에서 행해지는 결혼식에서 축가를 부르는 계약을 병과 또다시 체결하는 것은 허용되며, 을이 당일 어디에서 축가를 부를 것인가는 자유이지만 다만 계약을 이행하지 못하는 상대방에 대해서는 채무불이행책임을 부담하게 된다.

채권의 자유경쟁이 원칙적으로 허용된다고 하더라도 이는 법질서 내의 정당한 범위에서 행하여져야 한다는 내재적 한계를 갖는다. 그러므로 제3자가 채권자의 채권을 무력화하는 것이 자유경쟁의 영역인지 아니면 위법인지는 매우 첨예한 가치판단의 문제이다. 부동산 취득시효에 의한 등기청구권을 채권적 청구권으로 판단하는 판례의 입장에서, 취득시효 완성 후 등기명의인이 제3자에게 그 부동산을 처분하는 행위가 위법하지 않다는 판례[대법원 1974.6.11. 73다1276]의 태도는 채권의 침해가 원칙적으로 위법하지 않다는 이론을 잘 보여주는 것이라고 할 수 있다. 한편 등기명의인이 취득시효의 완성 사실을 알 수 있는 경우에 제3자가 처분에 적극 가담하였다면 위법하다는 판례[대법원 1998.4.10. 97다56495]의 태도는 자유경쟁이 법질서 내의 정당한 범위에서 행하여져야 한다는 내재적 한계를 잘 보여주고 있다.

(나) 예   외

채권 관계에서 경쟁의 한계는 합법과 위법의 판단 경계가 된다. 판례도 예외적으로는 제3자에 의한 채권침해가 위법할 수 있음을 인정하고 있다. 채권침해가 위법한가를 판단하는 요소는 매우 다양한 관점에서 종합적으로 고려되어야 한다.

> 제3자의 행위가 채권을 침해하는 것으로서 불법행위에 해당한다고 할 수 있으려면, 그 제3자가 채권자를 해한다는 사정을 알면서도 법규를 위반하거나 선량한 풍속 기타 사회질서를 위반하는 등 위법한 행위를 함으로써 채권자의 이익을 침해하였음이 인정되어야 하고, 이때 그 행위가 위법한 것인지 여부는 침해되는 채권의 내용, 침해행위의 태양, 침해자의 고의 내지 해의의 유무 등을 참작하여 구체적·개별적으로 판단하되, 거래자유 보장의 필요성, 경제·사회정책적 요인을 포함한 공공의 이익, 당사자 사이의 이익균형 등을 종합적으로 고려하여 판단하여야 한다[대법원 2009.10.29. 2008다82582].

채권침해의 위법성은 다음과 같은 3단계로 크게 나누어져 심사되어야 한다. 먼저 침해되는 채권의 내용이 무엇인가에 따라 판단되어야 한다. 경쟁적인 채권인가 아니면 비경쟁적인 채권인가의 여부, 또 '하는 채무'인가 아니면 '주는 채무'인가에 따라 위법성이 평가되어야 할 것이다. 다음으로는 침해행위 자체의 위법요소가 평가되어야 할 것이다. 침해자가 채권자의 존재와 채권침해를 인식하고 있는 것인지, 채권자를 해할 목적이 있는지 또 채무자와 공모하거나 또는 부정한 수단을 이용한 것인지 등의 침해 양태에 관한 판단이 이루어져야 한다. 끝으로 채권침해의 주변 상황에 대한 고려도 종합적으로 이루어져야 한다. 즉 거래자유나 경쟁 보장의 필요성이 있는지, 공공의 이익의 관점에서 위법하다고 볼 것인지 또 당사자 사이의 이익균형이 현저하게 붕괴되고 있는지 등이 판단되어야 할 것이다.

(다) 채권침해의 유형

채권침해의 첫 번째 유형은 채권 자체의 귀속을 침해하는 경우이다. 타인의 무기명채권증서를 훼손하거나 이를 횡령하여 선의의 제3자에게 이전하여 채권자의 권리가 완전히 소멸되는 경우, 채권의 양수인이 대항요건을 갖추기 전에 이중으로 양도하여 제2 양수인이 대항요건을 갖춤으로써 제1 양수인이 권리취득이 불가능해진 경우, 타인의 채권을 불법으로 준점유하거나 타인의 영수증을 소지하여 유효한 변제를 받아서 채권이 소멸한 경우 등이 여기에 해당한다. 판례는 피보험자가 보험금을 수령하여 무권한자가 되었음에도 제3자로부터 또 유효한 손해배상을 받아 보험자의 보험자대위권이 소멸된 경우에 위법성을 인정한 바 있다[대법원 1999. 4.27. 98다61593].

채권침해의 두 번째 유형은 급부의 침해로 채권의 목적물이 멸실되거나 '하는 채무'의 이행이 불가능한 경우이다. 특정물 인도채무에서 제3자가 채무자와 공모하여 채권의 목적인 특정물을 멸실시킨 경우에, 채무자의 채무가 이행불능되어 전보배상 채무를 부담한다고 하더라도 제3자의 침해행위는 채권자에 대해 위법성이 인정될 수 있다. 이에 대해 채무자가 계약책임을 지기 때문에 적극적인 공모나 기망, 협박 등의 비난 요소가 있는 경우에만 위법성을 제한적으로 인정해야 한다는 신중론도 존재한다(지원림, 1774). '하는 채무'에서 급부행위를 불가능하게 만드는 경우도 이에 해당된다. 예를 들어 채무자의 특정한 행위를 급부로 하는 경우에 채무이행을 불가능하게 하기 위해서 채무자를 감금 또는 납치하는 때에는 위법성을 인정할 수 있다. 특히 '하는 채무'의 내용이 결혼식에서 기념사진 촬영을 하는 것과 같이 절대적 정기행위(제545조)인 경우에는 위법성 인정이 더욱 용이할 것이다.

셋째로 채무자 일반재산의 감소도 예외적으로는 제3자 채권침해로 위법성이 인정될 수 있다. 원칙적으로 제3자에 대한 채무의 우선 변제와 같은 채무자 일반재산의 감소는 채권자 평등의 원칙이나 채권의 존속이 유지되므로 위법성을 인정할 수 없지만, 제3자의 행위가 채권자에 대해 제406조 채권자취소권의 대상이 된다면 그때는 위법성을 인정할 수도 있을 것이다.

끝으로 채권계약의 체결을 방해하는 경우에도 예외적으로 제3자에 의한 채권침해가 가능할 수 있다. 계약의 체결과정은 계약자유의 원칙상 경쟁이 강하게 보장되는 영역이므로 채권계약 체결이 실패로 된다고 하더라도 경쟁 상대방의 채권 침해가 성립될 여지가 없다. 그러나 경쟁 과정에서 방해행위에 특별한 위법요소, 예를 들어 사회적 통념을 넘는 기망이나 강박 등이 개입되어 있다면 그때에는 설령 계약이 성립하지 아니하여 채권이 존재하지 아니하더라도 위법성이 인정될 여지가 있을 것이다.

제3자가 채권자를 해한다는 사정을 알면서도 법규에 위반하거나 선량한 풍속 또는 사회질서에 위반하는 등 위법한 행위를 함으로써 채권자의 이익을 침해하였다면 이로써 불법행위가 성립한다고 하지 않을 수 없고, 여기에서 채권침해의 위법성은 침해되는 채권의 내용, 침해행위의 태양, 침해자의 고의 내지 해의의 유무 등을 참작하여 구체적, 개별적으로 판단하되, 거래자유 보장의 필요성, 경제·사회정책적 요인을 포함한 공공의 이익, 당사자 사이의 이익균형 등을 종합적으로 고려하여야 할 것인바, 이러한 법리는 제3자가 위법한 행위를 함으로써 다른 사람 사이의 계약체결을 방해하거나 유효하게 존속하던 계약의 갱신을 하지 못하게 하여 그 다른 사람의 정당한 법률상 이익이 침해되기에 이른 경우에도 적용된다고 할 것이다[대법원 2007.5.11. 2004다11162].

(4) 기 타

(가) 사실상 이익

사실상 이익은 권리라고 할 수 없으므로 원칙적으로 이를 침해하더라도 위법하다고 할 수 없다. 판례도 토지 소유자가 정상적인 허가를 받아 건물을 신축하는 바람에 방송사업자의 방송전파 송신에 장애가 생긴다 하더라도 이는 사실상 이익에 해당하므로 위법하지 않다고 판시한 바 있다[대법원 2003.11.28. 2003다43322]. 즉 단순한 반사적 이익은 법적 보호가치가 없다고 할 수 있다.

그러나 사실상 이익이 법적으로 보호받을 가치가 있는 이익에 해당하고 그 침해가 수인한도를 넘는 경우에는 예외적으로 위법하다고 평가할 수 있다. 판례도 조망이익의 경우에 일정한 전제하에 예외적으로 법적 보호가치를 인정할 수도 있음을 밝히고 있다.

조망이익은 원칙적으로 특정의 장소가 그 장소로부터 외부를 조망함에 있어 특별한 가치를 가지고 있고, 그와 같은 조망이익의 향유를 하나의 중요한 목적으로 하여 그 장소에 건물이 건축된 경우와 같이 당해 건물의 소유자나 점유자가 그 건물로부터 향유하는 조망이익이 사회통념상 독자의 이익으로 승인되어야 할 정도로 중요성을 갖는다고 인정되는 경우에 비로소 법적인 보호의 대상이 되는 것이고, 그와 같은 정도에 이르지 못하는 조망이익의 경우에는 특별한 사정이 없는 한 법적인 보호의 대상이 될 수 없다[대법원 2007.9.7. 2005다72485].

(나) 일조이익

일조이익이 객관적인 생활이익으로서 가치가 있다고 인정되면 법적인 보호의 대상이 될 수 있다. 판례는 조망이익보다는 일조이익에 대해 상대적으로 강한 법적 보호를 하는 경향이 있다. 건물 신축으로 그늘이 증가하여 일조방해가 발생한 경우 그 일조방해의 정도, 피해이익의 법적 성질, 가해 건물의 용도, 지역성, 토지 이용의 선후관계, 가해 방지 및 피해 회피의 가능성, 공법적 규제의 위반 여부, 교섭 경과 등 모든 사정을 종합적으로 고려하여 사회통념상 일반적으로 해당 토지소유자의 수인한도를 넘게 되면 위법하다고 한다[대법원(전) 2008.4.17. 2006다35865]. 일조이익을 향유하는 주체로서의 '토지의 소유자 등'은 소유자나 임차인 같은 거주자를 말하는 것이므로, 초등학교 학생과 같이 일시적으로 이용하는 자는 일조권을 법적으로 보호받을 수 있는 지위에 있다고 할 수 없다[대법원 2008.12.24. 2008다41499].

또한 이미 일조방해를 받고 있는 상황에서 건물 신축으로 정도가 심화된 경우에는, 손해의 합리적이고 공평한 분담을 위해 가해 건물이 신축되기 전부터 있었던 기존 건물로 인한 일조방해의 정도, 신축건물에 의하여 발생하는 일조방해의 정도, 가해 건물 신축 후 위 두 개의 원인이 결합하여 피해건물에 끼치는 전체 일조방해의 정도, 기존 건물로 인한 일조방해와 신축건물에 의한 일조방해가 겹치는 정도, 신축건물에 의하여 발생하는 일조방해 시간이 전체 일조방해 시간 중 차지하는 비율 등을 고려하여 분담시켜야 한다[대법원 2010.6.24. 2008다23729].

(다) 계약 교섭의 부당파기

계약이 체결되기 이전에는 양 당사자에게 계약체결의 자유가 존재하므로, 설령 계약 교섭만 이루어지고 계약이 체결되지 않는다고 하더라도 위법하다고 할 수 없다. 그러나 계약체결의 신뢰 부여 후 상당한 이유 없이 계약체결을 거부한 경우에는 판례가 위법성을 인정한 바 있다[대법원 2003.4.11. 2001다53059].[52]

　　어느 일방이 교섭단계에서 계약이 확실하게 체결되리라는 정당한 기대 내지 신뢰를 부여하여 상대방이 그 신뢰에 따라 행동하였음에도 상당한 이유 없이 계약의 체결을 거부하여 손해를 입혔다면 이는 신의성실의 원칙에 비추어 볼 때 계약자유 원칙의 한계를 넘는 위법한 행위로서 불법행위를 구성한다고 할 것이다. 그리고 그러한 불법행위로 인한 손해는 일방이 신의에 반하여 상당한 이유 없이 계약교섭을 파기함으로써 계약체결을 신뢰한 상대방이 입게 된 상당인과관계 있는 손해로서 계약이 유효하게 체결된다고 믿었던 것에 의하여 입었던 손해 즉 신뢰손해에 한정된다고 할 것이고, 이러한 신뢰손해란 예컨대, 그 계약의 성립을 기대하고 지출한 계약준비비용과 같이 그러한 신뢰가 없었더라면 통상 지출하지 아니하였을 비용상당의 손해라고 할 것이며, 아직 계약체결에 관한 확고한 신뢰가 부여되기 이전 상태에서 계약교섭의 당사자가 계약체결이 좌절되더라도 어쩔 수 없다고 생각하고 지출한 비용, 예컨대 경쟁입찰에 참가하기 위하여 지출한 제안서, 견적서 작성비용 등은 여기에 포함되지 아니한다고 볼 것이다. 한편 그 침해행위와 피해법익의 유형에 따라서는 계약교섭의 파기로 인한 불법행위가 인격적 법익을 침해함으로써 상대방에게 정신적 고통을 초래하였다고 인정되는 경우라면 그러한 정신적 고통에 대한 손해에 대하여는 별도로 배상을 구할 수 있다고 할 것이다[대법원 2003.4.11. 2001다53059].

(라) 부당한 경쟁행위

　　대법원은 경쟁자가 상당한 노력과 투자에 의하여 구축한 성과물을 상도덕이나 공정한 경쟁질서에 반하여 자신의 영업을 위하여 무단으로 이용함으로써 경쟁자의 노력과 투자에 편승하여 부당하게 이익을 얻고 경쟁자의 법률상 보호할 가치가 있는 이익을 침해하는 행위는 부정한 경쟁행위로서 민법상 불법행위에 해당한다고 결정한 바 있다[대법원 2010.8.25. 2008마1541결정].[53] 이 결정에서는 나아가 불법행위의 구제수단으로서 불법행위의 금지 또는 예방청구를 허용한 바 있다.

(마) 그릇된 정보제공

　　계약 상대방에게 그릇된 정보를 제공하면 의사결정에 영향을 줄 수 있는 중요한 사정에 대하여 고지의무 또는 설명의무를 위반한 경우에는 불법행위가 성립될 수 있다. 판례도 오피스텔 분양자가 정확한 사실 확인 없이 모노레일 설치사업의 실현가능성을 부풀려 허위과장 광고행위를 한 경우에 신의칙상의 고지의무 또는

---

52) 기념조형물 시안 공모에서 당선되었으나 3년간 제작계약을 정당한 사유 없이 미루다 건립을 철회하고 다른 작가와 다른 조형물 제작계약을 체결한 사안.
53) 네이버의 화면에 무단으로 광고를 대체하거나 삽입하는 행위에 대해 위법성 인정.

설명의무를 위반한 것으로 불법행위책임을 인정한 바 있다[대법원 2009.8.20. 2008다 19355].

바. 인격권의 침해와 위법성

(1) 생명 및 신체

생명 및 신체는 인격권 중에서도 가장 보호가치가 높은 중요한 것이므로, 절대적인 보호가 이루어져야 한다. 특히 생명의 경우에는 가장 높은 수준의 절대적 보호가 이루어져야 한다. 신체의 경우에도 침해는 원칙적으로 위법하지만, 피해자의 승낙이 있거나 의료행위 등 정당한 행위인 경우에는 위법성이 조각될 수 있다. 판례는 신체의 자유를 구속한 경우에도 피해자의 부모가 그 정신적 고통에 관한 입증을 함으로써 제751조의 위자료청구가 가능하다고 판시한 바 있다[대법원 1999.4. 23. 98다41377].[54]

(2) 성명이나 초상 및 프라이버시

성명이나 초상 및 프라이버시도 인격권으로서 그 침해는 원칙적으로 위법하다. 그러나 성명의 경우에는 동명이인이 존재하는 것이 일반적이므로, 성명이 동일하다는 이유로 곧 위법한 성명권 침해라고 할 수는 없다. 또한 범죄사실의 보도에서 피의자의 실명을 공개하는 것이 허용되어 있으면 그 피의자의 의사에 반하여 실명이 공개되었다 하더라도 위법하지 아니하다는 판례가 있다[대법원 2009.9.10. 2007다 71].[55]

성명이나 초상 및 프라이버시의 침해와 관련하여 가장 중요한 문제는 공익과의 충돌이다. 판례는 공익과의 이익형량을 통해 위법성을 판단하는 태도를 취하고 있다.

초상권이나 사생활의 비밀과 자유를 침해하는 행위를 둘러싸고 서로 다른 두 방향의 이익이 충돌하는 경우에는 구체적 사안에서의 사정을 종합적으로 고려한 이익형량을 통하

---

54) 피의자를 긴급구속 절차를 밟지 않고 경찰서 보호실에 유치하는 것은 불법 구금에 해당하고 그의 부모는 위자료청구 가능.

55) 한센병 환자들 정착촌의 사금고운영과 관련한 문제점을 밝히는 TV 시사 프로그램에서 피의자의 실명을 공개하는 경우 불법행위 불성립.

여 침해행위의 최종적인 위법성이 가려지는 바, 이러한 이익형량과정에서, 첫째 침해행위의 영역에 속하는 고려요소로는 침해행위로 달성하려는 이익의 내용 및 그 중대성, 침해행위의 필요성과 효과성, 침해행위의 보충성과 긴급성, 침해방법의 상당성 등이 있고, 둘째 피해이익의 영역에 속하는 고려요소로는 피해법익의 내용과 중대성 및 침해행위로 인하여 피해자가 입는 피해의 정도, 피해이익의 보호가치 등이 있다[대법원 2006.10.13. 2004다16280].

구체적으로는 수술 부작용을 알리기 위한 공익적인 목적의 방송이라도 본인의 승낙범위를 넘어 모자이크 처리나 음성변조 등의 적절한 조치를 취하지 않아서 신원을 알 수 있게 된 경우에 사생활 비밀을 무단 공개한 것으로 위법하다 판시한 예가 있다[대법원 1998.9.4. 96다11327].

(3) 종 교

고등학교의 종교교육도 사회의 건전한 상식과 법감정에 비추어 용인될 수 있는 한계를 벗어나게 되면, 종교에 관한 인격적 법익을 침해하는 위법한 행위라고 판시한 바 있다[대법원(전) 2010.4.22. 2008다38288].[56]

(4) 저작인격권

저작권은 재산권으로서의 성격과 더불어 인격권으로서의 성격도 갖는 것이므로, 저작인격권을 침해하는 경우에도 위법성이 인정된다. 타인이 무단으로 저작권자의 저작물에 관한 저작자의 성명, 칭호를 변경하거나 은닉하는 것은 저작인격권 중 성명표시권의 침해가 되며[대법원 1995.10.2. 94마2217],[57] 원저작물을 복제하면서 함부로 그 저작물의 내용, 형식, 제호에 변경을 가하는 경우에는 원저작권자의 저작인격권인 동일성 유지권을 침해한 것으로 위법하다[대법원 1989.10.24. 89다카12824].[58] 다만 수정한 내용이 맞춤법 표기법에 따른 수정이나 일본식 표현을 우리말 표현으로 고친 정도라면 저작인격권의 침해가 되지 않는다고 한 판례도 있다[대법원 1994.

---

56) 종립학교의 종교과목 수업의 참가거부가 사실상 불가능한 분위기를 조성하는 것은 인격적 법익을 침해하는 위법행위.
57) 저작재산권이 타인에게 양도되어도 저작자의 무단변경은 저작인격권인 성명표시권의 침해로 위법.
58) '월간조선'의 "문익환가의 사람들" 기사를 '월간현대'에서 제목과 내용을 변경해 다른 사람 명의로 기사화한 사안.

9.30. 94다7980].

(5) 명예훼손

명예도 배타성을 갖는 인격권의 객체이므로 이를 침해하면 위법성이 인정된다. 명예라 함은 명예주체에 대한 외부적, 사회적 평판을 말하는 것이고, 명예훼손이라 함은 객관적으로 명예주체의 외부적, 사회적 평판을 저하시킬 만한 사실을 적시하는 일체의 행위를 말한다[대법원 1992.10.27. 92다756].[59] 명예훼손이 성립되기 위해서는 반드시 허위의 사실을 적시하는 것에 국한된 것이 아니라, 진실을 공개하더라도 명예주체의 사회적 평판을 해치는 내용이라면 무방하다.

타인에 대하여 비판적인 의견을 표명하는 것은 극히 예외적인 사정이 없는 한 위법하다고 볼 수 없다. 그러나 표현행위의 형식과 내용이 모욕적이고 경멸적인 인신공격에 해당하거나 타인의 신상에 관하여 다소간의 과장을 넘어서 사실을 왜곡하는 공표행위를 하는 등으로 인격권을 침해한 경우에는 의견 표명으로서의 한계를 벗어난 것으로서 불법행위가 될 수 있다[대법원(전) 2018.10.30. 2014다61654].

명예훼손이 성립하기 위해서는 먼저 명예주체가 특정되어야 한다. 그 특정의 정도는 이니셜을 사용하는 등 주위사정을 종합하여 그 표시가 피해자를 지목하는 것을 알아차릴 정도면 충분하다[대법원 2002.5.10. 2000다50213].[60] 집단표시의 경우에는 원칙적으로는 구성원 개개인에 대한 명예훼손이 성립되지 않지만, 구성원 수가 적거나 주위 정황으로 집단 내 개별구성원이 피해자로서 특정되는 경우에는 구성원 개개인에 대한 명예훼손이 성립된다[대법원 2003.9.2. 2002다63558].[61]

이른바 집단표시에 의한 명예훼손은 그러한 방송 등이 그 집단에 속한 특정인에 대한 것이라고는 해석되기 힘들고 집단표시에 의한 비난이 개별구성원에 이르러서는 비난의 정도가 희석되어 구성원의 사회적 평가에 영향을 미칠 정도에 이르지 않으므로 구성원 개개인에 대한 명예훼손은 성립되지 않는다고 봄이 원칙이지만, 다만 예외적으로 구성원 개개인에 대하여 방송하는 것으로 여겨질 정도로 구성원 수가 적거나 방송 등 당시의 주위 정황 등으로 보아 집단 내 개별구성원을 지칭하는 것으로 여겨질 수 있는 때에는 집단 내

---

59) 종중의 대동보나 세보에 기재된 사항은 주관적 명예감정의 침해에 불과하다고 판시.
60) "독립문 K아파트"는 독립문 극동아파트를 지칭하는 것으로 특정되었다고 판시.
61) "대전지역 검사들"이라는 표시도 개별구성원을 지칭하는 것으로 인정.

개별구성원이 피해자로서 특정된다고 보아야 하고, 그 구체적 기준으로는 집단의 크기, 집단의 성격과 집단 내에서의 피해자의 지위 등을 들 수 있다[대법원 2003.9.2. 2002다63558].

명예주체는 자연인이 아닌 법인이라도 상관없다[대법원 1988.6.14. 87다카1450]. 사망한 자에 대한 명예훼손이 인정되는가에 대해서는 사자는 원칙적으로 권리능력이 없으므로 명예주체로 인정되기 어려우나, 이를 통해 유족의 명예가 훼손되면 위법성이 인정될 것이다[대법원 2001.1.19. 2000다10208].[62]

사망한 사람이 관련된 사건을 모델로 한 영화에서 그 묘사가 사망자에 대한 명예훼손에 해당하려면 그 사람에 대한 사회적·역사적 평가를 저하시킬 만한 구체적인 허위사실의 적시가 있어야 한다. 그와 같은 허위사실 적시가 있었는지는 통상의 건전한 상식을 가진 합리적인 관객을 기준으로 판단하여야 한다[대법원 2019.3.6. 2018마6721].[63]

명예훼손이 되기 위해서는 사실을 적시하여야 한다. 단순히 주관적인 명예감정이 침해되었다는 것만으로는 명예훼손이 되지 않는다[대법원 2010.6.10. 2010다8341, 8358].[64] 의견표명이나 논평의 방법으로 행해진 어떤 의견의 표현이 간접적이고 우회적인 방법에 의하더라도 그 표현의 전 취지에 비추어 어떤 사실의 존재를 암시하고 또 이로써 특정인의 사회적 가치 내지 평가를 침해할 가능성이 있으면 명예훼손이 성립한다. 그러나 사실과 전혀 관계 없는 단순한 부정적 의견 표명은 모욕과 같은 다른 인격권 침해에 의한 불법행위는 성립될 수는 있을지라도, 명예훼손은 성립되지 않는다.

순수하게 의견만을 표명하는 것만으로는 명예훼손이 성립되지 않는다. 다만 표현행위의 형식과 내용 등이 모욕적이고 경멸적인 인신공격에 해당하거나 또는 타인의 신상에 관하여 다소간의 과장을 넘어서서 사실을 왜곡하는 공표행위를 함으로써 그 인격권을 침해한다면, 명예훼손과는 다른 별개 유형의 불법행위를 구성할 수 있다[대법원(전) 2018.10.

62) 신문기사가 이승만 대통령에 대한 사회적 평가를 훼손하여 유족의 명예를 훼손한 것으로 인정.
63) 판문점 공동경비구역에서 사망한 육군 중위 사건을 소재로 한 영화에서 고인과 부친의 명예를 훼손하였다는 주장에 대해 인격권을 침해하지 아니하였다고 판단함.
64) 역사드라마에서 이승만에 대해 허위사의 적시가 아닌 부정적 묘사만으로 명예훼손을 인정할 수 없음.

30. 2014다61654].

판례를 살펴보면, 신문만평의 경우에 구체적인 사실을 암시하는 수준에 미치지 않으면 명예훼손이 성립되지 않는다[대법원 2000.7.28. 99다6203].[65] 상업영화나 역사드라마도 허위사실을 적시하여 역사적 사실을 왜곡하는 등의 방법으로 그 모델이 된 인물의 명예를 훼손하는 때에는 명예훼손이 되지만, 역사적 사실을 다소간 각색하는 것은 의도적인 악의의 표출에 이르지 않는 한 상업영화의 본질적인 영역으로 용인된다[대법원 2010.7.15. 2007다3483].[66] 명예훼손에 대한 인식은 명예주체의 사회적 평판을 저하시킬 만한 사실을 적시한다는 인식으로 충분하며, 그 내용이 허위라는 점까지 적극적으로 인식할 필요는 없다[대법원 2006.1.27. 2003다66806].[67]

사실적시를 통한 명예훼손은 헌법상 보호되어야 할 가치인 표현의 자유나 언론·출판의 자유와 첨예한 경계선상에 놓여있다. 따라서 표현의 자유와 인격권의 보호를 비교·형량하여야 한다.

> 민주주의 국가에서는 여론의 자유로운 형성과 전달에 의하여 다수의견을 집약시켜 민주적 정치질서를 생성·유지시켜 나가야 하므로 표현의 자유, 특히 공적 관심사에 대한 표현의 자유는 중요한 헌법상 권리로서 최대한 보장되어야 한다. 다만 개인의 사적 법익도 보호되어야 하므로, 표현의 자유 보장과 인격권 보호라는 두 법익이 충돌하였을 때에는 구체적인 경우에 표현의 자유로 얻어지는 가치와 인격권의 보호에 의하여 달성되는 가치를 비교형량하여 그 규제의 폭과 방법을 정하여야 한다[대법원(전) 2018.10.30. 2014다61654].

공공의 이익만을 위한 표현이라면 진실한 사실이거나 진실이라고 믿을 만한 상당한 이유가 있는 경우에는 위법성이 조각된다. 즉 공공성과 진실성 양자가 명예훼손에서 위법성 조각의 핵심적인 판단 요소가 된다. 특히 언론기관이 공적인 사안에 대해서 밝히는 표현이나 정치인 등의 공인에 대한 비판은 위법성 조각의

---

65) 경제위기의 책임자로 지목된 자들이 항공권을 구입하거나 해외 도피를 의논하는 장면의 풍자 만화에 관한 판단.
66) 영화 실미도의 훈련병을 사회의 낙오자로 표현한 것에 대한 판단.
67) 타인의 인터넷 게시물을 기초로 글을 작성한 경우에는 그 내용이 허위라는 점을 인식하지 못하였어도 진실이라고 믿을 만한 상당한 이유가 있다고 보기 어렵다고 판시.

범위가 확대되는 경향이 있다. 예를 들어 인터넷 게시물을 재인용 하여 별도의 조사나 확인 없이 사회적 평판을 저하할 만한 사실을 적시한 경우에는 행위자가 그 내용이 진실이라고 믿을 만한 상당한 이유가 있다고 보기 어려울 지라도 언론사 간의 정당한 감시와 비판기능의 수행으로서 보호되어야 할 범위라면 위법하지 아니하다고 판시한 바도 있다[대법원 2008.4.24. 2006다53214].[68] 다른 종교나 종교기관에 대한 비판도 종교의 자유 보장과 개인의 명예 보호와의 비교형량을 통해 위법성이 판단되어야 한다[대법원 1996.9.6. 96다19246, 19253].[69]

어떤 표현이 타인의 명예를 훼손하더라도 그 표현이 공공의 이해에 관한 사항으로서 그 목적이 오로지 공공의 이익을 위한 것일 때에는 그 내용이 진실한 사실이거나 행위자가 그것을 진실이라고 믿을 상당한 이유가 있는 경우에는 위법성이 없다고 할 것인바, 여기서 '그 목적이 오로지 공공의 이익을 위한 것'이라 함은 적시된 사실이 객관적으로 보아 공공의 이익에 관한 것으로서 행위자도 공공의 이익을 위하여 그 사실을 적시한 것을 의미하는데, 행위자의 주요한 목적이나 동기가 공공의 이익을 위한 것이라면 부수적으로 다른 사익적 목적이나 동기가 내포되어 있더라도 무방하고, 여기서 '진실한 사실'이라 함은 그 내용 전체의 취지를 살펴볼 때 중요한 부분이 객관적 사실과 합치되는 사실이라는 의미로서 세부에 있어 진실과 약간 차이가 나거나 다소 과장된 표현이 있더라도 무방하다. 또한, 행위자가 보도내용이 진실이라고 믿을 만한 상당한 이유가 있는지의 여부는 적시된 사실의 내용, 진실이라고 믿게 된 근거나 자료의 확실성과 신빙성, 사실 확인의 용이성, 보도로 인한 피해자의 피해 정도 등 여러 사정을 종합하여 행위자가 보도 내용의 진위 여부를 확인하기 위하여 적절하고도 충분한 조사를 다하였는가, 그 진실성이 객관적이고도 합리적인 자료나 근거에 의하여 뒷받침되는가 하는 점에 비추어 판단하여야 한다[대법원 2008.2.28. 2005다28365].

다만 공직자에 대한 언론보도라도 악의적이거나 심히 경솔한 공격으로서 현저히 상당성을 잃은 것으로 평가되는 경우에는 위법성이 인정될 수 있다[대법원 2006.5.12. 2004다35199].[70]

---

68) A신문이 인터넷상의 게시물에 근거하여 B신문의 명예를 훼손한 경우에 언론사에 대한 정당한 감시와 비판으로 허용.
69) 기도원의 운영에 이단적 요소가 있음을 들어 비판하는 것은 종교적 비판의 표현행위에 해당하여 위법성이 부정.
70) 경찰청 기동수사대의 부패행위에 대한 TV 시사 프로그램이 취재개시 및 진행 등을 고려할 때 상당성을 잃었다고 판단.

명예훼손적 게시물이 게시된 목적, 내용, 게시 기간과 방법, 그로 인한 피해의 정도, 게시자와 피해자의 관계, 반론 또는 삭제 요구의 유무 등 게시에 관련한 쌍방의 대응태도 등에 비추어, 인터넷 종합 정보제공 사업자가 제공하는 인터넷 게시공간에 게시된 명예훼손적 게시물의 불법성이 명백하고, 위 사업자가 위와 같은 게시물로 인하여 명예를 훼손당한 피해자로부터 구체적·개별적인 게시물의 삭제 및 차단 요구를 받은 경우는 물론, 피해자로부터 직접적인 요구를 받지 않은 경우라 하더라도 그 게시물이 게시된 사정을 구체적으로 인식하고 있었거나 그 게시물의 존재를 인식할 수 있었음이 외관상 명백히 드러나며, 또한 기술적, 경제적으로 그 게시물에 대한 관리·통제가 가능한 경우에는, 위 사업자에게 그 게시물을 삭제하고 향후 같은 인터넷 게시공간에 유사한 내용의 게시물이 게시되지 않도록 차단할 주의의무가 있고, 그 게시물 삭제 등의 처리를 위하여 필요한 상당한 기간이 지나도록 그 처리를 하지 아니함으로써 타인에게 손해가 발생한 경우에는 부작위에 의한 불법행위책임이 성립한다[대법원(전) 2009.4.16. 2008다53812].

표현의 자유와 관련된 명예훼손의 위법성 조각사유에 대해서는 언론매체일지라도 행위자인 언론사가 증명책임을 부담한다[대법원 1998.5.8. 97다34563].

(6) 개인정보 침해

개인정보는 프라이버시의 일종으로 다루어졌으나, 최근 개인정보보호에 대한 사회적 관심이 증대됨에 따라 개인정보자기결정권이 하나의 헌법상 권리로 인정되기에 이르렀다[헌법재판소 2005.5.26. 99헌마513]. 특히 개인정보가 인격적 가치를 넘어 재산적 가치까지 갖는 것으로 인식됨으로써 그 보호의 필요성이 더욱 부각되었다. 개인정보주체의 동의와 같은 적법한 근거 없이 개인정보를 수집하거나 제3자에게 제공하는 등의 개인정보 침해행위가 그 정보주체의 인격적 법익을 침해하는 것으로 평가할 수 있다면 위법성이 인정된다[대법원(전) 2011.9.2. 2008다42430].

정보주체의 동의 없이 개인정보를 공개함으로써 침해되는 인격적 법익과 정보주체의 동의 없이 자유롭게 개인정보를 공개하는 표현행위로서 보호받을 수 있는 법적 이익이 하나의 법률관계를 둘러싸고 충돌하는 경우에는, 개인이 공적인 존재인지 여부, 개인정보의 공공성 및 공익성, 개인정보 수집의 목적·절차·이용형태의 상당성, 개인정보 이용의 필요성, 개인정보 이용으로 인해 침해되는 이익의 성질 및 내용 등의 여러 사정을 종합적으로 고려하여, 개인정보에 관한 인격권의 보호에 의하여 얻을 수 있는 이익(비공개 이익)과 표현행위에 의하여 얻을 수 있는 이익(공개 이익)을 구체적으로 비교 형량하여, 어느 쪽의 이익이 더욱 우월한 것으로 평가할 수 있는지에 따라 그 행위의 최종적인 위법성 여부를

판단하여야 한다[대법원(전) 2011.9.2. 2008다42430].[71]

사. 위법성 조각사유

(1) 정당방위

정당방위란 타인의 불법행위에 대해 자기 또는 제3자의 법률상 보호할 가치 있는 이익을 방위하기 위해 가해자에게 손해를 가하는 것이다. 정당방위가 인정되면 위법성이 조각되므로 불법행위가 성립하지 아니하고 따라서 손해배상책임을 부담하지 않는다(제761조 제1항). 예를 들어 갑이 을의 멱살을 잡아 밀고 당기었지만, 이것이 을의 부당한 공격으로부터 벗어나기 위한 행위였다면 사회통념상 허용될 정도의 상당성이 있는 것으로 위법성이 조각된다[대법원 1991.11.26. 91다17375]. 정당방위로 위법성이 조각되기 위해서 보충의 원칙이 적용되지 않으나 상당성은 필요하다[대법원 1991.9.10. 91다19913].[72] 즉 다른 수단으로는 방위가 불가능할 것까지 요구하지는 않지만, 가해행위와 방위행위 사이에 객관적으로 타당한 균형이 있어야 한다.

정당방위가 성립되기 위해서는 가해행위를 한 자에 대하여 방위행위를 하여야 하며, 제3자를 상대로 방위행위를 하는 경우에는 위법성이 조각되지 아니한다. 정당방위로 인해 제3자가 손해를 입는 경우에, 정당방위 행위자가 아닌 원인이 된 불법행위를 한 자에게 귀책사유 등 불법행위 성립요건이 충족된다면, 오히려 그에게 손해배상청구를 할 수 있다(제761조 제1항 단서). 정당방위의 수준을 넘어 과잉 방위가 성립되는 경우에는 위법성이 조각되지 아니하므로 불법행위가 성립될 수밖에 없으나, 원인이 된 불법행위를 한 피해자의 과실을 이유로 과실상계를 통한 손해배상액의 경감이 가능할 수도 있을 것이다.

(2) 긴급피난

자기 또는 제3자의 급박한 위난을 피하기 위하여 부득이 타인에게 손해를 가하

---

71) 변호사 정보 제공 웹사이트 운영자가 동의 없이 변호사들의 개인신상정보를 기반으로 변호사들의 인맥지수를 산출하여 공개하는 서비스를 제공한 사안에서 위법성을 인정.
72) 병원에서 칼을 들고 난동을 부리는 자를 제압하기 위해 출동한 경찰관이 그를 총격 사망케 한 경우 상당성을 일탈.

는 행위가 긴급피난이다. 긴급피난이 성립되면 위법성이 조각되고 따라서 불법행위가 성립되지 않는다(제761조 제2항). 긴급피난의 성립요건으로서의 급박한 위난은 반드시 위법한 불법행위일 필요는 없으므로 야생 동물이나 자연재해 등에 의한 위난을 피하기 위한 경우에도 긴급피난이 성립된다. 다만 긴급피난의 위난은 피난행위자의 고의나 과실에 의해 조성된 것은 포함되지 않는다는 것이 판례의 일관된 태도이다[대법원 1981.3.24. 80다1592].[73] 예를 들어 운전자 자신의 과실로 대형 교통사고에 직면한 경우에 이를 회피하여 상대적으로 경미한 교통사고를 야기하더라도 긴급피난이 성립되는 것은 아니다. 긴급피난에 의해 손해를 입게 되는 상대방도 반드시 위난야기자 일 것은 아니며, 제3자가 손해를 입는 경우라도 긴급피난이 성립된다. 긴급피난에 의해 피해를 입은 제3자는 원인행위인 위난을 야기한 자에게 불법행위가 인정되면 손해배상책임을 물을 수 있을 것이다.

(3) 자력구제

점유자는 그 점유를 부정히 침탈 또는 방해하는 행위에 대하여 자력으로써 이를 방위할 수 있다. 점유물이 침탈되었을 경우에 부동산일 때에는 점유자는 침탈 후 즉시 가해자를 배제하여 이를 탈환할 수 있고, 동산일 때에는 점유자는 현장에서 또는 추적하여 가해자로부터 이를 탈환할 수 있다(제209조).

제209조는 점유침탈에 대한 자력구제를 규정하고 있어서, 과거의 점유권 침해에 대한 사후의 대응행위로서 위법성 조각사유라고 이해하는 것이 통설이다. 그러나 판례는 부동산에 대한 자력구제에 대해 비교적 엄격한 태도를 취하고 있어서, 건물의 불법점유행위보다 자력구제행위의 불법성이 상대적으로 작다는 이유만으로 위법성이 조각되는 것은 아니라는 태도를 취하고 있다[대법원 2007.2.22. 2005다17082, 17099].[74]

(4) 피해자의 승낙

피해자의 승낙이 있는 경우에도 학설에 따르면 위법성이 조각된다. 다만 그 승낙의 범위를 초과하여 승낙 당시의 예상과 다른 목적이나 방법으로 사생활을 침해

---

73) 운전자 자신의 과실로 인한 교통사고로 타인을 사망케 한 경우에는 긴급피난 불성립.
74) 건물에 대한 명도소송 중에 원고 소유의 물건을 피고가 강제로 반출하여 야적하여 둠으로써 그 물건이 파손 또는 훼손된 경우에 위법성 조각을 부정.

한 경우에는 위법하다[대법원 1998.9.4. 96다11327].[75]

(5) 정당행위

쟁의행위나 치료행위 또는 운동경기[대법원 2019.1.31. 2017다203596][76] 중에 상대방에게 손해를 가한 경우에도 사회적으로 용인될 수 있는 범위라면 정당행위로서 위법성이 조각될 것이다. 상인의 자기 물건에 대한 다소 과장된 홍보행위도 정당행위로 위법성이 조각된다.

> 상품의 선전·광고에 있어 다소의 과장이나 허위가 수반되었다고 하더라도 일반 상거래의 관행과 신의칙에 비추어 시인될 수 있는 정도의 것이라면 이를 가리켜 기망하였다고는 할 수가 없고, 거래에 있어 중요한 사항에 관한 구체적 사실을 신의성실의 의무에 비추어 비난받을 정도의 방법으로 허위로 고지한 경우에는 기망행위에 해당한다고 할 것이다[대법원 2002.11.27. 2008다56118].

판례는 교사의 학생에 대한 체벌에 대해, 다른 수단으로 불가능하여 부득이한 경우에 한하여 정당행위가 성립하는 것이며 체벌행위에 객관적 타당성이 있어야 한다고 판시한 바 있다[대법원 1988.1.12. 87다카2240].[77] 보다 구체적으로 학교체벌은 교육상 불가피한 경우에만, 체벌의 절차를 준수하고, 방법이 적정하며, 그 정도가 지나치지 않은 매우 좁은 범위에서만 사회통념상 객관적 타당성이 인정된다[헌법재판소(전) 2006.7.27. 2005헌마1189]. 친권자의 훈육행위도, 2021년 민법 개정으로 제915조 친권자의 징계권이 폐지된 만큼, 정당행위로 인정되는 범위는 극히 협소하게 축소되어야 할 것이다.

7. 책임능력

가. 의 의

책임능력이란 자기행위의 책임을 변식할 수 있는 정신적 능력을 말한다. 불법

---

75) 사생활을 공개하면서 모자이크 처리를 부탁한 자에게 방송기술상 적절한 조치를 취하지 않아 신원이 노출된 사안.
76) 이 판결은 운동경기에 참가하여 상대방에게 상해를 입힌 사안에서 위법성 조각이 아닌 안전배려의무를 위반하지 않았다고 판시.
77) 대걸레자루를 휘두르다 머리를 가격한 체벌행위에 대해 객관적 타당성 부정.

행위에서 책임능력의 체계적 지위에 대해서는 과실책임주의에 따라 필연적으로 요구되는 고의·과실의 전제조건으로 이해하는 것이 일반적이다. 판례도 책임능력이 고의의 전제가 됨을 밝히고 있다[대법원 2001.4.24. 2001다10199].[78] 귀책의 일반적인 사전적 통제장치로서의 기능을 책임능력에 부여하는 것이다. 불법행위의 다른 성립요건과는 달리 책임능력이 있는가를 적극적으로 판단하는 것이 아니라 책임능력이 결여된 것은 아닌가를 소극적으로 판단한다. 즉 책임능력의 부존재는 불법행위의 소극적 요건으로 이해된다. 책임능력의 증명책임도 피해자가 가해자의 책임능력의 존재를 적극적으로 증명하는 것이 아니라, 가해자가 면책을 위해서 스스로 책임능력의 부존재를 증명하는 형태로 운영된다.

불법행위의 성립요건에서 고의·과실과 별도로 책임능력을 요구하는 전통적 견해에 대해서, 추상적인 주의의무위반이라는 객관적 과실론을 따르면서도 또 그 전제조건으로 행위자에 고유한 주관적 책임능력을 요구하는 것은 서로 모순된다는 독특한 주장도 제기되고 있다(김형배 외, 1657).

나. 책임능력 판단의 기준

권리능력이나 행위능력과는 달리, 민법은 책임능력의 유무를 획일적으로 정하고 있지 아니하다. 따라서 책임능력의 유무판단은 구체적인 경우에 개별적으로 행해져야 한다. 민법이 규정하는 책임 없는 자는 크게 두 가지로 책임을 변식할 지능이 없는 미성년자(제753조)와 심신상실자(제754조)이며, 다만 고의·과실로 심신상실의 상태를 초래한 경우는 제외된다.

먼저 책임을 변식할 지능이 없는 미성년자에 대해서는 주로 연령을 기준으로 판단이 이루어지고 있다. 대체로 판례는 14세 정도를 책임능력자로 판단하고 있으나[대법원 1969.2.25. 68다1822], 경우에 따라서는 14세 2개월 아동의 책임능력을 부정하면서도[대법원 1978.11.28. 78다1805], 오히려 13세 가량 어린이의 책임능력을 인정한 경우도 있어서[대법원 1971.4.6. 71다187] 획일적이지는 않다.

법률행위 영역의 의사능력에 대해 학설이 대체로 7~10세 정도를 기준으로 하는 것에 비해 책임능력은 다소 늦은 나이에 인정하고 있다. 그 이유는 가해자에게

---

78) 심신미약상태에서 자동차사고를 일으킨 피보험자에게 고의를 부정하여, 보험자의 면책을 불허.

책임능력이 있다면 가해자가 배상책임을 부담하여야 하지만, 대체로 미성년자의 변제여력은 미약한 것이 일반적이라 피해자가 손해배상을 받기에 현실적으로 어려움이 많다. 반면에 가해자에게 책임능력이 없다고 한다면, 제755조에 의해 변제여력이 있을 가능성이 높은 그 감독자가 배상책임을 부담하므로 피해자가 손해배상을 받기에 용이하게 된다. 즉 가해자에게 책임능력을 부정하여 감독자에게 배상책임을 지우고자 하는 정책적 고려가 반영된 것으로 이해된다. 그러나 1990년대 중반 판례[대법원(전) 1994.2.8. 93다13605][79]에 의해 책임능력이 있는 미성년자의 감독자에 대해서도 감독에 과실이 있으면 제750조의 불법행위책임을 지우게 된 이래, 책임능력의 기준연령을 과도하게 높일 실익은 사라지게 되었다.

다. 연관 문제

(1) 책임능력과 과실능력

책임능력을 고의·과실의 전제로 이해한다면, 책임능력이 결여되면 과실이 아예 성립되지 않게 된다. 그렇다면 책임 없는 자인 행위자를 대상으로 한 과실상계는 논리적으로 성립될 수 없지만, 판례는 독특하게 과실능력이라는 개념을 활용하여 책임 없는 자라도 과실능력이 있으면 과실상계의 대상이 된다고 한다[대법원 1968.8.30. 68다1224].[80] 이러한 판례와 같이 책임능력은 없으나 과실상계가 가능하다면, 결국 책임능력이 고의·과실의 전제조건이라는 논리는 유지되기 어려운 것 아닌가하는 의문이 제기된다.

(2) 무과실책임과 책임능력

과실의 전제로 책임능력을 요한다면, 과실을 필요로 하지 않는 무과실책임에서는 책임능력이 필요 없는 것인가의 의문이 제기될 수 있다. 무과실책임에서도 책임능력이 논리필연적으로 요구되는 것은 아니지만 공평한 결과를 실현하기 위한 하나의 표준으로 필요하다는 견해도 있으나, 과실책임주의의 전제로 책임능력을

---

79) 17세 9개월된 고교 3학년생의 오토바이 운전중 일으킨 교통사고에 대해 부모의 일반 불법행위책임을 인정.

80) 8세의 미성년자가 부주의하게 도로 우측으로 통행한 경우 책임능력은 부정하지만 과실능력은 긍정.

필요로 하는 것이므로 무과실책임에서는 불필요한 것으로 이해되어야 할 것이다.

제 3 절 불법행위의 효과

1. 개   설

불법행위가 성립되면 불법행위자는 피해자에 대해 손해배상책임을 부담한다. 손해배상제도의 취지는 손해의 공평·타당한 분담을 이념으로 하는 것이다[대법원 1995.2.10. 93다52402].[81] 따라서 가해행위로 인해 발생한 모든 손해를 배상하는 것이 아니라, 공평하고 타당한 범위 내에서 책임을 제한할 수 있다[대법원 1998.7.24. 98다12270].[82]

손해배상은 크게 재산적 손해에 대한 배상과 정신적 손해에 대한 배상으로 구별되며, 재산적 손해는 다시 기존의 이익이 상실되는 적극적 손해의 형태와 장차 얻을 수 있을 이익을 얻지 못하는 소극적 손해의 형태로 구분된다[대법원 1996.2.9. 94다53372].[83] 정신적 손해에 대한 배상(제751조 제1항)은 위자료라고 부르고, 재산적 손해에 대한 배상과는 별개의 소송물로 독립적으로 다루어진다[대법원 2006.9. 22. 2006다32569].[84] 특히 생명 또는 신체침해로 인한 불법행위로 입게 되는 적극적 손해와 소극적 손해 및 정신적 손해는 서로 소송물을 달리하므로 손해마다 따로 판단하여야 한다는 손해 3분설을 취하고 있다[대법원 2001.2.23. 2000다63752].[85]

2. 손해배상의 방법

가. 금전배상주의

불법행위의 효과는 제750조에 따라 금전으로 손해를 배상하는 금전배상주의가

---

81) 의료과오소송에서 인과관계를 추정하여 증명책임을 완화하는 것을 정당화.
82) 신체저항력이 낮은 환자의 신체적 소인을 감안하여 손해배상책임을 감경.
83) 선착장 철거에 따른 보상 협의 불이행의 경우 대체 시설의 취득 좌절의 손해도 인정.
84) 손해배상청구에서 재산적 손해와 위자료의 구체적인 액수를 특정하여 청구하여야 함.
85) 산업재해에서 손해배상 의무의 존재 여부나 범위에 대해 적극적 손해와 소극적 손해를 각기 따로 판단.

원칙이다. 따라서 재산적 손해에 대해, 당사자가 다른 의사표시를 하는 등의 특별한 사정이 없는 한, 원상회복 청구는 허용되지 않는다[대법원 1994.3.22. 92다52726].[86] 피해자는 입은 손해가 무엇이든, 설령 정신적 손해라고 할지라도 모두 금전으로 평가하여 배상받음으로써 만족을 얻게 된다. 금전배상은 일시금으로 하는 것이 일반적이지만, 정기금으로 배상하는 것도 가능하다. 양자의 관계에 대해 일시금이 원칙이고 정기금이 예외라는 것이 일반적인 학설(송덕수, 1494; 지원림, 1866)이다. 판례는 일시금과 정기금 중 어떠한 방식에 의해 청구할 것인가는 손해배상 청구권자가 임의로 선택할 수 있지만, 일시금 지급방식이 현저히 불합리한 결과를 초래할 우려가 있다면 일시금을 청구하였더라도 정기금에 의한 지급을 명할 수 있다고 명시하면서도, 일시금 청구에 대해 정기금에 의한 지급방법을 명한 하급심 판결을 파기한 경우를 빈번히 찾아볼 수 있다[대법원 1994.1.25. 93다48526].[87]

제751조 제2항은 재산 이외의 손해의 경우에만 위자료 청구에서 정기금 청구를 할 수 있는 것처럼 규정하고 있으나, 판례는 장래의 치료비나 일실이익 등 재산적 손해에 대해서도 정기금 청구를 폭넓게 인정하고 있다[대법원 2002.11.26. 2001다72678].[88] 그러므로 제751조 제2항의 문언에도 불구하고 이를 확장해석하여 정기금 배상은 모든 손해배상에서 피해자 보호에 적절한 경우 널리 적용될 수 있을 것이다.

나. 예   외

제750조 이하에서는 불법행위의 구제수단으로 금전배상을 유일하게 규정하고 있다. 학설도 민법상으로는 금전배상 이외의 구제수단을 원칙적으로 인정하지 않고 있다(송덕수, 1494). 그러나 불법행위의 유형에 따라서는 금전배상으로는 피해자구제가 충분하지 않고 불법행위를 금지하거나 예방하는 적극적 구제수단이나 사전적 대비수단이 유효한 경우가 있다. 제764조는 금전배상의 예외로서 타인의 명예

---

86) 굴착공사로 건물이 훼손된 경우에 당사자가 다른 의사표시를 하는 등의 특별한 사정이 없는 한 원상회복청구는 불가하고, 금전 손해배상만 가능.

87) 교통사고로 가동능력 전부를 상실한 경우 일시금 청구에 대해 정기금 지급을 명한 하급심 판결을 파기한 사안.

88) 피해자가 확실히 생존해 있으리라 인정되는 기간은 일시금으로 그 기간 이후 가동연한까지의 생계비 상당의 손해는 정기금으로 배상.

를 훼손한 자에 대하여는 법원은 피해자의 청구에 의하여 손해배상에 갈음하거나 손해배상과 함께 명예회복에 적당한 처분을 명할 수 있도록 규정하고 있다. 판례도 명예훼손의 경우에 사전적, 예방적 구제수단으로 침해행위 정지·금지청구권을 인정한 예[대법원 1996.4.12. 93다40614, 40621][89]가 있다. 한편 제764조에 근거하여 법원이 명예회복에 적당한 처분으로 사죄광고를 포함시키는 것은 양심의 자유 및 인격권을 침해하는 것으로서 위헌이라는 헌법재판소 결정[헌법재판소 1991.4.1. 89헌마160][90]이 내려진 바 있다. 법원이 가해자에게 사죄광고를 명하는 것은 허용되지 아니하나, 가해자가 명예훼손에 대한 구제방법의 하나로서 사죄광고를 할 것을 피해자와 합의하는 것은 무방하다.

이 외에 불법행위의 효과로서 예외적으로 금지나 예방청구를 인정한 주목할 만한 판례들이 등장하였다. 구체적으로 살펴보면 타인의 유명 인터넷 사이트 화면에 자신의 배너광고를 무단으로 삽입하거나 대체하는 부당한 경쟁행위에 대해 불법행위의 구제수단으로서 금지 또는 예방청구를 인정한 바 있다[대법원 2010.8.25. 2008마1541결정].

> 경쟁자가 상당한 노력과 투자에 의하여 구축한 성과물을 상도덕이나 공정한 경쟁질서에 반하여 자신의 영업을 위하여 무단으로 이용함으로써 경쟁자의 노력과 투자에 편승하여 부당하게 이익을 얻고 경쟁자의 법률상 보호할 가치가 있는 이익을 침해하는 행위는 부정한 경쟁행위로서 민법상 불법행위에 해당하는바, 위와 같은 무단이용 상태가 계속되어 금전배상을 명하는 것만으로는 피해자 구제의 실효성을 기대하기 어렵고 무단이용의 금지로 인하여 보호되는 피해자의 이익과 그로 인한 가해자의 불이익을 비교·교량할 때 피해자의 이익이 더 큰 경우에는 그 행위의 금지 또는 예방을 청구할 수 있다[대법원 2010.8.25. 2008마1541결정].

그리고 일반인의 통행에 제공되어 온 도로에 개폐식 차단기를 설치하고 운전자에게 행선지와 방문목적을 확인한 후에만 차단기를 열어서 통행을 시켜주면서 특정인의 통행을 제지한 사안에 대해 통행 방해행위의 금지를 구할 수 있다고 판시한 바도 있다[대법원 2011.10.13. 2010다63720].

---

89) 비방광고로 인한 인격권 침해에 대한 사전 구제수단으로서 광고중지 청구를 인정한 원심판결을 수긍.
90) 명예훼손 기사에 대해 법원이 언론사의 사죄광고를 판결로 명하는 것은 위헌이라 판단.

3. 손해배상의 범위

가. 제한배상주의

우리나라는 불법행위의 효과로서 손해배상에 대해 제한배상주의를 취하고 있다고 하는 것이 일반적인 학설이다. 즉 제393조의 존재로 인해 가해행위와 인과관계 있는 손해를 모두 배상하는 것이 아니라 발생한 손해 중 통상손해는 전부 배상하지만, 특별손해는 가해자가 알았거나 알 수 있었을 경우에 한하여 제한적으로 배상하게 된다.

통상손해와 특별손해로 나누어 손해배상의 범위를 달리하는 제393조는 손해배상의 원인이 채무불이행뿐만 아니라 불법행위인 때에도 준용되도록 민법이 규정하고 있다(제763조). 일부 학설은 제393조가 가해자의 인식가능성을 기준으로 특별손해의 배상 여부를 판단하는 것이 채무불이행에는 적절할지 몰라도, 불법행위의 경우에는 가해행위 이전에 특별한 결합 관계가 존재하지 아니하고 가해행위에 의하여 법률관계가 시작되는 것이 일반적이므로 가해자의 예견가능성을 기준으로 하는 특별손해를 그대로 적용하는 것은 적절하지 않다고 한다(지원림, 1867). 그러나 판례는 불법행위의 경우에도 특별손해는 가해자가 알았거나 알 수 있었을 경우에 한하여 배상책임이 있는 것으로 인정하여 제393조를 그대로 적용하고 있다[대법원 1995.12.12. 95다11344].[91]

(1) 인과관계와의 체계론

(가) 일원적 인과관계론

가해행위와 손해 사이에 상당인과관계가 있으면 그 행위가 불법행위로 되는 동시에 그 손해를 배상하여야 한다는 일원적 인과관계론을 따를 경우에는, 제393조 손해배상의 범위는 인과관계론과 체계적으로 구분하여 다루어져야 한다. 다만 제393조의 통상손해를 가해행위와 상당인과관계있는 손해로 이해한다면, 실질적으로 가해행위와 손해배상은 오로지 하나의 상당인과관계의 판단으로 통합적으로

---

91) 교통사고의 전신주 충격으로 단전에 따른 농작물의 동해는 가해자가 알았거나 알 수 있었을 경우에만 손해배상.

행해지게 된다. 즉 체계론상으로는 별개이나, 실질적으로는 하나의 상당성 판단으로 통합되게 된다.

판례는 불법행위와 상당인과관계가 있는 범위에서만 배상청구가 가능하다고 제393조를 해석하고 있어서[대법원 1995.3.14. 94다39413],[92] 일원적 인과관계론에 입각하여 상당인과관계를 통해 가해행위와 손해 그리고 배상까지 하나로 통합하여 판단하고 있다. 견해에 따라서는 판례가 상당인과관계를 판단함에 있어 규범목적설을 도입하였다는 주장을 하지만(지원림, 1868), 상당인과관계를 판단하는 다양한 고려요소 중 하나로 '행동규범의 목적'을 예시적으로 들고 있을 뿐이다[대법원 2020. 11.26. 2018다221676].

(나) 이원적 인과관계론

인과관계에 대해 책임설정적 인과관계와 책임충족적 인과관계의 이원론을 취하는 견해에서는 제393조의 통상손해를 판단하는 기준은 손해와 배상 사이의 책임충족적 인과관계로 이해하고 그 기준으로 규범목적설을 취한다(지원림, 1120). 이와 달리 손해를 직접적 손해와 후속손해(간접적 손해)로 구별하고, 불법행위에 의한 직접적 손해는 조건적 인과관계로 충분한 반면, 후속손해는 제393조에 따라 상당인과관계 있는 통상손해는 모두 배상하고 상당인과관계가 없는 특별손해는 예견가능성에 따라 예외적으로 배상책임을 진다는 견해도 있다(송덕수, 820). 이러한 이원적 인과관계론에서는 제393조가, 어떠한 체계적 지위를 인정받든 간에, 손해배상의 범위를 제한하는 실질적으로 매우 중요한 기능을 수행하는 독자적인 의미를 갖게 된다.

(2) 통상손해

불법행위에서 통상손해가 무엇을 의미하는지 명확히 밝히고 있는 판례를 찾아보기는 어렵다. 그러나 채무불이행의 경우에 "제393조 제1항의 통상손해는 특별한 사정이 없는 한 그 종류의 채무불이행이 있으면 사회 일반의 거래 관념 또는 사회 일반의 경험칙에 비추어 통상 발생하는 것으로 생각되는 범위의 손해를 말하고,

---

92) 특실 입원에 따른 추가비용은 특별한 사정이 없는 한 상당인과관계 범위 밖이라 배상책임 부정.

제2항의 특별한 사정으로 인한 손해는 당사자들의 개별적, 구체적 사정에 따른 손해"라고 밝히는 판례[대법원 2008.12.24. 2006다25745][93]를 찾아볼 수 있다. 이를 불법행위에 유추하면, 불법행위에서의 통상손해란 '특별한 사정이 없는 한 그러한 가해행위가 있으면 사회 일반의 경험칙에 비추어 통상 발생하는 것으로 생각되는 범위의 손해'라고 개념정의해 볼 수 있을 것이다. 그리고 앞서 살펴보았듯이 통상성의 판단은 결국 가해행위와 상당인과관계 있는 손해로 구체화된다. 양자의 구분은 교통사고로 정전이 되어 기계가 고장나거나 작업 재료를 폐기하는 것은 통상손해이지만, 생산 차질로 인한 영업손해는 특별손해라고 판시한 판결에서 구체적으로 잘 나타나고 있다[대법원 2011.10.13. 2010다63720].

(3) 특별손해

불법행위에서 특별손해란 '가해행위로 통상 발생하는 것이 아닌 피해자의 개별적, 구체적 사정에 따른 손해'라고 할 수 있다. 특별손해는 그 사정을 가해자가 알았거나 알 수 있었을 경우에만 배상책임을 지도록 민법이 규정하고 있으나(제393조 제2항), 이에 대해서는 불법행위에 적절하지 아니한 규정이라는 비판이 제기되고 있다. 특별손해가 인정되기 위해서는 특별한 사정의 존재 여부를 알았거나 알 수 있었으면 족하고, 특별한 사정에 의하여 발생한 손해액까지 알았거나 알 수 있었을 것을 요하지는 않는다[대법원 2007.6.28. 2007다12173].[94]

구체적인 경우를 살펴보면, 판례는 불법행위 이후의 주가 상승은 특별손해라고 판시한 바 있으며[대법원 2000.11.24. 2000다1327],[95] 불법행위의 직접적 대상에 대한 손해가 아닌 간접적 손해도 특별손해라고 밝힌 바 있다[대법원 2009.12.24. 2007다77149].[96]

---

93) 소유권 이전이 장기간 지연되면 수분양자가 활용 기회의 상실이 특별손해라 하더라도 예견가능성을 인정.
94) 타인의 저작물을 허락 없이 제3자에게 넘긴 경우 그로 인한 판매감소액까지 알아야만 배상책임이 생기는 것은 아님.
95) 증권회사가 고객 소유의 주식을 위법하게 처분한 이후 주식의 가격이 올랐다고 하더라도 고객이 입게 된 손해의 액은 처분 당시의 주식의 시가를 기준으로 결정하여야 하고, 이후 주가 상승분은 특별한 사정으로 인한 것으로 특별손해.
96) 항공기 사고의 피해자 대책위원회 가입비 및 교통비는 특별손해.

불법행위의 직접적 대상에 대한 손해가 아닌 간접적 손해는 특별한 사정으로 인한 손해로서 가해자가 그 사정을 알았거나 알 수 있었을 것이라고 인정되는 경우에만 배상책임이 있다[대법원 1995.12.12. 95다11344].[97)]

나. 손해배상액의 산정시점

손해배상액의 산정시점에 대해서는 과거 사실심 변론종결시점이라는 견해도 있었으나 최근에는 불법행위시점으로 이해하는 견해(김준호, 1243; 송덕수, 1499; 지원림, 1874) 가 일반적이다. 판례도 손해배상액의 산정 기준시점을 불법행위시로 보고 있다[대법원 2003.1.10. 2000다34426].[98)] 만약 가해행위와 결과 발생 사이에 시간적 간격이 있다면, 결과 발생시를 기준으로 산정하여야 한다[대법원 2014.7.10. 2013다65710]. 불법행위 이후 가치가 상승하거나[대법원 2006.1.26. 2002다12659],[99)] 물가상승으로 수리비가 증대되더라도[대법원 1994.3.22. 92다52726][100)] 이는 특별손해에 해당된다고 한다.

그러나 위자료의 경우에는 예외적으로 산정의 기준시를 사실심 변론종결시점으로 보는 판례가 존재한다. 특히 불법행위와 변론종결시점 사이에 장기간의 세월이 경과함으로써 경제적 환경이 상당한 정도로 변경되어 이를 반영할 필요가 있는 경우에는 불법행위시점이 아닌 사실심 변론종결시점을 산정시점으로 파악하는 것이 타당하다[대법원 2012.2.29. 2011다38325].[101)]

다. 손해배상액의 합의

불법행위가 발생된 후 가해자와 피해자가 손해배상액을 합의하는 경우 그 합의는 유효하다. 다만 손해배상액을 합의하는 시점에는 예상하지 못한 중대한 손해

---

97) 차량이 전신주를 충격하여 전선이 절단되어 비닐하우스 온풍기 작동이 중지되어 입은 손해는 특별한 사정으로 인한 손해.
98) 주식을 소유자로부터 부당하게 인출하여 제3자에게 교부한 경우 손해액은 교부 시점이 기준.
99) 증권회사 직원의 임의매매로 인한 손해액은 임의매매 당시의 주식시가와 임의매매에 대한 문제 제기 시점의 시가와의 차액.
100) 이웃의 굴착공사로 건물 보수 공사비가 손해발생 이후 건설물가의 등귀로 증대되었으나 이는 특별손해에 해당.
101) 민청학련 사건으로 억울하게 형의 집행을 받은 과거사 사건의 경우에 형사보상금 산정의 기준 시점을 사실심 변론종결시점으로 인정.

가 발생하거나, 손해배상액 합의의 기초가 되는 사실관계에 상당한 변화가 있는 경우에는 손해배상액 합의는 새로운 손해나 변화된 사실관계에는 효력이 없다. 예를 들어 화재로 인해 외모만 흉하게 변화될 것을 기초로 한 손해배상의 합의는 당시 예상하지 못했던 기능적 불완전성에는 효력이 미치지 않는다.

> 비록 합의서의 권리포기조항이 문언상으로는 나머지 일체의 청구권을 포기한다고 되어 있다 할지라도, 당사자 쌍방간에 있어 손해의 대체의 범위가 암묵리에 상정되어 있고, 후에 생긴 손해가 위 범위를 현저히 일탈할 정도로 중대하여 당초의 손해금과 비교할 때 심히 균형을 잃고 있으며, 합의의 경위, 내용, 시기 기타 일체의 사정을 고려하더라도 처음의 합의에 의하여 후의 손해 전부를 포함하도록 함이 당사자의 신의, 공평에 반한다고 인정되는 경우에는 먼저의 합의에 있어서 권리포기조항은 그 후에 발생한 손해에는 미치지 않는 것으로, 즉 합의 당시에 예측하였던 손해만을 포기한 것으로 한정적으로 해석함이 당사자의 합리적 의사에 합치한다[대법원 2002.10.22. 2000다65666, 65673].[102]

채무불이행에 기한 손해배상을 면책하는 약정이 불법행위로 인한 손해배상책임에도 적용될 수 있는가에 대해서 판례는 일반적인 운송계약의 경우에 면책특약이 불법행위책임에는 원칙적으로 적용되지 아니하나, 예외적으로 선하증권에 기재된 면책약관의 경우에는 불법행위책임에도 당연히 효력이 미치지만 고의 또는 중과실로 인한 재산권 침해에 대한 불법행위책임에는 적용되지 않는다고 판시한 바 있다[대법원(전) 1983.3.22. 82다카1533].[103] 채무불이행으로 인한 손해배상액의 예정 역시 불법행위책임에는 원칙적으로 적용되지 않는다[대법원 1999.11.5. 98다48033].[104]

라. 징벌적 손해배상

민법상 손해배상의 범위는 실손해액을 초과할 수 없다. 그러나 민사특별법이라고 할 수 있는 제조물책임법 등에서는 징벌적 손해배상제도를 예외적으로 도입하고 있다. 제조업자가 제조물의 결함을 알면서도 그 결함에 대하여 필요한 조치를

---

102) 1987년에 행한 권리포기 합의는 1993년의 김 양식 손해에 대해서는 효력이 미치지 않는다고 판시.
103) 선하증권의 경우에도 채무불이행에 기한 면책특약을 불법행위로 인한 손해배상에 확대 적용할 수는 없다는 종전 판례[대법원 1980.11.11. 80다1812]는 폐기.
104) 매수인의 채무불이행으로 매매계약이 해제된 후 매수인이 부동산을 인도하지 아니하여 입은 차임상당의 손해에 대해 채무불이행 손해배상액 예정의 적용 부정.

취하지 아니한 결과로 생명 또는 신체에 중대한 손해를 입은 자가 있는 경우에는 그 자에게 발생한 손해의 3배를 넘지 아니하는 범위에서 배상책임을 진다. 다만 법원이 징벌적 손해배상액을 정할 때 다양한 사정을 총체적으로 고려하도록 규정하고 있다(제조물책임법 제3조 제2항).

개인정보보호법 제39조 제2항도 징벌적 손해배상을 규정하고 있다. 개인정보처리자의 고의 또는 중대한 과실로 인하여 개인정보가 분실·도난·유출·위조·변조 또는 훼손된 경우로서 정보주체에게 손해가 발생한 때에는 법원은 그 손해액의 3배를 넘지 아니하는 범위에서 손해배상액을 정할 수 있으나, 개인정보처리자가 고의 또는 중대한 과실이 없음을 증명한 경우에는 그러하지 아니하다. 이러한 징벌적 손해배상제도는 악의적인 불법행위자를 징계하고 다수의 소액 피해자를 구제하는데 유용한 제도라고 할 수 있다.

4. 손해배상의 당사자

가. 손해배상청구권자

불법행위의 피해자가 손해배상청구권자이다. 자연인이 아닌 법인이 피해자인 경우에도 그 법인이 손해배상청구권자로 된다. 판례에 따르면 권리능력 없는 사단에 대한 불법행위도 성립되므로[대법원 1996.7.12. 96다6103],[105] 권리능력 없는 사단도 손해배상청구권자가 될 수 있다. 이른바 지입제에서는 누가 손해배상청구권자인가가 특히 문제로 되는데, 판례는 지입차량은 지입회사가 대외적으로는 소유자이므로 그 소유권침해로 인한 손해배상을 구하는 경우 지입회사가 손해배상청구권자가 된다고 한다[대법원 2007.1.25. 2006다61055].

태아도 손해배상청구권에 관하여는 이미 출생한 것으로 간주하므로(제762조), 손해배상청구권자가 될 수 있다. 다만 판례는 태아가 살아서 출생한 경우에 그 효력을 불법행위 시점으로 소급하여 적용하는 정지조건설을 취하고 있다[대법원 1976. 9.14. 76다1365].[106]

---

105) 불교신도회를 소속 종단과 별개의 비법인사단으로 인정하여 그 금원을 횡령한 신도에 대해 불법행위책임 인정.
106) 모체와 같이 사망한 8개월 된 태아에게 권리능력 부정.

불법행위의 간접침해자도 정신적 손해에 대한 배상인 위자료에 관해서는 손해배상청구권자가 될 수 있다. 제752조도 생명침해로 인한 위자료의 경우에 직계존속, 직계비속 및 배우자는 재산상 손해가 없는 경우에도 손해배상청구권을 인정하고 있다. 통설과 판례[대법원 1978.1.17. 77다1942][107]는 제752조에 대해 직계존속, 직계비속 및 배우자는 정신적 손해에 대한 증명을 할 필요 없이 위자료청구권이 인정되며, 그 외의 자는 자신의 정신적 손해를 증명하면 제750조와 제751조에 따라 위자료청구가 가능하다고 해석한다. 즉 제752조는 제751조의 특칙의 성격을 갖는다고 볼 수 있다. 제752조의 범위에는 사실혼 배우자[대법원 1966.6.28. 66다493]와 같은 사실상의 친족관계[대법원 1962.4.26. 62다72; 대법원 1969.7.22. 69다684]도 포함된다. 그리고 의사능력이 없는 유아에게도 위자료청구를 인정하고 있다[대법원 1971.3.9. 70다2992].

생명침해가 아닌 신체침해의 경우에도 피해자의 직계존속, 직계비속 및 배우자에게는 정신적 손해에 대해 위자료청구권을 인정하고 있다. 판례는 제752조가 예시적 열거규정이므로 불법구금의 경우에도 피해자의 부모는 그 정신적 고통에 관한 입증을 함으로써 일반 원칙인 제750조와 제751조에 의하여 위자료를 청구할 수 있다고 한다[대법원 1999.4.23. 98다41377]. 나아가 동일 호적에 있으면서 생계를 같이 하는 외조부에게도 위자료를 인정한 바 있다[대법원 1967.12.26. 67다2460]. 또한 사자에 대한 명예훼손에 대해서 유족의 정신적 손해를 인정하는 판례[서울고법 2006.2.14. 2005나27906][108]도 넓은 의미에서는 간접침해자에게 위자료청구를 허용하는 것으로 이해할 수 있다.

나. 손해배상의무자

손해배상의무자는 원칙적으로 가해자이며, 이에는 자연인뿐만 아니라 법인도 포함된다. 예외적으로 피해자의 보호를 위해 가해자 이외의 사람에게 손해배상의무를 부담시킴으로써, 손해배상의무자의 범위가 확대되기도 한다.

먼저 책임 없는 자의 감독자는 책임 없는 자를 대신해서 손해배상책임을 부담

---

107) 피해자의 며느리에게 위자료청구 인정.
108) 최종길교수 고문치사사건에서 간첩으로 조작하여 발표한 것이 유족의 명예를 훼손한 것으로 인정.

하며(제755조), 책임능력 있는 미성년자의 감독자도 그 감독에 과실이 있으면 제750조의 불법행위책임을 면할 수 없다[대법원(전) 1994.2.8. 93다13605]. 사용자도 피용자의 사무집행에 관하여 제3자에게 행한 불법행위에 대해 그 손해를 배상할 책임을 진다(제756조 제1항 제1문). 만약 사용자가 피용자의 선임 및 그 사무감독에 상당한 주의를 한때 또는 상당한 주의를 하여도 손해가 있을 경우에는 면책될 수 있다고 규정하고 있으나(제756조 제1항 제2문), 이러한 면책주장을 허용한 판례를 찾아보기 어려운 것처럼 실질적으로는 면책을 거의 허용하지 않고 있다. 도급인도, 수급인이 그 일에 관하여 제3자에게 가한 손해를 가한 경우에, 도급 또는 지시에 관하여 중대한 과실이 있는 때에는 예외적으로 손해배상책임을 진다(제757조). 또한 법인의 대표기관의 직무상 타인에게 가한 손해에 대해 법인이 이를 배상할 책임을 진다(제35조).

5. 손해배상청구권

가. 법적 성질

손해배상청구권은 금전채권으로서 양도성을 가지며 또한 상속의 대상이 된다. 그러나 공무원의 직무상 불법행위에 따른 생명·신체의 침해로 인한 국가배상을 받을 권리는 양도하거나 압류할 수 없다(국가배상법 제4조). 정신적 손해의 배상인 위자료청구권도 양도·상속되는가에 대해 통설과 판례는 양도성과 상속성을 긍정한다[대법원 1969.10.23. 69다1380 외 다수].

손해배상청구권의 상속성과 관련하여 주로 논의가 되는 것이 피해자가 즉사한 경우에 피해자의 손해배상청구권이 상속되는가의 문제이다. 이에 대해 즉사의 경우에도 피해자에게 손해배상청구권이 발생하고 그것이 상속인에게 상속된다는 것이 이른바 시간적 간격설이라고도 하는 상속긍정설이다(김준호, 1254; 지원림, 1897). 즉 아무리 즉사라고 하더라도 원인인 침해행위와 결과인 사망의 사이에는 미세한 시간적 간격이 있을 수밖에 없으므로, 그 미세한 시간적 간격 사이에 손해배상청구권의 발생과 상속이 순차적으로 행해지는 것으로 관념적으로 구분할 수 있다는 것이다. 또 중상으로 인한 사망의 경우와의 불균형을 피하기 위해서는 즉사에 경우에도 상속을 인정하여야 한다고 한다. 다만 제752조의 위자료나 상실된 부양청구권과 같은 상속인의 고유한 손해는 독립적으로 발생하는 것이다. 판례도 피해자가 즉사한 경우에 피해자의 위자료청구권은 상속이 되며, 유족 고유의 위자료청구권과 상속받은 위자료청구권은 함께 행사할 수 있다고 판시하고 있다[대법원 1969.4. 15. 69다268].

이와 달리 피해자가 침해행위와 동시에 사망으로 권리능력을 상실하기 때문에 피해자에게는 논리적으로 생명침해로 인한 손해배상청구권이 발생할 수 없다는 상속부정설도 존재한다(송덕수, 1487). 이 견해는 중상자가 취득하는 일실이익 배상청구권은 상해와 사망 시점까지의 일실이익에만 미치며, 사망 후의 기간의 일실이익에는 미치지 않기 때문에 중상을 입고 사망한 경우와 즉사한 경우의 불균형은 생기지 않는다고 한다. 또 생명침해를 당하면 곧 권리능력 없는 사체가 되므로 신체침해와 달리 '생명침해를 당한 손해배상청구권자'는 논리적으로 존재할 수 없으므로 처음부터 유족의 보호에 초점이 맞춰져야 한다고 한다. 결국 제752조의 위자료청구만이 문제가 되며, 부양청구권의 상실은 일종의 제3자 채권침해로서 다루어져야 한다고 한다.

나. 상계금지

고의의 불법행위로 인한 손해배상채권은 손해배상의무자가 상계로 손해배상청구권자에게 대항하지 못한다(제496조). 즉 피해자의 손해배상청구권을 수동채권으로 하여 가해자가 상계를 주장할 수 없다. 그러나 피해자가 자신에게 생긴 손해배상청구권을 자동채권으로 하여 기존에 가해자에게 부담하고 있던 금전채무를 상계하는 것은 가능하다. 판례는 행사하는 부당이득반환청구권이 고의의 불법행위로 인해 발생된 것이라면 상계금지의 취지가 그대로 타당하므로 제496조를 유추적용한다[대법원 2002.1.25. 2001다52506].[109] 그러나 중과실의 불법행위로 인한 손해배상채권에까지 유추적용하지는 않아서 상계를 허용하고 있다[대법원 1994.8.12. 93다52808].[110]

---

109) 금융기관의 고의불법행위로 인한 손해배상청구권과 부당이득반환청구권이 피해자에게 발생되었으나, 피해자가 부당이득반환청구권을 주장하더라도 금융기관은 기존의 대출금 채권과 상계처리할 수 없음.

110) 정리절차가 진행 중인 회사의 관리인이 중과실로 회사의 재산을 법원의 허가 없이 처분한 경우에는 상계주장 가능.

다. 손해배상청구권의 발생 시기

불법행위는 손해의 결과 발생으로 성립하고, 그 즉시 손해배상청구권이 발생한다. 이행의 최고를 별도로 하지 않더라도 손해배상청구권이 성립하는 동시에 지연배상이 발생하게 된다.

> 불법행위가 없었더라면 피해자가 그 손해를 입은 법익을 계속해서 온전히 향유할 수 있었다는 점에서 불법행위로 인한 손해배상채무에 대하여는 원칙적으로 별도의 이행 최고가 없더라도 공평의 관념에 비추어 그 채무성립과 동시에 지연손해금이 발생한다고 보아야 한다[대법원 2011.1.13. 2009다103950].

그러나 불법행위와 변론종결시점 사이에 장기간의 세월이 경과하여 상당한 정도로 변경된 경제적 환경을 반영할 필요가 있어서 사실심 변론종결시점을 위자료 산정시점으로 하는 예외적인 경우에는 지연배상금도 사실심 변론종결시점부터 발생된다[대법원 2011.1.13. 2009다103950].

라. 손해배상청구권의 대위

불법행위의 가해자가 피해자에게 물건의 가액 전부를 손해배상한 때에는 그 물건에 대한 권리가 손해를 배상한 불법행위자에게 이전된다(제399조, 제763조). 예를 들어 타인의 자동차와 충돌하여 파손시킨 사람이 차량가액 전부를 손해 배상했다면, 그 파손된 자동차의 소유권은 가해자에게 이전된다. 보험의 경우에는 손해가 제3자의 불법행위로 인하여 생긴 때에는 보험자가 지급한 금액의 한도에서 그 제3자에 대한 보험계약자 또는 피보험자의 권리를 보험자가 취득한다(상법 제682조). 다만 보험자가 보험금을 아직 지급하지 않아서 대위의 효과가 발생하지 않은 상태에서 피보험자 등이 제3자(가해자)에 대한 손해배상청구권을 행사하거나 처분한 경우에는 그 부분에 대하여 보험자는 이를 대위할 수 없다[대법원 1981.7.7. 80다1643].[111]

---

111) 임대인(피보험자)이 보험사와 보험계약을 체결한 이후 부동산 임차인(제3자)이 화재를 발생시키고 보험금을 지급하기 전에 임대인과 합의된 손해배상을 완료하였다면 보험자는 대위 불가능.

6. 손해배상청구권의 소멸시효

가. 일반론

불법행위로 인한 손해배상의 청구권은 피해자나 그 법정대리인이 그 손해 및 가해자를 안 날로부터 3년간 이를 행사하지 않거나 불법행위를 한 날로부터 10년을 경과하면 시효로 소멸한다(제766조). 다만 강박으로 인한 불법행위는 강박에서 벗어나야 소멸시효가 기산된다[대법원 1990.11.13. 90다카17153]. 피해자가 미성년자이면 법정대리인을 기준으로 판단하여야 하며[대법원 2010.2.11. 2009다79897], 이를 인식할 만한 피해자의 정신적 능력 내지 지능이 결여되면 소멸시효는 진행되지 않는다[대법원 1995.2.10. 94다30263].

> 민법 제766조 제1항에서 말하는 피해자나 그 법정대리인이 손해 및 가해자를 안다고 하는 것은 피해자나 그 법정대리인이 손해의 발생사실과 그 손해가 가해자의 불법행위로 인하여 발생하였다는 사실을 현실적이고도 구체적으로 인식함을 뜻하는 것이므로, 피해자 등에게 손해의 발생사실과 그 손해가 가해자의 불법행위로 인하여 발생하였다는 사실을 현실적이고도 구체적으로 인식할 만한 정신적 능력 내지 지능이 있었다고 인정되지 아니한다면 설사 사고 발생후 피해자 등이 사고 경위 등에 관하여 들은 적이 있다 하더라도 손해 및 가해자를 알았다고 할 수는 없을 것이므로, 위 법조항 소정의 단기소멸시효는 진행되지 아니한다고 보아야 할 것이고, 이러한 정신적 능력 내지 지능이 있었는지 여부는 결국 구체적인 사건에 있어서 여러 사정들을 참작하여 판단할 사실인정의 문제라 할 것이다[대법원 1995.2.10. 94다30263].

손해 및 가해자를 안 날로부터 3년이라 함은 가변기간으로서 그 법적 성질은 소멸시효라는 것이 통설이다. 손해 사실 그 자체를 아는 것만으로는 부족하고, 손해가 가해자의 불법행위로 인해 발생한 것임을 현실적이고 구체적으로 인식하여야 하며[대법원 1995.2.10. 94다30263],[112] 그리고 가해행위와 손해의 발생 사이에 인과관계가 있다는 것까지도 알 것을 요한다[대법원 1995.11.10. 95다32228].[113]

---

112) 사고로 뇌를 심하게 다친 피해자는 손해와 가해자를 알았다고 할 수 없으므로 인식할 만한 정신적 능력이 생긴 시점부터 소멸시효 진행.

113) 골절상이 사고로 인한 것이 아니라고 진단되었다 향후 사고로 인한 것으로 확인되면 그 확인시점부터 기산.

민법 제766조 제1항에서 말하는 '손해'란 위법한 행위로 인한 손해발생의 사실을, '가해자'란 손해배상 청구의 상대방이 될 자를 의미하고, '안 날'이란 피해자나 그 법정대리인이 위 손해 및 가해자를 현실적이고도 구체적으로 인식함을 뜻하는 것이므로, 결국 여기에서 말하는 '손해를 안 날'이란 불법행위의 요건 사실에 대한 인식으로서 위법한 가해행위의 존재, 가해행위와 손해의 발생과 사이에 상당인과관계 등이 있다는 사실까지 피해자가 알았을 때를 의미하는 것이다[대법원 1997.12.26. 97다28780].

특히 불법행위의 요건사실에 대해 구체적으로 인식하여야 한다. 가해행위와 손해발생 사이에 시간적 간격이 있는 경우에는 손해에 대한 잠재적 인식으로는 부족하고 그러한 손해가 현실화된 것을 안 날을 의미한다[대법원 2001.1.19. 2000다11836].[114] 새로운 손해나 확대손해의 경우에는 그러한 사유가 판명된 때 새로운 손해나 확대손해를 알았다고 보아야 할 것이므로 그 때부터 소멸시효기간이 진행된다[대법원 2001.9.14. 99다42797].[115]

피해자 등이 언제 불법행위의 요건사실을 현실적이고도 구체적으로 인식한 것으로 볼 것인지는 개별적 사건에 있어서의 여러 객관적 사정을 참작하고 손해배상청구가 사실상 가능하게 된 상황을 고려하여 합리적으로 인정하여야 한다[대법원 2002.6.28. 2000다22249].

불법행위를 한 날로부터 10년이 경과되면 피해자의 손해인식 여부와 관계없이 손해배상청구권을 행사할 수 없다. 이 불변기간의 법적 성질에 대해서 최근의 학설(김준호, 1258; 송덕수, 1493; 지원림, 1901)과 판례는 소멸시효라고 이해한다[대법원(전) 1996.12.19. 94다22927].[116] 그리고 법조문은 "불법행위를 한 날"이라고 표현하지만, 판례는 그 의미가 '가해행위로 인한 손해의 결과발생이 현실적인 것으로 되었다고 할 수 있을 때'라고 해석하고 있다[대법원 1993.7.27. 93다357].[117] 따라서 행위와 손해 사이에 시간적 간격이 있는 경우에 불법행위 시점으로부터 기산하는 것이 아니라

---

114) 2세 유아가 성장판을 다친 경우에 고등학교 1학년 경에 후유장해의 정도를 알 수 있었다면 그 시점부터 기산.
115) 식물인간 판정을 받았으나 향후 호전되어 여명기간이 증가하면 증상이 호전되기 시작한 시점부터 시효가 진행.
116) 삼청교육대 사건에 대한 대통령의 피해보상 발언을 시효이익의 포기로 볼 수 없다고 판시.
117) 사고로 추간판탈출증의 상해로 치료를 받은 후 재발하였어도 후유증이 일반적인 경우라면 최초 사고 시점부터 기산.

결과발생이 현실화된 시점부터 기산하여야 한다[대법원 1990.1.12. 88다카25168].[118]

민법 제766조 제2항에 의하면, 불법행위를 한 날부터 10년을 경과한 때에도 손해배상청구권이 시효로 소멸한다고 규정되어 있는바, 가해행위와 이로 인한 손해의 발생 사이에 시간적 간격이 있는 불법행위에 기한 손해배상청구권의 경우, 위와 같은 장기소멸시효의 기산점이 되는 '불법행위를 한 날'은 객관적·구체적으로 손해가 발생한 때, 즉 손해의 발생이 현실적인 것으로 되었다고 할 수 있을 때를 의미하고, 그 발생시기에 대한 증명책임은 소멸시효의 이익을 주장하는 자에게 있다[대법원 2013.7.12. 2006다17539].

피해자나 그 법정대리인이 그 손해 및 가해자를 안 날로부터 3년과 불법행위를 한 날로부터 10년 중 어느 하나라도 도과하면, 손해배상청구권은 시효로 소멸된다.

나. 계속적 불법행위의 소멸시효 기산점

불법행위에 기한 손해배상청구권의 소멸시효에 관하여 가장 복잡한 문제는 계속적 불법행위의 경우에 기산점을 어떻게 판단할 것인가의 문제이다. 판례는 계속적 불법행위인 불법점거의 경우에 나날이 새로운 불법행위에 기인한 손해가 발생하는 것이므로 매일 발생한 새로운 각 손해를 안 날로부터 별개로 소멸시효가 진행된다고 한다[대법원(전) 1966.6.9. 66다615]. 계속적 불법행위의 하나의 유형이라고 할 수 있는 부작위에 의한 불법행위의 경우에도 날마다 새로운 불법행위에 기한 손해로서 그 각 손해를 안 때로부터 각 별로 소멸시효가 진행된다고 판시한 바 있다[대법원 1999.3.23. 98다30285].[119] 이에 따르면 손해배상을 청구하는 날로부터 역산하여 10년 이전에 발생한 계속적 불법행위는 소멸시효가 완성되는 결과를 가져오게 된다. 설령 피해자가 손해 및 가해자를 최초로 안 날로부터 3년이 경과한 이후 손해배상을 청구하였더라도, 손해배상을 청구한 날로부터 역산하여 3년 이내에 발생한 계속적 불법행위는 소멸시효가 완성되지 않게 된다.

일조권 침해는 건물의 준공이나 외부골조공사의 완료 시점에 피해자는 손해를 예견할 수 있으므로 원칙적으로 건물준공이나 외부골조공사 완료시점부터 진행한다고 판시하면서도, 극히 예외적으로 철거의무의 불이행으로 인한 부작위의 경우

---

118) 공무원의 직무상 과실로 근저당권 설정등기를 말소당한 경우 근저당권설정등기 말소판결이 확정된 때부터 기산.

119) 공무원의 준공검사 지연으로 인한 손해의 경우.

에는 날마다 새로운 불법행위에 기하여 발생하는 것이므로 각 별로 소멸시효가 진행한다고 판시한 바 있다[대법원(전) 2008.4.17. 2006다35865]. 즉 판례는 소멸시효의 진행에 있어 일조권 침해를 계속적 불법행위로 파악하지 않는 것으로 평가되지만, 철거의무의 불이행에 따른 부작위에 의한 불법행위의 경우에 날마다 새로운 소멸시효가 진행된다는 전통적인 태도를 취하고 있다.

　　일반적으로 위법한 건축행위에 의하여 건물 등이 준공되거나 외부골조공사가 완료되면 그 건축행위에 따른 일영의 증가는 더 이상 발생하지 않게 되고 해당 토지의 소유자는 그 시점에 이러한 일조방해행위로 인하여 현재 또는 장래에 발생 가능한 재산상 손해나 정신적 손해 등을 예견할 수 있다고 할 것이므로, 이러한 손해배상청구권에 관한 민법 제766조 제1항 소정의 소멸시효는 원칙적으로 그 때부터 진행한다. 다만, 위와 같은 일조방해로 인하여 건물 등의 소유자 내지 실질적 처분권자가 피해자에 대하여 건물 등의 전부 또는 일부에 대한 철거의무를 부담하는 경우가 있다면, 이러한 철거의무를 계속적으로 이행하지 않는 부작위는 새로운 불법행위가 되고 그 손해는 날마다 새로운 불법행위에 기하여 발생하는 것이므로 피해자가 그 각 손해를 안 때로부터 각별로 소멸시효가 진행한다 [대법원(전) 2008.4.17. 2006다35865].

다. 미성년자 성적 침해의 소멸시효

　미성년자가 성폭력, 성추행, 성희롱, 그 밖의 성적 침해를 당한 경우에 이로 인한 손해배상청구권의 소멸시효는 그가 성년이 될 때까지는 진행되지 아니한다(제766조 제3항). 미성년자에 대한 성적 침해가 있는 경우에는 소멸시효의 기산점을 그가 성년이 되는 때로 특별히 정하고 있다. 이는 미성년자가 법정대리인으로부터 성적 침해를 당하거나 법정대리인이 손해배상청구를 의도적으로 하지 않는 경우 등을 고려한 제도이다. 이 규정은 이 법 시행(2020년 10월 20일) 전에 행하여진 성적 침해로 발생하여 시행 당시 아직 소멸시효가 완성되지 아니한 손해배상청구권에도 적용한다.

7. 손해배상의 산정

가. 인적 손해의 산정

(1) 손해 3분설

손해 3분설이란 손해를 재산상 손해와 정신적 손해로 나누고 다시 재산상 손해를 적극적 손해와 소극적 손해로 나누어, 손해를 '재산상 적극적 손해'와 '재산상 소극적 손해' 그리고 '정신적 손해'의 독립된 3개의 구성 부분으로 파악하는 것이다. 재산상 적극적 손해는 기존의 이익이 멸실 또는 감소하는 손해를 말하고, 재산상 소극적 손해는 장래에 얻을 수 있었던 이익의 획득이 좌절되어 생기는 손해를 말한다. 재산상 소극적 손해는 기대이익의 상실이므로 이를 일실이익이라고 부른다. 정신적 손해는 무형의 정신적 고통에 따른 손해를 말한다.

판례도 적극적 손해와 소극적 손해 및 정신적 손해는 서로 소송물을 달리하는 것이라고 판시하고[대법원 2002.9.10. 2002다34581], 각각의 손해 간의 전용은 허용되지 않는다[대법원 1976.10.12. 76다1313]고 하여 손해 3분설을 취하고 있다. 이러한 손해 3분설은 물적 손해에서도 적용될 수 있으나, 특히 생명 또는 신체침해와 같은 인적 손해에서 특히 중요한 의미를 갖는다.

> 생명 또는 신체에 대한 불법행위로 인하여 입게 된 적극적 손해와 소극적 손해 및 정신적 손해는 서로 소송물을 달리하므로 그 손해배상의무의 존부나 범위에 관하여 항쟁함이 상당한지의 여부는 각 손해마다 따로 판단하여야 한다[대법원 2002.9.10. 2002다34581].

(2) 재산상 적극적 손해의 산정

인적 손해에서 적극적 손해라 함은 구체적으로 진료비, 수술비, 치료비, 입원비, 약값, 개호비[대법원 2018.7.11. 2017다271971],[120] 장례비[대법원 1965.10.5. 65다1598], 묘지구입비[대법원 1984.12.11. 84다카1125], 묘비설치비와 인부 식대[대법원

---

120) 피해자의 친족이 무상으로 개호를 하였더라도, 실제로 개호가 있었다면 개호비를 적극적 손해로 청구 가능.

1979.6.12. 77다2466] 등이 여기에 해당된다. 또한 의수나 의족 그리고 휠체어 같은 보조구 구입비[대법원 2010.2.25. 2009다75574]도 여기에 해당된다. 그러나 판례는 상급 병실에 입원해서 발생하는 추가 입원비나 비정상적인 고액 진료비는 상당인 과관계가 없어서 배상범위 밖이라고 판시한 바 있다[대법원 2010.11.25. 2010다 51406].

(3) 재산상 소극적 손해(일실이익)의 산정

생명 또는 신체침해로 인하여 장래에 얻을 수 있었던 기대이익이 상실되는 것이 일실이익이다. 일실이익은 본질적으로 장래의 기대이익을 가상적으로 산정해야 하므로 명확하게 계산하기 어려울 수밖에 없어서, 구체적인 산정과정에서 매우 다양한 문제들이 발생한다. 따라서 정형화된 계산방식을 채택함으로써 복잡한 일실이익의 산정방법을 최대한 단순화하려고 노력하고 있다.

(가) 계산방법

① 생명침해

생명침해가 일어나면 사망 이후에는 어떠한 소득도 얻을 수 없게 되므로 소득의 감소비율은 100%가 된다. 그러므로 사망 당시의 수입액에 그 수입을 거둘 수 있는 남은 가동연령을 곱하면 사망으로 인해 상실하는 모든 소득액을 계산할 수 있다. 사망하게 되면 수입도 상실하지만 생존을 위한 생활비의 지출도 더 이상 없으므로, 일종의 손익상계로서 사망 이후의 생활비는 공제되어야 한다[대법원 1984. 3.27. 83다카853]. 또한 장래의 수입을 현재가치로 환산하여 일시금으로 받게 되면, 할인을 위한 중간이자는 공제되어야 한다[대법원 2000.7.28. 2000다11317]. 생명침해로 인한 일실이익을 구하는 계산방법은 다음과 같다.

생명침해로 인한 일실이익 =
(당시 수입액×남은 가동연령)−생활비−중간이자

② 신체손해

㉮ 차액설의 계산방법

불법행위로 인한 재산상 손해는 위법한 가해행위로 인하여 발생한 재산상 불이익, 즉 그 위법행위가 없었더라면 존재하였을 재산상태와 그 위법행위가 가해진 현재의 재산상태의 차이[대법원(전) 1992.6.23. 91다33070][121]라고 이해하는 차액설에 따른 계산방법은 다음과 같다.

신체손해로 인한 일실이익 =
[(당시 수입액×남은 가동연령)-(향후소득×남은 가동연령)]-중간이자

우선 부상 당시 수입액과 그 수입의 남은 가동연령을 곱한 액수(사고 이전의 총소득)에서 부상 이후의 향후소득에 그 수입의 남은 가동연령을 곱한 액수(사고 이후의 총소득)를 빼면 기대수입의 상실 총액이 계산된다. 예를 들어 부상 당시에는 프로야구선수로서 가동연령이 35세였으나, 부상으로 인해 도시일용노동자로서 가동연령이 65세인 경우라면 각각의 소득에 각각의 남은 가동연령을 곱한 후 공제하여야 할 것이다. 그리고 여기에서 향후 소득을 현재가치로 환산하여야 하므로 중간이자를 공제하면 차액설에 따른 일실이익이 산정될 수 있다. 그리고 신체 손해만 발생한 것이므로 생계비는 피해자가 향후에 지출할 것이기 때문에 공제할 이유가 없다.

차액설은 신체손해로 인해 소득이 구체적으로 감소하는 것이 명확한 경우에는 매우 유효한 방법이지만, 신체손해 이후에도 소득이 감소하지 않거나 오히려 증가한 경우에는 인체에 발생한 법익침해에도 불구하고 손해산정이 불가능하다는 문제가 발생한다.

㈏ 평가설의 계산방법

피침해이익 그 자체에 생긴 손해를 가치로 산정하는 평가설에 따를 경우에는 소득의 감소가 아닌 신체에 발생한 가치감소인 노동능력상실률이 일실이익 산정의 기준이 된다. 그러므로 평가설에 따른 계산방법은 다음과 같다.

신체손해로 인한 일실이익 =
(당시 수입액×노동능력상실률×남은 가동연령)-중간이자

---

121) 타인 소유 토지를 서류를 위조하여 등기를 경료하여 전매한 경우, 최종매수인이 등기말소되면 매매대금 상당액을 손해로 인정.

먼저 부상 당시 수입액에 노동능력상실률과 남은 가동연령을 곱하면 인체에 발생한 법익침해를 기준으로 한 소극적 손해의 산정이 가능하게 된다. 이에 중간 이자를 공제하는 것으로서 평가설에 따른 일실이익이 산정될 수 있다.

평가설은 신체 손해 이후에 소득이 감소하지 않거나 오히려 증가한 경우에도 일실이익을 구체적으로 산정할 수 있다는 점에서는 유용한 산정방법이다. 그러나 프로야구 좌완투수의 왼손 검지 한마디가 절단된 경우와 같이 낮은 노동능력상실 률임에도 불구하고 직업의 특성상 향후 수입은 매우 크게 감소하는 때에는 그 차 액을 정확히 반영하지 못하는 문제도 있다.

이처럼 차액설과 평가설 모두 일장일단이 있으므로, 판례는 차액설과 평가설 어느 것에 의하든 합리적이고 객관성 있는 기대수익액을 산정할 수 있으면 족하다 고 판시하고 있다[대법원 1990.11.23. 90다카21022].[122)

(나) 수입액 산정

차액설과 평가설 중 어느 것을 따르던 손해발생 시점의 수입액은 일실이익 산 정의 중요한 기초적인 요소가 된다. 봉급생활자의 경우에는 임금에 정기적인 상여 금을 포함하여 얻은 실제 수입 총액을 객관적으로 평가하기에 용이하다. 향후 봉 급인상을 확실하게 예측할 객관적 자료가 있는 경우에는 봉급인상분도 통상손해 로 반영하여 배상하여야 한다[대법원(전) 1989.12.26. 88다카6761].[123) 그러나 승진될 것이 상당한 정도로 확실하게 예측되는 특별한 사정이 없는 한, 승진으로 증가할 보수는 통상손해에 포함시켜서는 아니 된다[대법원 1996.4.23. 94다446].[124)

수입에서 소득세를 공제하여야 하는 것은 아니며[대법원(전) 1979.2.13. 78다1491], 세무관서에 미신고한 소득일지라도 수입으로 인정할 수 있다[대법원 2006.3.9. 2005 다16904]. 그러나 애초에 면허를 받을 수 없는 지역에서의 무면허 어업행위[대법원 2004.4.28. 2001다36733][125)와 같은 위법소득은 수입으로 인정할 수 없다[대법원 1992.10.27. 92다34582].[126) 다만 단속규정 위반에 불과한 경우인 허가받지 않은 장

---

122) 노동능력을 일부 상실했으나 소득의 감소가 없는 공무원에 대해 평가설을 적용하여 손해배 상을 인정.
123) 호봉제에 따라 매년 1호봉씩 승급되는 규정이 있다면 이는 통상손해로 반영.
124) 국회공무원의 장차 승진가능성은 통상손해로 반영할 수 없음.
125) 공단지정지역 내에서의 무면허 어업행위는 위법소득.
126) 사립학교 교원이 유흥업소 밴드원으로 전속 출연한 급료.

어양식장의 소득[대법원 2012.1.12. 2010다79947],[127) 승계신고 없는 소금 제조업[대법원 1986.3.11. 85다카718], 허가취득 이전의 어업행위[대법원 1994.6.14. 94다9368]는 위법소득이라 할 수 없다.

법령이 특정한 사업을 영위하거나 특정한 행위를 하는 데에 면허, 허가 등을 받거나 신고 등을 하도록 요구하면서 그러한 절차를 위반하여 사업 또는 행위를 한 경우에는 위반행위와 관련된 물건의 소지와 판매 등을 금지하고 있다고 하더라도, 그러한 사정만을 들어 물건의 멸실 또는 훼손으로 인하여 입게 된 손해의 배상을 구할 수 없는 것이라고 볼 수는 없고, 그와 같은 경우에 물건의 멸실 또는 훼손으로 인한 손해의 배상을 구할 수 있는지는 법령의 입법 취지와 행위에 대한 비난가능성의 정도 특히 그 위반행위가 가지는 위법성의 강도 등을 종합하여 구체적, 개별적으로 판단하여야 할 것이다[대법원 2012.1. 12. 2010다79947].

명확한 객관적 수입이 없는 무직자나 학생, 주부, 미성년자는 보통의 일반인이면 누구나 종사하여 얻을 수 있는 일반 노동임금을 기준으로 하여야 하며, 피해자의 학력이나 경력 등을 참작하여 그 수입을 책정할 수는 없다[대법원 1986.2.25. 85다카1954].[128) 따라서 의과대학생의 경우에 도시일용노동자노임을 기초로 한 바 있지만[대법원 1991.7.23. 91다16129], 예외적으로 간호학과 2학년 학생에게 간호사 임금을 기초로 한 판례[대법원 1989.5.23. 88다카15970][129)도 찾아볼 수 있다. 개인사업자의 경우에 실제 수입을 인정할 만한 객관적인 자료가 없으면, 그 사업체의 규모와 경영형태, 종업원의 수 및 경영실적 등을 참작하여 피해자와 같은 정도의 학력, 경력 및 경영능력 등을 보유한 사람을 고용하는 경우의 보수 상당액, 즉 대체고용비에 의하여 일실수입액을 산정할 수 있다[대법원 2007.3.29. 2006다50499].

불법행위 시점에 피해자에게 수입이 있었으나 실제 수입에 대한 증거가 현출되지 아니하면, 피해자가 종사하였던 직종과 유사한 직종에 종사하는 자들에 대한 통계소득에 의하여 일실이익을 산정할 수 있다[대법원 2006.3.9. 2005다16904].[130)

---

127) 수산업법에 규정된 허가를 받지 않은 양식장의 장어가 가해자의 공사로 폐사한 사건에서 장어에 대한 손해배상을 인정.
128) 고등학교 중퇴한 미성년자도 중졸 이하 남자 근로자가 아닌 일반노동임금을 기초로 산정.
129) 간호학과 재학생은 향후 간호사면허를 취득하여 종사할 수 있다는 것이 경험법칙이라 판시.
130) 회사택시운전사의 수입 중 사납금에 따른 급여 이외의 소득은 객관적 자료가 없으면 통계소득을 기준으로 산정.

다만 통계소득을 기준으로 일실이익을 산정하기 위해서는 당해 통계의 조사목적이나 방법, 조사대상 및 범위, 표본설계의 방법 등을 살펴 그 이용의 적합성 여부를 신중하게 판단하여야 한다[대법원 2007.3.29. 2006다79759].[131]

(다) 가동연령

직업의 특성에 따라 일정한 수입을 얻을 수 있는 연령의 한계를 판단할 수 있으며, 이를 가동연령 또는 가동연한이라고 한다.

> 일실수입의 기초가 되는 가동연한은 사실심이 우리나라 국민의 평균여명, 경제 수준, 고용 조건 등의 사회적, 경제적 여건 외에, 연령별 근로자 인구수, 취업률 또는 근로참가율 및 직종별 근로 조건과 정년 제한 등 제반 사정을 조사하여 이로부터 경험법칙상 추정되는 가동연한을 도출하든가, 또는 당해 피해 당사자의 연령, 직업, 경력, 건강 상태 등 구체적인 사정을 고려하여 그 가동연한을 인정할 수 있다고 할 것이다[대법원 2001.3.9. 2000다59920].

육체노동자의 가동연한에 대한 대법원 판례의 태도는 전향적으로 변경되어왔다. 1989년까지는 육체노동자의 가동연한을 55세까지로[대법원 1988.3.8. 87다카2663 외 다수] 판단하였다. 1990년대 이후에는 이를 60세가 '될 때까지'[대법원(전) 1989.12. 26. 88다카16867]로 인정했으나, 최근 사회적·경제적 구조와 생활여건이 급속하게 향상·발전하고 법제도가 정비·개선됨에 따라 65세까지로[대법원(전) 2019.2.21. 2018다248909] 확장하였다. 65세를 넘어서도 가동연한을 인정하기 위해서는 특별한 사정을 증명하여야 하며, 그러한 사정이 인정되면 경우에 따라서는 66세 1개월[대법원 1999.9.21. 99다31667]의 경우에도 가동연한을 인정하기도 한다.

개인적인 자유전문직의 경우에도 가동연령을 65세가 될 때까지 인정하는 것이 일반적이다. 따라서 약사[대법원 2009.12.24. 2008다3619], 의사나 한의사[대법원 1997. 2.28. 96다54560], 치과의사[대법원 1996.9.10. 95다1361], 소설가[대법원 1993.2.9. 92다43722], 소규모 주식회사 대표이사[대법원 1992.12.8. 92다24431]등의 경우에는 판례가 65세가 될 때까지 가동연한을 인정하고 있다. 그러나 변호사[대법원 1993.2.23. 92다37642]와 법무사[대법원 1992.7.28. 92다7269]는 70세가 될 때까지 인정한 판례

---

131) 자영농민의 소득을 근로자에 해당하는 농업숙련종사자의 통계소득을 그대로 가져다 쓸 수는 없음.

가 있다. 자유직 종사자도 65세가 넘어서까지 가동연한을 인정하려면 특별한 구체적인 사정을 증명해야 한다. 따라서 일률적으로 가동연한을 판단해서는 아니 된다. 판례도 목사의 경우에 70세가 되는 날까지 인정한 판례[대법원 1997.6.27. 96다426]도 있으나, 반면에 부정한 판례[대법원 1998.12.8. 98다39114]도 있다.

공무원과 같이 법률상 정년이 정해져 있는 경우에는 그에 따라 결정되므로 지방직 6급 이하 공무원은 60세까지[대법원 2001.3.9. 2000다59920],[132] 경찰공무원 중 경감 이하의 연령정년은 60세까지[대법원 1997.7.22. 95다6991][133]라고 획일적으로 정할 수 있다. 또한 노사협약으로 광부의 정년을 만 53세가 되는 시점으로 정한 경우라면 그에 따라 가동연한이 결정된다[대법원 1969.4.22. 69다183]. 그리고 외국 거주자는 해당 국가의 가동연한을 기준으로 하여야 한다[대법원 1995.5.12. 93다48373].

(라) 노동능력상실률

노동능력상실률은 차액설에 따라 일실이익을 산정할 때는 필요하지 않은 요소지만, 평가설에 따를 경우에는 핵심적인 산정요소가 된다. 특히 평가설에 의할 때 불법행위 이후 수입의 감소가 없는 경우에도, 만약 노동능력을 상실했다면 신체적 기능의 장애로 인하여 아무런 재산상 손해도 입지 않았다고 단정할 수는 없는 것이다[대법원 1992.12.22. 92다31361].

> 일실이익손해를 피해자의 노동능력상실률을 인정평가하는 방법에 의하여 산정할 경우, 노동능력상실률은 피해자의 연령, 교육정도, 종전에 종사하였던 직업의 성질 및 경력과 기능의 숙련정도, 신체적 기능의 장애정도와 유사한 직종이나 다른 직종으로의 전업가능성 및 확률, 기타 사회적, 경제적인 조건 등을 모두 참작하여 경험칙에 따라 정하여지는 수익상실률이어야 하는 것이므로, 〈중략〉 피해자가 사고로 인한 상해의 후유증에도 불구하고 사실심의 변론종결시까지 종전과 같은 직장에서 종전과 다름없이 수입을 얻고 있었다 하더라도 달리 특별한 사정이 없는 한 피해자가 신체적 기능의 장애로 인하여 아무런 재산상 손해도 입지 않았다고 단정할 수 없다[대법원 1992.12.22. 92다31361].

---

132) 당시 지방공무원법은 57세까지였으므로 이 판례에서는 57세까지를 가동연령으로 하였으나, 2013년 지방공무원법 개정으로 60세까지로 변경됨.

133) 당시 경찰공무원법은 경감 이하의 연령정년이 57세까지였으나, 2008년 경찰공무원법 개정으로 60세까지로 변경됨.

노동능력상실률은 상당한 의학적 지식이 필요한 사항이므로, 의사의 감정의견을 기초로 하여 각종 법령에 의한 기준표를 적용하는 것이 일반적이다. 자동차손해배상보장법 시행령이나 국가배상법 시행령 등에서 정해진 기준표와 같이 당해 사건에 적용될 특정한 기준표가 없는 경우에는 통상 맥브라이드 장애평가표를 적용하는 것이 재판 관행이다[대법원 2009.8.20. 2007다64877].

(마) 중간이자 공제

장래 이익의 상실 부분을 현재가치로 평가해서 미리 배상받기 위해서는 총상실이익에서 중간이자를 공제하여야 한다. 중간이자를 공제하는 방식은 단리로 중간이자를 산정하는 Hoffman 방식[$X = A/(1+r \cdot n)$][134]과 복리로 중간이자를 산정하는 Leibniz 방식[$X = A/(1+r)^n$]이 있다. 단리 방식인 호프만 방식을 취하면 공제되는 중간이자가 적어서 배상액이 상대적으로 많아져 피해자에게 유리하게 된다. 판례는 라이프니츠식 계산법에 의하여 복리계산을 하지 아니하고 호프만 방식에 의하여 계산하더라도 이를 위법이라 할 수 없다고 판시하여[대법원 1981.9.22. 81다588], 어느 방식을 택하든 무방하다는 태도를 취하고 있다.

(바) 생활비 공제

생명침해의 경우에는 일종의 손익상계로서 사망 이후 여명까지의 생활비를 공제하여야 한다. 그러나 부상의 경우에는 생활비가 소요되므로 생활비를 공제해서는 아니 된다[대법원 1966.5.31. 66다590]. 또한 미성년자의 경우에는 성년이 될 때까지는 부양의무자로부터 부양을 받을 권리가 있어서 스스로 생활비를 지출할 필요가 없으므로 생활비를 공제하면 아니 되며, 미성년자의 부양의무자가 손해배상을 청구한 경우에 사망으로 부양을 안 해도 되는 것은 피해자의 이익이 아니므로 생활비를 공제할 수 없다[대법원 1966.2.28. 65다2523].

(4) 정신적 손해의 산정

손해 3분설을 취하는 판례에 따르면 정신적 손해는 재산적 손해와 완전히 별개의 소송물로서 각각 그 금액을 별도로 산정하여야 한다[대법원 2006.9.22. 2006다32569].[135] 정신적 손해가 재산적 손해와 완전히 별개의 손해라고 하더라도, 재산

---

134) X는 현재가치, A는 장래 이익, r은 이율, n은 수익기간.

적 손해액의 확정이 불가능해서 배상을 받기 어려운 경우에는 예외적으로 정신적 손해에 이를 반영할 수도 있다[대법원 1984.11.13. 84다카722].

법원은 위자료액을 산정함에 있어서 피해자측과 가해자측의 제반 사정을 참작하여 그 금액을 정하여야 하므로 피해자가 가해자로부터 당해 사고로 입은 재산상 손해에 대하여 배상을 받을 수 있는지의 여부 및 그 배상액의 다과 등과 같은 사유도 위자료액 산정의 참작 사유가 되는 것은 물론이며, 특히 재산상 손해의 발생이 인정되는데도 입증곤란 등 의 이유로 그 손해액의 확정이 불가능하여 그 배상을 받을 수 없는 경우에 이러한 사정을 위자료의 증액사유로 참작할 수 있다고 할 것이다[대법원 2007.6.1. 2005다5843].

과거사 사건과 같은 특수한 경우의 위자료 산정은 그 성격을 고려하여야 한다. 불법행위시점에서 오랜 시간이 경과하여 경제사정에 상당한 변동이 생긴 사정을 참작하여 예외적으로 사실심 변론종결시점을 기준으로 위자료를 산정하고 지연배 상도 그 당일로부터 발생되지만, 불법행위 시로부터 변론종결 시까지 장기간 동안 배상이 지연됨에도 이 점이 지연손해금에 반영될 수 없으므로 위자료 원금을 산정 함에 있어 이를 적절히 증액할 수도 있다[대법원 2011.1.13. 2009다103950].

생명침해나 신체침해, 명예훼손과 같은 인격권 침해의 경우에 위자료 청구가 널리 인정된다. 경우에 따라서는 계약교섭의 부당파기도 인격권 침해를 가져와 정 신적 손해가 발생할 수도 있다[대법원 2003.4.11. 2001다53059].[136] 개인정보 침해의 경우에 그 자체로 정신적 손해가 발생한 것으로 볼 수 있는가가 논란이 되고 있 다. 이에 판례는 개인정보가 유출되었다는 사실로부터 곧바로 정신적 손해가 발생 하는 것은 아니고 여러 사정을 총체적으로 고려하여 판단하는 신중한 태도를 취하 고 있다.

개인정보를 처리하는 자가 수집한 개인정보를 피용자가 정보주체의 의사에 반하여 유 출한 경우, 그로 인하여 정보주체에게 위자료로 배상할 만한 정신적 손해가 발생하였는지 는 유출된 개인정보의 종류와 성격이 무엇인지, 개인정보 유출로 정보주체를 식별할 가능 성이 발생하였는지, 제3자가 유출된 개인정보를 열람하였는지 또는 제3자의 열람 여부가

---

135) 청구하는 손해배상액은 구체적으로 재산적 손해와 위자료를 각각 얼마씩 구하는 것인지 밝 혀야 함.
136) 조형물을 건립하는 시안을 받아 선정된 작품에 대해 제작계약을 체결할 것이라 통보만 하고 내부사정과 경제여건 등으로 나중에 계약체결을 거부한 경우에도 정신적 손해발생.

밝혀지지 않았다면 제3자의 열람 가능성이 있었거나 앞으로 열람 가능성이 있는지, 유출된 개인정보가 어느 범위까지 확산되었는지, 개인정보 유출로 추가적인 법익침해 가능성이 발생하였는지, 개인정보를 처리하는 자가 개인정보를 관리해온 실태와 개인정보가 유출된 구체적인 경위는 어떠한지, 개인정보 유출로 인한 피해 발생 및 확산을 방지하기 위하여 어떠한 조치가 취하여졌는지 등 여러 사정을 종합적으로 고려하여 구체적 사건에 따라 개별적으로 판단하여야 한다[대법원 2012.12.26. 2011다59834, 59858, 59841].[137]

나. 물적 손해의 산정

(1) 물건의 멸실

물건이 멸실되면 불법행위 시점의 교환가격을 통상손해로 판단하는 것이 판례의 태도이다[대법원 1991.4.12. 90다20220].[138] 구체적으로 가해행위 시점과 멸실시점 사이에 시간적 간격이 생기는 경우에는 멸실시점이 불법행위시점이 될 것이다. 물건이 멸실된 이후의 가격이 상승하더라도 이는 특별손해에 해당한다[대법원 2006.1.26. 2002다12659].[139] 수입품의 경우에 통관을 마치지 못했으면 도착가격을 통상손해로 파악하고[대법원 2006.4.28. 2005다44633],[140] 통관을 마친 경우라면 국내 거래 시가를 기준으로 통상손해를 산정해야 한다[대법원 2008.4.10. 2007다7751].[141]

(2) 물건의 훼손

물건 훼손의 경우에는 수리가 가능하면 그 수리비가 손해액이 되고[대법원 1996.1.23. 95다38233],[142] 수리가 불가능하면 교환가치 감소액이 손해액이 된다. 만약 수리가 불가능해서 신품으로 교체해야 하는 경우에는 교환가치의 산정에서 그 감가상각비용을 공제하여야 한다[대법원 1994.1.28. 93다49499].[143] 수리가 가능하더라도 수리비가 교환가치를 초과하는 경우에는 그 손해액은 교환가치의 범위 내로 제

---

137) 주유 관련 보너스카드 회원 고객들의 개인정보를 운영하는 회사로부터 관련 업무를 위탁받아 수행하는 회사 직원이 고객정보를 빼내어 언론관계자들에게 제공하고 문제가 되자 곧바로 파기하거나 회수된 사안.

138) 빈집상태로 방치된 가옥도 철거 당시의 시가로 산정.

139) 주식의 임의매매로 인한 손해는 임의매매 당시의 주식의 시가를 기준.

140) 녹용이 세관의 과실로 완전히 훼손되어 통관 자체가 불가한 경우.

141) 통관을 마치고 보관 중인 DVD플레이어의 손해배상액은 국내거래 시가 기준.

142) 수목 절단과 토석채취로 훼손된 임야는 수목의 대체비용과 사방공사비용이 통상손해.

143) 송전선로의 잔존연수를 정률법에 의해 감가상각한 금액을 손해액으로 산정.

한되며[대법원 1987.11.24. 87다카1926], 수리로 인하여 교환가치가 증가되는 경우에는 수리비에서 그 교환가치 증가분을 공제한 금액이 손해가 된다[대법원 2004.2.27. 2002다39456].

(3) 휴업손해

물건의 멸실이나 훼손으로 영업을 하지 못하여 얻을 수 있었던 이익을 얻지 못하는 휴업손해가 손해액에 포함되는가도 문제가 된다. 판례는 영업용 물건이 멸실되어 대체물을 마련하기까지 필요한 합리적인 기간 동안의 휴업손해는 통상손해로서 그 교환가치와 별도로 배상되어야 한다고 기존의 견해를 바꾼 바 있다[대법원(전) 2004.3.18. 2001다82507].[144] 영업용 물건이 일부 손괴되어 수리를 위하여 필요한 합리적인 기간 동안의 휴업손해도 마찬가지이다[대법원 2004.3.25. 2003다20909, 20916].[145]

> 불법행위로 영업용 물건이 멸실된 경우, 이를 대체할 다른 물건을 마련하기 위하여 필요한 합리적인 기간 동안 그 물건을 이용하여 영업을 계속하였더라면 얻을 수 있었던 이익, 즉 휴업손해는 그에 대한 증명이 가능한 한 통상의 손해로서 그 교환가치와는 별도로 배상하여야 하고, 이는 영업용 물건이 일부 손괴된 경우, 수리를 위하여 필요한 합리적인 기간 동안의 휴업손해와 마찬가지라고 보아야 할 것이다[대법원(전) 2004.3.18. 2001다82507].

휴업손해에는 영업이익 뿐만 아니라 영업의 중단과 관계없이 불가피하게 그대로 지출해야만 하는 비용, 예를 들어 점포 임대료나 세금 및 각종 공과금 등도 특별한 사정이 없는 한 손해배상의 범위에 포함된다.

> 불법행위로 영업을 중단한 자가 영업 중단에 따른 손해배상을 구하는 경우 영업을 중단하지 않았으면 얻었을 순이익과 이와 별도로 영업 중단과 상관없이 불가피하게 지출해야 하는 비용도 특별한 사정이 없는 한 손해배상의 범위에 포함될 수 있다. 위와 같은 순이익과 비용의 배상을 인정하는 것은 이중배상에 해당하지 않는다[대법원 2018.9.13. 2016다35802].

---

144) 선박 전파로 대체 선박을 마련할 때까지의 휴업손해도 배상.
145) 지하철공사로 균열이 간 백화점 수리기간 중 휴업손해도 배상.

(4) 교환가치 감소

물건의 훼손으로 교환가치가 감소한 경우에 그 교환가치 감소분도 손해에 포함되는가의 문제에 대해 판례는 수리를 하여도 회복이 불가능한 부분이 있으면 수리 불능으로 인한 교환가치의 감소액인 이른바 '격락손해'도 손해라고 할 수 있고[대법원 2001.11.13. 2001다52889],[146] 이는 통상손해에 해당된다[대법원 2017.5.17. 2016다248806]. 그러나 수리가 가능한 경우에는 교환가치 감소액은 특별손해로서 이를 가해자가 예견하거나 예견할 수 있는 경우에만 배상한다[대법원 1991.7.23. 90다9070].[147]

> 자동차의 주요 골격 부위가 파손되는 등의 사유로 중대한 손상이 있는 사고가 발생한 경우에는, 기술적으로 가능한 수리를 마치더라도 특별한 사정이 없는 한 원상회복이 안 되는 수리 불가능한 부분이 남는다고 보는 것이 경험칙에 부합하고, 그로 인한 자동차 가격 하락의 손해는 통상의 손해에 해당한다고 보아야 한다. 이 경우 그처럼 잠재적 장애가 남는 정도의 중대한 손상이 있는 사고에 해당하는지 여부는 사고의 경위 및 정도, 파손 부위 및 경중, 수리방법, 자동차의 연식 및 주행거리, 사고 당시 자동차 가액에서 수리비가 차지하는 비율, 중고자동차 성능·상태점검기록부에 사고 이력으로 기재할 대상이 되는 정도의 수리가 있었는지 여부 등의 사정을 종합적으로 고려하여, 사회일반의 거래관념과 경험칙에 따라 객관적·합리적으로 판단하여야 하고, 이는 중대한 손상이라고 주장하는 당사자가 주장·증명하여야 한다[대법원 2017.5.17. 2016다248806].

수리가 가능하여 기능상으로 완전히 복구된 경우에 교환가치의 감소를 모두 손해라고 할 수 없는 이유는, 훼손으로 인해 교환가치가 감소하더라도 물건이 자연히 멸실될 때까지 사용한다면 교환가치의 감소가 손해로 현실화되지 않기 때문이다. 예를 들어 자동차사고로 차 문을 새것으로 교체하면 기능상으로는 완전히 복구됨에도 불구하고 사고이력으로 인해 중고차 가격이 하락할 수밖에 없지만, 만약 자동차를 폐차할 때까지 사용한다면 중고차 가격의 하락은 현실적인 손해로 구체화되지 않기 때문이다.

---

146) 철탑의 하자로 자동차에 수리불가능한 손해가 발생한 경우.
147) 건물이 훼손되면 수리비 외에 교환가치 감소가 항상 발생하는 것은 아니라고 판시.

(5) 변호사비용

변호사 강제주의를 취하지 않고 있는 우리 법제 하에서는 변호사를 소송대리인으로 위임할 것인가는 자유이므로 변호사비용은 불법행위 자체로 인한 손해는 아니다[대법원 1996.11.8. 96다27889]. 다만 피고의 부당한 항쟁에 위법성이 인정될 수 있고 이에 응소함으로 인하여 변호사 비용지출이 정당화될 수 있는 특별한 사정이 있다면 손해의 범위에 들어간다[대법원 1976.7.13. 74다746].

(6) 물적 손해에 따른 위자료

물적 손해의 경우에 재산상 손해에 대한 배상을 받으면, 이것으로 정신적 고통도 회복되므로 별도로 위자료청구를 할 수 없는 것이 원칙이다. 예외적으로 그럼에도 회복되지 않는 정신적 손해가 있다면, 이는 특별손해로서 가해자가 그러한 사정을 알았거나 알 수 있었을 경우에만 위자료청구가 가능하다.

일반적으로 타인의 불법행위 등에 의하여 재산권이 침해된 경우에는 그 재산적 손해의 배상에 의하여 정신적 고통도 회복된다고 보아야 할 것이므로 재산적 손해의 배상에 의하여 회복할 수 없는 정신적 손해가 발생하였다면, 이는 특별한 사정으로 인한 손해로서 가해자가 그러한 사정을 알았거나 알 수 있었을 경우에 한하여 그 손해에 대한 위자료를 청구할 수 있는 것이다[대법원(전) 2004.3.18. 2001다82507].

(7) 구체적 손해액 증명이 어려운 경우

재산상 손해의 발생은 인정되지만 구체적인 손해액을 증명하기 어려운 때에는, 법원은 간접사실을 합리적으로 평가하여 손해액을 산정할 수 있다[대법원 2009.9. 10. 2006다64627].

불법행위로 인한 손해배상청구소송에서 재산적 손해의 발생 사실은 인정되나 구체적인 손해의 액수를 증명하는 것이 사안의 성질상 곤란한 경우, 법원은 증거조사의 결과와 변론 전체의 취지에 의하여 밝혀진 당사자들 사이의 관계, 불법행위와 그로 인한 재산적 손해가 발생하게 된 경위, 손해의 성격, 손해가 발생한 이후의 여러 정황 등 관련된 모든 간접사실들을 종합하여 손해의 액수를 판단할 수 있는 것이고, 이러한 법리는 자유심증주의하에서 손해의 발생 사실은 입증되었으나 사안의 성질상 손해액에 대한 입증이 곤란한 경우 증명도·심증도를 경감함으로써 손해의 공평·타당한 분담을 지도원리로 하는 손해배상제도의 이상과 기능을 실현하고자 함에 그 취지가 있는 것이지, 법관에게 손해액의 산정에 관한 자유재량을 부여한 것은 아니므로, 법원이 위와 같은 방법으로 구체적 손해액을 판단함에 있어서는, 손해액 산정의 근거가 되는 간접사실들의 탐색에 최선의 노력을 다해야 하고, 그와 같이 탐색해 낸 간접사실들을 합리적으로 평가하여 객관적으로 수긍할 수 있는 손해액을 산정해야 한다[대법원 2009.9.10. 2006다64627].

8. 손해배상액의 상계와 경감

가. 과실상계

(1) 의 의

불법행위에 관하여 피해자에게 과실이 있는 때에는 법원은 손해배상의 책임 및 그 금액을 정함에 이를 참작하여야 한다(제396조). 손해배상제도의 이념이 손해의 공평한 분담에 있으므로, 피해자의 과실로 인한 손해 부분에 대해서는 피해자가 스스로 부담하는 것이 취지에 부합한다고 할 것이다. 따라서 채무불이행에서의 과실상계를 불법행위에도 그대로 준용하고 있다(제763조). 다만 불법행위에서의 과실상계는 다른 청구권에는 영향을 주지 않는다. 예를 들어 부당이득반환청구권과 불법행위로 인한 손해배상청구권이 경합되는 경우에 불법행위로 인한 손해배상청구권을 먼저 행사하여 과실상계가 적용되었다면, 감액된 부분에 대해 다시 부당이득반환청구를 하는 것은 허용된다[대법원 2013.9.13. 2013다45457].[148]

엄격한 의미에서의 과실상계는 아니지만, 가해행위와 피해자 측의 요인이 경합하여 손해가 발생하거나 확대된 경우에는 피해자 측의 귀책사유와 무관한 것이라고 할지라도 가해자에게 손해의 전부를 배상시키는 것이 공평의 이념에 반하는 경우에는, 법원은 그 배상액을 정하면서 과실상계의 법리를 유추 적용하여 손해의 발생 또는 확대에 기여한 피해자 측의 요인을 참작할 수 있다[대법원 2018.9.13. 2016다35802].[149]

---

148) 매매계약이 무효로 되었으나 유효한 것으로 믿고 중도금과 잔금을 미리 지급함으로써 이자 상당의 손해를 입은 경우에 과실상계된 금액을 부당이득으로 반환청구 가능.
149) 고철이 방사능에 오염된 사실을 모르는 채 전전 유통시킨 경우에 원인자는 최종 취득자에게 환경정책기본법상의 손해배상책임을 지지만, 과실상계를 유추적용하여 배상책임을 감경.

(2) 피해자의 과실

과실상계를 하기 위한 요건으로서의 피해자의 과실과 불법행위 성립을 위해 불법행위자에게 요구되는 과실을 구별하는 것이 판례의 태도이다. 피해자의 과실은, 가해자의 과실과 같이 엄격한 주의의무위반이라기 보다는 신의칙상 인정되는 정도의 약한 주의의무위반을 말한다. 특히 판례는 불법행위 피해자에게 불법행위로 인한 손해의 확대를 방지하거나 감경하기 위하여 노력하여야 할 일반적인 의무를 인정하고 있다[대법원 2006.8.25. 2006다20580].[150] 그러므로 관례적인 수술을 거부하는 등의 손해 확대를 방지하거나 감경하는 노력을 태만한 경우에도, 과실상계가 인정될 수 있다. 또 피해자의 단순한 부주의가 손해의 발생이나 확대의 원인이 된 경우에도 과실상계를 할 수 있다[대법원 2010.8.26. 2010다37479].[151]

> 불법행위에 있어서 과실상계는 공평 내지 신의칙의 견지에서 손해배상액을 정함에 있어 피해자의 과실을 참작하는 것으로서, 그 적용에 있어서는 가해자와 피해자의 과실의 정도, 위법행위의 발생 및 손해의 확대에 관하여 어느 정도의 원인이 되어 있는가 등의 제반 사정을 고려하여 배상액의 범위를 정하는 것이며, 불법행위에 있어서의 가해자의 과실이 의무위반의 강력한 과실임에 반하여 과실상계에 있어서 과실이란 사회통념상, 신의성실의 원칙상, 공동생활상 요구되는 약한 부주의까지를 가리키는 것이다[대법원 2004.7. 22. 2001다58269].

피해자의 과실이 문제가 되는 경우에, 피해자 당사자뿐만 아니라 피해자와 일정한 범위 안에 있는 관계자의 과실도 이른바 '피해자 측의 과실상계'로 고려될 수 있다. 예를 들어 피해자의 부모[대법원 1969.9.23. 69다1164]나 형제[대법원 1991.11. 12. 91다30156], 3촌의 친족[대법원 1987.2.10. 86다카1759]이 여기에 해당한다. 다만 운전자의 과실을 피해자(동승자)측의 과실로 인정하는 것은 제한적으로만 인정하는 수준으로 소극적이다[대법원 1998.8.21. 98다23232].[152]

---

150) 피해자가 재수술을 받지 아니하여 손해가 확대된 경우에 과실상계 인정.
151) 배우자(가해자)의 구타 사실을 경찰에게 설명하지 않은 피해자의 과실에 대한 상계 인정.
152) 다방종업원이 차 배달을 목적으로 다방주인이 운전하는 차에 동승한 경우 피해자 측의 과실 인정.

(3) 과실상계의 판단

과실상계는 직권조사사항이므로, 손해배상의무자가 피해자의 과실에 관하여 상계를 주장하지 않는 경우에도 소송자료에 의하여 피해자의 과실이 인정되는 경우에는 이를 법원이 직권으로 심리·판단하여야 한다[대법원 2010.8.26. 2010다37479]. 그러나 손해배상에 관하여 과실상계의 사유에 관한 사실인정이나 그 비율을 정하는 것은 형평의 원칙에 비추어 현저히 불합리하다고 인정되지 아니하는 이상 사실심의 전권사항에 속한다[대법원 2006.6.29. 2005다11602, 11619].

(4) 과실상계의 제한

(가) 피해자의 부주의를 이용한 고의 불법행위

피해자의 부주의를 이용하여 고의로 불법행위를 행한 자가 그 피해자의 과실을 이유로 과실상계를 주장하는 것은 신의칙에 반하는 경우라면 허용되지 않는다[대법원 1995.11.14. 95다30352].[153] 따라서 고의의 불법행위라도 과실상계가 신의칙에 반하지 않는다면 허용될 수 있다[대법원 2007.10.25. 2006다16758, 16765].[154] 공동불법행위의 경우에 불법행위자 중의 일부에게 그러한 사유가 있다고 하여 그러한 사유가 없는 다른 불법행위자까지도 과실상계의 주장을 할 수 없는 것은 아니다[대법원 2010.8.26. 2010다37479].[155] 또한 피용자의 고의 불법행위에 따라 사용자책임을 지는 경우에 피해자의 과실을 사용자가 주장하여 사용자책임을 상계할 수도 있다[대법원 2002.12.26. 2000다56952].[156]

(나) 영득행위

가해행위가 사기, 횡령, 배임 등의 영득행위인 경우에 과실상계를 인정하면, 결과적으로 불법행위로 인한 이익을 가해자가 최종적으로 보유하게 되는 결과를 가져오므로 예외적으로 과실상계를 허용하지 않는다[대법원(전) 2013.9.26. 2012다1146,

---

153) 학교법인설립을 위해 형식적으로만 이사로 등재시킨 자의 임무해태를 이유로 한 임명권자의 과실상계 주장 불허.
154) 사업보고서의 분식회계로 투자자에게 손해를 입힌 경우에 과실상계 허용.
155) 폭행가해자를 저지하지 못한 경찰관은 상황을 설명하지 아니한 피해자에게는 과실상계가 가능하지만 그와 관계 없는 피해자에게는 과실상계 주장 불가.
156) 증권사 직원의 부당권유행위에 응한 피해자의 과실을 이유로 한 증권회사의 과실상계주장 허용.

1153].[157]

불법행위로 인한 손해의 발생 또는 확대에 관하여 피해자에게도 과실이 있는 때에는 가해자의 손해배상의 범위를 정함에 있어 당연히 이를 참작하여야 하고, 가해행위가 사기, 횡령, 배임 등의 영득행위인 경우 등 과실상계를 인정하게 되면 가해자로 하여금 불법행위로 인한 이익을 최종적으로 보유하게 하여 공평의 이념이나 신의칙에 반하는 결과를 가져오는 경우에만 예외적으로 과실상계가 허용되지 않는다[대법원(전) 2013.9.26. 2012다1146, 1153].

(5) 다수 가해자의 과실상계

공동불법행위자 사이에 피해자의 과실비율이 각각 상이한 경우에 어떻게 피해자에 대한 손해배상에서 반영할 것인가가 문제로 된다. 학설은 크게 피해자의 과실을 가해자 전원에 대한 과실로 총체적으로 평가하는 전체적 평가설과 피해자 과실의 해당 가해자에 대해서만 과실상계를 인정하는 개별적 평가설로 나누어진다. 판례는 전체적 평가설[대법원 1998.6.12. 96다55631]과 개별적 평가설[대법원 1992.2.11. 91다34233][158]을 따르는 경우가 혼재되어 있다.

(6) 이른바 과실능력의 문제

과실상계를 하기 위해서는 피해자에게 과실이 인정되어야 하고, 이를 위해서는 주어진 주의의무를 변별할 정도의 정신적 능력이 전제되어야 할 것이다. 특히 과실상계를 하기 위해서 미성년자인 피해자에게 책임능력을 요할 것인가의 구체적인 문제로 제기된다. 이에 대해 판례는 과실상계를 하기 위해서는 책임능력까지 필요한 것은 아니고, 사리를 변식함에 족한 지능을 갖는 정도면 충분하다고 하고 이를 '과실능력'이라고 표현한다[대법원 1971.3.23. 70다2986]. 구체적으로는 책임능력 없는 8세의 미성년자에게 과실능력을 인정한 바 있다[대법원 1968.8.30. 68다1224]. 그러나 판례가 과실능력이라는 표현을 사용하지만 엄밀하게는 과실상계를 위해 피해자에게 고유하게 요구되는 정신적 능력이라는 제한적 의미이므로, 그보

---

157) KIKO사건에서 은행의 적합성원칙과 설명의무의 위반을 인정하였지만, 이는 영득행위가 아니므로 피해자의 과실을 상계함.

158) 건물신축공사장 비계 해체 공사 중 감전사한 피해자에게 한전과 건설회사가 공동불법행위책임을 지되 피해자 과실비율을 각별로 달리 적용.

다는 '과실상계능력'이라는 용어를 사용하는 것이 바람직할 것이다.

나. 손익상계

불법행위로 인하여 피해자가 손해를 입는 것과 동시에 이익을 함께 얻는 경우도 생각해 볼 수 있다. 이러한 경우에 손해의 공평한 분담을 고려하면 손해배상액에서 얻은 이익을 공제하는 것이 타당하며 이를 손익상계라고 한다. 손익상계에 대해서 민법에 규정은 없으나, 판례와 학설은 이를 인정하고 있다.

손익상계 역시 법원의 직권조사사항으로서 당사자의 주장을 기다리지 아니하고 손해를 산정함에 있어서 공제되어야만 하며[대법원 2002.5.10. 2000다37296, 37302],[159] 손익상계가 허용되기 위해서는 손해배상책임의 원인이 되는 행위로 인하여 피해자가 새로운 이득을 얻었고, 그 이득과 손해배상책임의 원인인 행위 사이에 상당인과관계가 있어야 한다[대법원 2009.12.10. 2009다54706, 54713].[160]

손익상계를 적용한 판례로서는 생명침해의 경우에 피해자의 향후 생활비의 공제[대법원 1984.3.27. 83다카853], 신체침해로 인한 입원 치료 중 식비의 공제[대법원 1967.7.18. 67다1092], 국가배상액에서 공무원의 유족보상금 공제[대법원(전) 1998.11. 19. 97다36873], 일실수익에서 휴업급여의 공제[대법원 1995.4.25. 93다61703]를 들 수 있다.

반면에 사망시 부조금[대법원 1976.2.24. 75다1088]이나 불법행위와 상관없는 유족연금[대법원 2007.12.13. 2007다54481], 납입한 보험료의 대가인 상해보험금[대법원 1998.11.24. 98다25061], 사고 후에도 종전 직장에 계속 근무하여 얻은 같은 액수의 수입[대법원 1992.12.22. 92다31361], 허락 없는 주식 일임매매로 발생한 수익[대법원 2003.1.24. 2001다2129], 국가가 위법행위의 피해자인 경우 가해자에게 부과한 과징금[대법원 2011.7.28. 2010다18850]은 손익상계의 대상이 아니다. 손익상계와 과실상계가 동시에 고려되어야 하는 경우라면, 과실상계를 먼저 한 후에 손익상계를 반영하여야 한다는 것이 판례의 태도이다[대법원 1996.1.23. 95다24340].[161]

---

159) 조형품 제작도급계약 해제시 수급인이 구입한 원석과 좌대는 처분할 수 있으므로 손익상계.
160) 약관설명의무 위반으로 가입한 보험계약 해지로 보험료 일부를 환급받았다면 이는 공제.
161) 교통사고에서 과실상계를 먼저 공제한 후 산재보험의 손익상계를 반영.

다. 손해배상액의 경감

(1) 의 의

불법행위에 기한 손해배상의무자는 그 손해가 고의 또는 중대한 과실에 의한 것이 아니고 그 배상으로 인하여 배상자의 생계에 중대한 영향을 미치게 될 경우에는 법원에 그 배상액의 경감을 청구할 수 있다(제765조 제1항). 이처럼 가해자의 생계를 고려하여 생활기반의 최소한을 보호하여 주는 손해배상액의 감경 역시 피해의 공평한 분담이라는 불법행위제도 이념의 구현이라고 볼 수 있으며, 이는 스위스 채무법 제44조 제2항을 도입한 것이다. 다만 고의나 중과실에 의한 불법행위의 경우까지도 가해자의 경제적 환경을 고려하여 경감하는 것은 공평의 원리를 넘는 과도한 것이므로 허용되지 아니한다.

(2) 감경의 범위

손해배상액의 감경은 당사자가 이를 주장·입증하여 경감청구를 하는 경우에만 인정되는 것이고 법원의 석명의무 대상이 아니다[대법원 1962.9.20. 62다428]. 또 감경의 범위는 채권자 및 채무자의 경제상태와 손해의 원인 등을 참작하여 법원이 자유롭게 결정한다.

제 4 절 민법상 특수불법행위

1. 서   설

가. 의   의

(1) 과실책임주의의 한계

과실책임주의는, 근대 민법의 기본원리인 사적 자치의 원칙의 파생원칙으로서, 불법행위법 영역에서 기본원리로 자리잡고 있었다. 가해자에게 고의·과실이라는 귀책사유가 존재하고 피해자가 이를 증명해야만 가해자에게 손해배상의 책임을 지울 수 있으며, 만약 가해자에게 귀책사유가 존재하지 않거나 피해자가 가해자의 귀책사유를 증명하지 못하면 법익보유자인 피해자 스스로 손해를 부담하는 것이 원칙이었다.

그러나 현대 사회에서는 개인보다 기업의 활동이 성행하여 기업의 업무행위로 타인에게 피해를 끼친 경우에 기업이나 사용자에게 책임을 부담시킬 새로운 논리가 필요하게 되었다. 또 가해행위와 피해영역이 과학기술화되어 평범한 일반인 피해자가 가해자의 귀책사유를 증명하는 것이 매우 곤란하게 되었다. 즉 현대 사회의 불법행위에서는 과실 판단으로 손해의 공평한 분담을 실현하는 데 한계에 이르게 되었고, 이에 전통적인 과실책임주의에 대한 수정이 불가피하게 되었다.

(2) 과실책임주의의 수정 유형

(가) 보상의무자의 확대

과실책임주의의 첫 번째 수정 유형은 불법행위자와 일정한 관계에 있는 자에게 보상의무를 확대하는 것이다. 대표적인 경우로 감독자책임(제755조), 사용자책임(제756조)을 들 수 있다. 과실책임주의를 형식적으로 적용하면 자기의 행위가 아닌 타인의 행위에 대해 책임을 지는 것은 허용되어서는 아니 되지만, 피해자의 보상확보를 위해서 불법행위자와 일정한 관계에 있는 자에게도 그 책임을 부담시키는 것이다. 그러나 법문상으로는 불법행위자와 일정한 관계에 있는 자에게 감독의 해태 등의 귀책사유가 존재하는 경우에 국한하여 책임을 지운다는 점에서, 고유책임설적인 관점에서 본다면 여전히 과실책임주의가 견지되고 있다고 이해될 수 있다. 이와 달리 대위책임설에 따를 경우에는 과실책임주의의 완연한 수정 유형이라고 파악될 것이다. 유의해야 할 것은 사용자책임에서 사용자의 면책항변을 재판과정에서 사실상 거의 인정하지 않음으로써, 법문과 달리 실질적으로는 무과실책임으로 운용될 수도 있다.

(나) 중간책임

중간책임은 손해배상책임에 귀책사유를 요하지만, 과실을 추정하여 과실책임주의의 취약점을 완화하는 유형이다. 과실의 추정 방식에 따라 과실의 법률상 추정과 과실의 사실상 추정으로 다시 나눌 수 있다. 과실의 법률상 추정 방식으로 중간책임을 취하는 특수불법행위는 책임 없는 자의 감독자책임(제755조), 사용자책임

(제756조), 공작물책임(제758조), 동물점유자책임(제759조)을 들 수 있다. 특히 책임 없는 자의 감독자책임과 사용자책임은 보상의무자를 확대하는 동시에 그들에게 과실을 법률상 추정하는 복합적인 수정방식을 취하고 있다.

과실의 사실상 추정 방식으로 중간책임을 취하는 특수불법행위는 판례에 의해 형성되어 온 의료과오책임을 들 수 있다. 의료과오책임에서 환자는 상식에 바탕을 둔 과실을 증명하는 것으로 의사의 의료과실이 사실상 추정되고, 의사가 그 손해 가 의료과실에 의한 것이 아님을 반증하지 못하는 한 책임을 면할 수 없게 된다 [대법원 2003.1.24. 2002다3822].

(다) 무과실책임

불법행위의 성립에 전혀 귀책사유를 요하지 아니하는 순수한 무과실책임을 취 하는 민법상 특수불법행위로서는 공작물소유자책임(제758조 단서)을 들 수 있다. 공작물의 설치 또는 보존의 하자로 인하여 발생한 손해에 대해서 공작물점유자에 게 귀책사유가 없어서 그가 책임을 지지 않는 경우에, 그 공작물의 소유자는 아무 런 귀책사유가 없더라도 결과책임을 부담해야만 한다. 이러한 무과실책임의 이론 적 근거로는 위험책임주의가 제시되고 있다.

무과실책임을 취하는 특별법상의 특수불법행위는 제조물책임법에 의한 제조물 책임을 들 수 있다. 제조업자는 제조물의 결함으로 인하여 생명・신체 또는 재산 에 발생한 확대손해를 귀책사유와 관계없이 배상하여야 하며(제조물책임법 제3조 제 1항), 일정한 면책사유(제조물책임법 제4조 제1항)만이 인정될 뿐이다.

나. 특수불법행위의 분류

특수불법행위의 인정근거가 민법 또는 특별법인가 아니면 판례에 의해 형성되 어 온 것인가에 따라 다음과 같이 분류할 수도 있다.

(1) 민법상 특수불법행위

민법전에 규정된 특수불법행위는 감독자책임(제755조), 사용자책임(제756조), 도 급인책임(제757조), 공작물책임(제758조), 동물점유자책임(제759조), 공동불법행위(제 760조)가 있다. 현대적 불법행위의 특수한 형태를 민법전에서 충분히 규율하고 있는가에 대해서는 의문이 아닐 수 없으며, 따라서 민법전이 아닌 특별법이나 판례에 의해 새로운 특수불법행위 유형들이 형성되어 왔다.

(2) 특별법상 특수불법행위

특별법상으로 인정되는 특수불법행위는 제조물책임법에 의한 제조물책임(동법 제3조 제1항), 자동차손해배상보장법에 의한 자동차손해배상책임(동법 제3조), 환경정책기본법에 따른 환경오염피해에 대한 무과실책임(동법 제44조)을 들 수 있다. 특별법상의 특수불법행위는 민법상 특수불법행위와 달리 순수한 무과실책임을 취한다는 점에 그 특징이 있다.

(3) 판례상 특수불법행위

민법이나 특별법과 같이 법률규정에 의해 인정되는 특수불법행위 이외에도 판례에 의해 고유하게 형성되어 온 특수불법행위 유형들도 있다. 그 대표적인 것으로는 과거의 환경오염책임과 의료과오책임을 들 수 있다. 과거의 환경정책기본법상의 책임 주체는 사업자에 국한되었으므로 그 이외 주체에 대한 민법 제750조를 근거로 한 환경오염책임이 이에 해당되었다. 이러한 판례상의 특수불법행위에서는 인과관계의 증명이나 과실의 증명에서 독특한 판례이론을 형성하여 과실책임주의를 수정해 왔다.

의료과오책임에서는 의사의 과실을 피해자가 증명함에 있어서 일반인의 상식에 바탕을 둔 의료상의 과실을 증명하면 의사가 의료상의 과실로 말미암은 것이 아니라는 반증을 제시하도록 하거나, 의사의 주의의무 위반과 손해의 발생 사이의 인과관계 증명에서 손해의 원인이 될 만한 건강상의 결함이 없었다는 사정을 피해자가 증명하는 것으로 충분하고 의사가 의료행위가 아닌 다른 원인으로 말미암은 것이라는 증명을 하여야 한다[대법원 2000.9.8. 99다48245].

환경오염책임에서도 이른바 개연성이론[대법원 1974.12.10. 72다1774][162]이라든가 또는 간접반증이론[대법원 1984.6.12. 81다558][163]과 같은 인과관계의 증명에서 피해자의 부담을 완화하는 방향으로 엄격한 과실책임주의를 수정하고 있다.

---

162) 침해행위와 손해와의 사이에 인과관계가 존재하는 상당정도의 가능성 증명.
163) 배출-도달-손해발생의 간접사실 증명으로 인과관계를 증명할 수 있음.

2. 감독자책임

가. 의   의

(1) 규   정

가해자가 책임을 변식할 지능이 없는 미성년자이거나 심신상실 중이라 책임이 없는 경우에는 그를 감독할 법정의무 있는 자가 그 손해를 배상할 책임이 있다. 다만, 감독의무를 해태하지 아니한 때에는 그러하지 않다(제755조 제1항). 책임능력은 불법행위의 성립요건이므로 타인에게 손해를 입힌 자에게 책임이 없다는 이유로 불법행위가 성립되지 않게 되면, 피해자는 현실화된 피해에도 불구하고 손해배상을 받을 수 없게 되는 문제가 생기게 된다. 따라서 책임 없는 자가 입힌 손해에 대해서 그 감독자에게 배상책임을 지움으로써 피해자의 구제가 가능하게 된다.

책임 없는 자 감독자책임의 일반불법행위와의 차별성은 직접적인 행위자가 아닌 그 감독자에게 배상책임을 대신 지운다는 점에 있지만, 책임의 근거를 감독의무의 해태에서 찾는다는 점에서는 과실책임주의의 큰 범주를 벗어나지는 않는다. 다만 감독자에게 면책을 위해서는 감독을 게을리하지 않았음을 스스로 증명하도록 부담을 지움으로써, 일종의 중간책임으로서 인정된다.

(2) 제도적 취지와 한계

책임 없는 자에게는 손해배상책임을 지울 수 없으므로 감독의무자에게 배상책임을 지우는 것은 피해자 보호를 위해서는 불가피하다. 미성년자 등의 가해자에게 책임능력을 인정하게 되면 그 가해자가 스스로 손해배상책임을 부담하게 되고, 대체로 변제여력이 충분하지 않은 가해자로서는 피해자의 손해를 전보해줄 수 없는 현실적인 한계가 발생하게 된다. 그 결과 미성년자 등의 책임능력 판단에 신중을 기할 수밖에 없게 되어, 유사한 사리분별능력인 의사능력(11세 전후)보다 더 높은 나이에 이르러야 책임능력(14세 전후)을 인정하는 간접적인 원인을 형성하게 되었다. 즉 행위자에게 책임능력이 없다고 해야만, 변제자력을 기대할 수 있는 감독의무자에게 배상책임을 지울 수 있게 되어 피해자의 구제가 현실적으로 더 용이해진다. 이러한 법적용 결과를 고려하여, 가해자의 책임능력 판단은 정신적 능력 이외의 경제적 요소까지 고려하여 결정될 수밖에 없었다.

(3) 책임능력 있는 미성년자의 감독자의 책임

피해자의 현실적인 구제가능성을 고려하여 가해자의 책임능력 인정에 신중한 태도를 보여왔던 판례의 경향은, 가해자에게 책임능력이 있어서 배상책임을 지더라도 감독자에게 고유한 일반불법행위책임이 별도로 인정된다는 판례이론이 명확하게 형성된 이후, 더는 유지될 현실적인 이유가 소멸되었다. 즉 가해자의 책임능력 유무와 관계없이도 감독자에게 독립적인 일반불법행위가 인정되면, 피해자에게 배상할 수 있는 변제자력이 부족하기 때문에 가해자의 책임능력을 과도하게 부정할 실익은 없어지게 되었다.

> 민법 제750조에 대한 특별규정인 민법 제755조 제1항에 의하여 책임능력 없는 미성년자를 감독할 법정의 의무 있는 자가 지는 손해배상책임은 그 미성년자에게 책임이 없음을 전제로 하여 이를 보충하는 책임이고, 그 경우에 감독의무자 자신이 감독의무를 해태하지 아니하였음을 입증하지 아니하는 한 책임을 면할 수 없는 것이나, 반면에 미성년자가 책임능력이 있어 그 스스로 불법행위책임을 지는 경우에도 그 손해가 당해 미성년자의 감독의무자의 의무위반과 상당인과관계가 있으면 감독의무자는 일반불법행위자로서 손해배상책임이 있다 할 것이므로, 이 경우에 그러한 감독의무 위반사실 및 손해발생과의 상당인과관계의 존재는 이를 주장하는 자가 입증하여야 할 것이다[대법원(전) 1994.2.8. 93다13605].

책임능력 있는 미성년자의 감독자에 대한 일반불법행위책임은 감독자의 고유한 자기책임이므로 독자적인 성립요건으로 판단되어야 한다. 따라서 감독자의 책임능력, 고의·과실, 위법성, 인과관계가 존재해야 한다. 특히 판례가 밝히는 바와 같이 감독의무 위반과 손해와의 상당인과관계가 존재해야 하며, 이를 증명하는 책임은 일반불법행위이므로 피해자가 부담하여야 한다[대법원 1992.5.22. 91다37690]. 만약 감독의무 위반과 손해와의 사이에 상당인과관계가 없다면, 학설의 대립은 있으나, 감독자에게 불법행위에 기한 손해배상책임을 지울 수 없다고 보아야 할 것이다.

이처럼 책임능력 있는 미성년자가 불법행위를 한 경우에 감독자도 제750조의 일반불법행위책임을 지게 되면, 미성년자와 감독자의 손해배상책임 간에는 부진정

연대책임이 성립한다[대법원 1991.4.9. 90다18500].[164]

나. 요 건

(1) 책임 없는 자

책임능력이란 자기 행위의 책임을 변식할 수 있는 정신적 능력으로서, 불법행위가 성립하기 위한 요건 중 하나이다. 다만 책임능력이 있는가를 적극적으로 판단하는 것이 아니라 책임능력이 결여된 것은 아닌가를 소극적으로 판단하는 것이므로, 가해자가 스스로 책임능력의 부존재를 증명하여야 한다. 책임능력이 결여된 것으로 평가되면 행위자에게 불법행위가 인정되지 않으므로 손해배상책임을 지울 수 없게 된다.

민법이 인정하는 책임 없는 자는 미성년자 중에서 행위의 책임을 변식할 능력이 없거나(제753조), 성년자라도 심신상실중인 경우(제754조)가 여기에 해당된다. 다만 성년자가 고의 또는 과실로 인하여 심신상실을 초래한 경우는 책임 없는 자가 아니라 책임있는 자이다(제754조 단서). 행위능력과 책임능력은 별개의 영역이므로, 심신상실중인 성년자가 반드시 피성년후견인(제9조)이거나 피한정후견인(제12조)일 필요는 없다.

(2) 위법한 가해행위

책임 없는 자의 행위라도 책임능력을 제외한 다른 불법행위의 성립요건은 모두 갖추고 있어야 한다. 따라서 책임 없는 자에게 고의·과실의 귀책사유가 존재하지 않거나 정당방위, 긴급피난, 자력구제, 정당행위 등과 같이 위법성이 조각되는 경우라면, 감독자책임도 성립되지 아니한다.

(3) 면책증명의 부존재

책임 없는 자의 감독자가 감독의무를 해태하지 아니하였음을 스스로 증명하면 면책된다. 여기에서의 감독의무란 구체적인 가해행위에 대한 감독의무만을 의미하는 것이 아니라, 일반적인 감독의무라고 이해되어야 할 것이다. 따라서 정상적인 예측범위를 벗어난 돌발적이거나 우연한 사고인 경우에는 책임을 부정하여야 한

---

164) 18세 11개월 된 미성년자의 폭력행위에 대해 부모도 연대책임.

다[대법원 1997.6.27. 97다15258].[165]

감독의무의 범위에 들어가는가에 대해서는 감독자인가 아니면 대리감독자인가에 따라서 약간의 차이는 존재한다. 친권자와 같은 법정감독의무자의 감독책임은 책임 없는 자의 생활 전반에 미치며, 특히 교사와 같은 대리감독자를 두었다는 사실만으로 친권자의 감독자책임이 면책되는 것은 아니다[대법원 2007.4.26. 2005다 24318].[166] 주로 교육자인 대리감독자의 경우에는 후술하는 바와 같이 교육활동 및 이와 밀접 불가분의 관계에 있는 생활 관계에 한하여 통상 예측될 수 있는 범위에서만 감독의무를 부담한다[대법원 1999.9.17. 99다23895].[167]

> 민법 제755조에 의하여 책임능력 없는 미성년자를 감독할 친권자 등 법정감독의무자의 보호감독책임은 미성년자의 생활 전반에 미치는 것이고, 법정감독의무자에 대신하여 보호감독의무를 부담하는 교사 등의 보호감독책임은 학교 내에서의 학생의 모든 생활관계에 미치는 것이 아니라, 학교에서의 교육활동 및 이와 밀접 불가분의 관계에 있는 생활관계에 한하며, 이와 같은 대리감독자가 있다는 사실만 가지고서 곧 친권자의 법정감독책임이 면탈된다고는 볼 수 없다 할 것이다[대법원 2007.4.26. 2005다24318].

감독자가 감독의무를 다하였음을 증명하지 못하였지만, 감독의무를 다하였어도 손해가 생겼을 것이라는 인과관계 부존재의 증명을 통해 면책될 수 있을 것인가에 대해서는 학설이 대립되고 있다. 면책긍정설은 사용자가 피용자의 선임 및 그 사무감독에 상당한 주의를 하여도 손해가 있는 경우 면책을 규정한 제756조 제1항 단서를 유추적용하여 면책을 긍정하고 있다(김준호, 1173; 지원림, 1804). 그러나 책임 없는 자의 감독자책임은 피해자 보호를 위하여 인정되는 특수한 불법행위 유형이므로 법률에서 명시하지 아니하는 면책사유를 인정하는 것은 제도적 취지나 입법자의 의사와 부합되지 않는다고 보아야 할 것이므로, 면책부정설(송덕수, 1429)이 타당하다고 생각된다.

---

165) 초등학교 6학년이 수업 시작 전 자율학습 시간에 일어난 사고에 대해 예외적으로 보호감독 의무 위반을 부정.
166) 초등학생이 교내폭행 등으로 자살한 경우 가해 학생의 부모에게 감독책임 인정.
167) 졸업여행중 숙소 내 휴식 시간에 폭력 사고로 실명한 경우 교사의 책임 부정.

다. 효   과

(1) 감독의무자의 배상책임

감독의무자의 배상책임은 책임 없는 자에게 손해배상책임을 지울 수 없음에 따라 인정되는 것이다. 여기에서의 감독의무자란 미성년자의 경우 친권자, 후견인, 보호시설의 장 등이며, 심신상실의 성년이 피성년후견인(제9조)이거나 피한정후견인(제12조)인 경우에는 각 후견인이 이에 해당되지만 후견심판을 받지 아니한 경우라면 감독의무자가 존재하지 않는다. 손해배상의 범위는 제393조가 여기에도 적용되며, 특별손해에서의 예견가능성 판단은 감독의무자를 기준으로 판단하여야 한다 [대법원 1968.6.11. 68다639].

(2) 대리감독자의 배상책임

대리감독자라 함은 미성년자의 경우 주로 보모나 교사 등의 교육자가 해당되고, 심신상실중인 성년의 경우에는 정신병원의 의사 등이 여기에 해당될 것이다. 교육자에는 공식적인 학교의 교원뿐만 아니라 사설학원의 운영자나 교습자도 포함된다[대법원 2008.1.17. 2007다40437].[168] 이 대리감독자의 감독의무는 감독의무자의 일반적인 감독의무와 달리 제한적인 범위에서만 인정되는 것이다. 따라서 교사의 경우에는 학생의 모든 생활관계에 미치는 것은 아니고, 학교에서의 교육활동 및 이와 밀접 불가분의 관계에 있는 생활관계에 한하여 감독의무가 인정되며, 그 의무범위 내라고 하더라도 종합적으로 판단하여 사고가 학교생활에서 통상 발생할 수 있다는 것이 예측되거나 예측가능성(사고발생의 구체적 위험성)이 있는 경우에 한하여 책임을 부담한다[대법원 2000.4.11. 99다44205].[169]

> 학교의 교장이나 교사는 학생을 보호·감독할 의무를 지는데, 이러한 보호·감독의무는 교육법에 따라 학생들을 친권자 등 법정감독의무자에 대신하여 감독을 하여야 하는 의무로서 학교 내에서의 학생의 모든 생활관계에 미치는 것은 아니지만, 학교에서의 교육활동 및 이와 밀접 불가분의 관계에 있는 생활관계에 속하고, 교육활동의 때와 장소, 가해자

---

168) 속셈학원에서 쉬는 시간에 외출했다가 교통사고로 사망한 경우 원장에게 책임을 인정.
169) 체육교사로부터 단체 얼차려를 받았다는 이유로 휴식 시간에 중학교 2학년생이 동급생을 폭행한 경우 교사의 예측가능성 부정.

의 분별능력, 가해자의 성행, 가해자와 피해자의 관계, 기타 여러 사정을 고려하여 사고가 학교생활에서 통상 발생할 수 있다고 하는 것이 예측되거나 또는 예측가능성(사고발생의 구체적 위험성)이 있는 경우에는 교장이나 교사는 보호·감독의무 위반에 대한 책임을 진다고 할 것이다[대법원 2007.4.26. 2005다24318].

책임 없는 미성년자에게는 감독의무자와 대리감독자가 동시에 존재하는 경우가 빈번하므로 손해배상에서 양자의 관계가 문제로 된다. 미성년자가 등교하여 교내생활 중에 가해행위를 한 경우와 같이, 감독의무자와 대리감독자가 존재하고 양자에게 모두 감독의무 위반이 인정되는 경우에는 둘 다 제755조의 감독자책임을 부담하여야 한다. 양자가 모두 배상책임을 부담하는 경우 부진정연대책임을 진다(송덕수, 1430). 나아가 판례는 지방자치단체가 운영하는 학교의 경우에는 감독의무자(부모)와 대리감독자(교장 및 교사)뿐만 아니라 지방자치단체까지도 모두 공동불법행위자로서 부진정연대책임을 인정하고 있다[대법원 2007.4.26. 2005다24318].[170] 이는 지방자치단체에게 일종의 사용자책임을 지우는 것이므로, 피용자(교장 및 교사)의 불법행위가 성립되어야만 부진정연대책임이 성립된다.

3. 사용자책임

가. 의   의

(1) 개   념

타인을 사용하여 어느 사무에 종사하게 한 자는 피용자가 그 사무집행에 관하여 제3자에게 가한 손해를 배상할 책임이 있다. 그러나 사용자가 피용자의 선임 및 사무감독에 상당한 주의를 한 때 또는 상당한 주의를 하여도 손해가 있을 경우에는 그러하지 아니하다(제756조 제1항). 자기의 사무를 타인을 사용하여 처리하는 경우에 그 과정에서 발생하는 불법행위에 대해서는 직접행위자(피용자)에 더불어 사용자에게도 그 책임을 부담시키는 것이다. 사용자에게도 손해배상책임을 지우는 현실적인 실익은 피용자보다 상대적으로 변제자력이 충분할 가능성이 높은 사용자에게 책임을 직접 지우는 것이 피해자의 현실적인 손해전보에 더욱 유리하다는

---

170) 초등학교 내 집단 괴롭힘으로 자살한 경우 부모, 교사, 지자체의 연대책임 인정.

점이다. 그러나 반드시 사용자만이 변제자력이 더 크다고 할 것은 아니므로, 경우에 따라서는 피용자에게도 충분한 변제자력이 있다면 그에게 일반불법행위책임을 먼저 묻는 것을 부정할 이유는 없다.

(2) 이론적 근거

(가) 보상책임설

사용자책임의 이론적 근거를 이익 귀속에 따른 손해인수범위 확장에 두는 견해이다. 즉 타인을 이용해서 자기의 행위영역을 확장함으로써 이익을 증가시키는 자에게 그 확장으로 인한 이익뿐만 아니라 손해도 함께 귀속되어야 한다는 것이다. 이러한 보상책임설이 일반적으로 받아들여지고 있다. 그러나 실제로 이익 귀속이 확장되지 아니하여도 손해인수범위는 확장된다는 점에서 모든 사용자책임을 설명하기에는 난점이 있다. 판례는 사용자책임에 대해 보상책임의 원리에 입각한 것임을 명시적으로 밝히고 있다[대법원 1985.8.13. 84다카979].[171]

(나) 위험책임설

위험책임설은 타인을 이용함으로써 위험을 증가시킨 경우에 그 증가된 위험은 사용자가 부담하여야 한다는 것이다. 그러나 사용자보다 그 사무에 더 전문적인 피용자를 사용한 경우라면, 위험이 오히려 감소되었음에도 불구하고 사용자책임을 피할 수 없으므로 이론적 근거로 완전하지는 않다.

(다) 기업책임설

기업책임설은 현대 사회에서의 기업조직을 구성하는 피용자의 불법행위는 개인의 책임이 아니라 기업의 책임이라는 것이다. 그러나 민법상 사용자책임은 파출부와 같이 기업이 아닌 가정 내의 사용관계가 있는 경우에도 적용되는 것이므로 기업책임설로만 설명하기는 어렵다.

(라) 사회정책적 고려설

사회정책적 고려설이란 사회에서 생긴 손실의 배분이라는 정책적 고려에서 이론적 근거를 찾는 견해이다. 사회정책적 고려설은 규범적 이론이라기보다는 사회

---

171) 사무집행관련성을 보상관계에 따라 해석하여야 한다고 명시하면서 위조어음을 발행한 피용자의 행위에 대해 외형이론을 제시한 판례.

과학적 이론에 의한 설명에 가깝다고 볼 수 있다.

(3) 본 질

(가) 대위책임설

사용자책임을 피해자 보호를 위해 피용자의 책임을 사용자가 대신해서 부담하는 것으로 이해하는 견해가 대위책임설이다. 피용자의 불법행위가 성립되면 사용자는 자기에게 어떠한 귀책사유가 존재하지 않더라도 일단 사용자라는 지위에서 피해자에게 손해배상을 하여야 한다. 대위책임설에 따르면 사용자는 자기의 귀책사유와 관계없이 피해자 보호를 위해 배상책임을 부담하는 것인 만큼 자기에게 귀책사유가 없음을 들어 면책을 주장할 수는 없고, 사용자가 대위책임을 졌다면 피용자에게 구상권을 행사할 수 있어야 한다. 그러므로 사용자 또는 감독자의 구상권을 규정하고 있는 제756조 제3항은 대위책임설에 따른 규정이라고 할 수 있다.

판례는 대체로 대위책임설적인 태도를 취해서 사용자의 면책항변을 수용한 경우를 거의 찾아보기 어렵고, 피용자에게 귀책사유가 인정됨으로써 불법행위의 성립요건을 충족시킨 경우에만 사용자는 사용자책임을 진다고 한다[대법원 1981.8.11. 81다298].[172] 그러나 한편으로는 구상권 행사를 원칙적으로 인정하면서도 손해의 공평한 분담이라는 견지에서 신의칙상 상당하다고 인정되는 한도 내에서만 구상권을 행사할 수 있다고 하여[대법원 1994.12.13. 94다17246],[173] 판례는 대위책임설을 적절히 수정하여 수용하고 있다.

(나) 고유책임설

사용자책임을 사용자 자신의 독자적인 고유한 불법행위책임이라고 이해하는 견해가 고유책임설이다. 피용자의 행위에 귀책사유가 없거나 혹은 책임능력이 없을지라도, 사용자는 자신의 행위가 불법행위의 성립요건을 충족하면 사용자책임을 면할 수 없다. 고유책임설에 따를 경우 사용자책임은 사용자의 고유한 불법행위책임이므로 사용자에게 귀책사유가 없으면 면책을 주장할 수 있으며, 사용자는 피용

---

172) 초등학교 1학년 담임교사의 책임무능력자 감독의 과실이 있어야 학교나 지자체의 사용자책임 성립.

173) 주택관리회사와 곤돌라 기사와의 관계에서 근무조건, 사고 경위, 사고 후 상황 등을 고려하여 사용자의 구상권 행사를 신의칙 위반이라 판시.

자에게 구상권을 행사할 수는 없다. 따라서 면책사유를 규정하고 있는 제756조 제1항 단서는 고유책임설에 따른 것이라고 볼 수 있다.

나. 요 건

(1) 사용관계성

사용자책임이 인정되기 위해서는 타인을 사용하여 어느 사무에 종사하게 하여야 한다. 이를 사용자와 피용자 사이의 사용관계라 할 수 있으며, 판례는 사용자가 피용자를 실질적으로 지휘·감독하는 관계에 있어야 하는 것이라 밝히고 있다[대법원 1999.10.12. 98다62671].[174]

> 사용자책임은 타인을 사용하여 어느 사무에 종사하게 한 자로 하여금 피용자가 그 사무집행에 관하여 제3자에게 가한 손해를 배상하게 하는 것으로서, 사용자책임이 성립하려면 사용자와 불법행위자 사이에 사용관계, 즉 사용자가 불법행위자를 실질적으로 지휘·감독하는 관계에 있어야 한다[대법원 1999.10.12. 98다62671].

실질적인 지휘·감독만 있다면 반드시 유효한 고용관계가 있는 경우에 한하는 것은 아니며[대법원 1996.10.11. 96다30182],[175] 고용계약의 유효나 보수의 유무 등도 고려대상이 되지 않는다. 사용관계성의 판단에서 가장 중요한 요소는 지휘·감독하는 관계에 있는가이며, 누가 선임하였는가는 중요하지 아니하므로 사용자책임을 지는 자가 피용자를 선임한 경우에 국한하는 것은 아니다[대법원 1992.7.28. 92다10531].[176] 그러나 퇴직 이후에는, 실질적인 지휘·감독이 이루어지는 특별한 사정이 없는 한, 원칙적으로 사용관계성이 부정된다[대법원 2001.9.4. 2000다26128].[177] 법인의 경우에 법인의 대표자는 법인과의 관계에서 피용자가 아니라 법인의 대표기관이므로 사용자책임이 적용되지 아니하고, 법인의 불법행위에 관한 제35조에

---

174) 국립대 체조코치가 부산시 대표 코치의 지위에서 재학생을 지도하던 중 생긴 사고에 대해 국가의 사용자성 부정.
175) 이삿짐센터와 고용관계는 없으나 장기간 그 이삿짐센터의 업무에 종사하여 온 작업원의 피용자성 인정.
176) 파견근로자의 관리자도 사용자성 인정.
177) 퇴직 후 숙직근무자를 속여 출입한 후 어음을 위조한 행위에 대해 회사의 사용자책임 불성립.

의한 책임을 진다[대법원 2009.11.26. 2009다57033].

　사용관계성이 문제되는 구체적인 사례를 살펴보면, 동업자 1인에게 업무집행을 위임하여 처리하도록 한 경우에 피해자 대해 다른 동업자는 동업자인 동시에 그의 사용자로서의 지위가 인정된다[대법원 1998.4.28. 97다55164]. 위임의 경우에도 위임인(의뢰인)과 수임인(변호사) 사이에 지휘·감독관계가 있다면 사용관계성이 인정된다[대법원 1998.4.28. 96다25500].[178] 다단계판매원과 다단계판매업자의 관계도 사용관계성이 인정되며[대법원 2008.11.27. 2008다56118], 중장비를 그 조종자와 함께 임대한 경우에 임차인은 현장감독의 사용자로 또 임대인은 명의대여자 및 일반적인 사용자로서 모두 사용관계성이 있다[대법원 1980.8.19. 80다708]. 파견근로자의 경우에도 파견사업주에게 일반적으로 지휘·감독해야 할 지위를 인정할 수 있으므로 사용관계성이 인정된다[대법원 2003.10.9. 2001다24655].[179]

　명의대여자의 경우에는 실제로 지휘·감독을 하였느냐의 여부와 관계없이 객관적·규범적으로 보아 사용자가 불법행위자를 지휘·감독해야 할 지위에 있었느냐의 여부를 기준으로 판단하여야 한다[대법원 2001.8.21. 2001다3658].[180] 그러나 자동차 지입관계에서는 지입차주가 지입회사의 지시·감독을 받거나 종속적인 근로자가 아니라면, 사용관계가 인정되지 않는다[대법원 2000.10.6. 2000다30240]. 또한 보세창고업자와 선박대리점[대법원 2005.1.27. 2004다12394] 및 보세창고업자와 화물항공운송인[대법원 2004.7.22. 2001다67164] 사이에도 사용관계가 인정되지 않는다.

(2) 사무집행관련성

(가) 사무집행관련성의 의의

　사용자에게 사용자책임을 지우기 위해서는 피용자의 불법행위가 그 사무집행에 관하여 생긴 것이어야 한다. 피용자로서는 자신의 개인영역에서 활동하는 경우도 있고 또 피용자로서의 입장에서 활동하는 경우도 있으므로, 하나의 주체가 두 개의 활동영역을 갖게 된다. 이 경우에 어느 활동영역에서 행한 행위인가에 따라

---

178) 상속재산분할 등의 사무를 수임한 변호사가 당해 부동산을 처분하여 편취한 사안.
179) 은행에 운전기사를 파견한 경우 파견한 사업주에게 사용자책임 인정.
180) 어린이집 명의를 대여한 자에게 보육교사의 과실로 인한 사망사고의 사용자책임 인정.

서 사용자로서는 피용자의 행위에 대해 사용자책임을 부담해야 하는가 여부가 결정된다. 사무집행관련성을 경계로 사무집행관련성이 없으면 피용자의 자기 행위가 되는 것이므로 피용자가 단독으로 손해배상책임을 부담해야 하지만, 사무집행관련성이 있으면 사무행위로서 피용자뿐만 아니라 사용자도 사용자책임을 부담해야 한다. 특히 법원이 사용자책임을 운영함에 있어 사실상 면책을 거의 허용하지 않는 엄격한 태도를 취하고 있기 때문에, 사용자로서는 사용관계가 명확하다면 사무집행관련성을 부정하는 것 외에 별다른 면책의 방법이 없기 때문에 매우 중요한 현실적 의미를 갖는다. 이는 공작물소유자의 책임에서 무과실책임이므로 하자가 존재하지 않는다는 항변 외에 다른 면책의 통로가 없는 것과 유사하다.

사무집행관련성이 인정되기 위한 사무는 사실상의 업무나 일시적 사무라도 무방하며, 사무의 범위에 속하기만 하면 부수적인 사무나 설령 부당한 사무집행이라도 사무집행관련성이 인정된다(지원림, 1810). 그러나 만약 불법한 사무집행이라면 사용자와 피용자 모두에게 공동불법행위책임을 지우는 것이 적절할 것으로 생각된다.

(나) 사무집행관련성의 판단

① 일체불가분설

사무집행관련성을 사무와 일체불가분의 관계에 있는 행위를 말하는 것으로 보는 견해가 일체불가분설이다. 이 견해는 20세기 초 일본 대법원 판례의 태도였을 뿐, 현재 우리나라에서 이러한 학설을 취하는 견해를 찾아볼 수는 없다.

② 외형이론

외형이론이란 외형상 객관적으로 사용자의 사무집행에 관련된 것이면 사무집행관련성을 인정하는 것이다. 즉 내부적인 관계에서 사용자의 사무집행 범위에 실제로 포함되는 것인가가 중요한 것이 아니라, 제3자의 관점에서 객관적으로 보았을 때 사용자의 사무집행 범위인가를 판단하여야 한다는 것이다. 외형이론은 사무집행관련성을 폭넓게 인정하고자 하는 경향에 따른 것이다. 설령 피용자가 사용자의 명령을 어기고 지위를 남용하거나, 또는 고의의 불법행위를 하더라도 그것이 외형상 객관적으로 사무집행과 관련된 것이면 사무집행관련성이 인정된다[대법원 2000.2.11. 99다47297].[181] 현재 판례와 다수의 학설이 외형이론을 채택하고 있다.

민법 제756조에 규정된 사용자책임의 요건인 "사무집행에 관하여"라는 뜻은 피용자의 불법행위가 외형상 객관적으로 사용자의 사업활동 내지 사무집행행위 또는 그와 관련된 것이라고 보여질 때에는 행위자의 주관적 사정을 고려함이 없이 이를 사무집행에 관하여 한 행위로 본다는 것이고 외형상 객관적으로 사용자의 사무집행에 관련된 것인지의 여부는 피용자의 본래직무와 불법행위와의 관련 정도 및 사용자에게 손해발생에 대한 위험 창출과 방지조치 결여의 책임이 어느 정도 있는지를 고려하여 판단할 것이다[대법원 1992. 2.25. 91다39146].

판례는 사무집행관련성의 판단 요소로 '피용자의 원래 직무범위와의 관련 정도' 와 '사용자의 규범적 귀책성'을 제시하고 있다. 전자의 요소는 수긍할 수 있으나 후자의 규범적 요소는 객관적 외형이론과 잘 조화된다고 보기 어렵다.

외형이론은 피해자를 두텁게 보호하기 위해 사무집행관련성을 폭넓게 인정하는 것이므로, 피해자를 두텁게 보호할 이유가 없는 예외적인 경우에는 사무집행관련성을 엄격하게 해석해도 무방할 것이다. 따라서 피용자의 행위가 사무집행관련성이 없는 것임을 피해자가 알았거나 중대한 과실로 알지 못하였다면 사용자의 배상책임이 부정되어야 한다[대법원 1999.3.9. 97다7721, 7738].[182] 여기에서 피해자의 중대한 과실이라 함은 일반인에게 요구되는 주의의무를 현저히 위반하는 것으로 거의 고의에 가까운 정도로 주의를 결여하고 공평의 관점에서 피해자를 보호할 필요가 없다고 인정되는 상태를 말한다[대법원 2010.2.25. 2009다87621].

③ 수정된 외형이론

수정된 외형이론은 사무집행관련성을 사무집행과 관련이 있는 외형이 존재하는 그 자체에 판단 근거를 두는 것이 아니라 사무집행의 외형을 만들었다는 점에 근거를 두는 것이다(이은영, 857). 견해에 따라서는 외형이론에 대한 적용 예외(피해자의 고의 또는 중과실)를 제한된 외형이론으로 소개하고 있다(송덕수, 1435).

④ 사무집행관련성이 인정된 구체적 사례

외형이론이 판례에 의해 확고하게 지지되고 있으나, 구체적인 사안에서 사무집행관련성이 있는가를 판단하는 것은 매우 어려운 일이다. 판례에 의해 사무집행관

---

181) 호텔 종업원의 손님에 대한 고의의 상해행위에 대해 사무집행관련성 인정.
182) 은행지점장이 보관 중인 어음을 임의로 유출하여 할인한 경우 은행이 개인으로부터 금전 차용을 하지 않는다는 사실에 대해 피해자의 악의를 인정하여 사용자책임 부정.

련성이 인정된 대표적인 경우들을 살펴보면 다음과 같다.

먼저 거래행위와 관련된 경우에, 은행직원의 지급보증행위[대법원 1972.8.31. 72다1054], 경리사원이 위조한 직인으로 어음을 위조 발행하는 행위[대법원 1982.10.26. 81다509], 증권회사 영업부장의 증권편취행위[대법원 1980.1.15. 79다1867], 경리부장의 자금차용행위[대법원 1990.1.23. 88다카3250], 신용협동조합 분소장의 차용행위[대법원 1998.7.24. 97다55706], 증권회사 직원의 고위험거래를 적극 권유한 부당권유행위[대법원 2002.7.12. 2000다59364] 등에 사무집행관련성을 인정하고 있다. 대체로 거래행위를 할 자격이 있는 외형을 가진 자가 내부적인 절차를 거치지 않거나 내부 규율을 위반한 경우에도 사무집행관련성을 인정하고 있다.

사실행위와 관련해서는 호텔종업원의 고객에 대한 폭행행위[대법원 2000.2.11. 99다47297], 택시 운전사의 손님에 대한 범죄행위[대법원 1991.1.11. 90다8954], 피용자의 다른 피용자에 대한 업무 근접성이 인정되는 상황에서의 고의적 가해행위[대법원 2009.2.26. 2008다89712], 회사 친선체육대회 중 발생한 폭행행위[대법원 1989.2.28. 88다카8682], 종업원을 출퇴근시키기 위한 오토바이 운전행위[대법원 1978.12.26. 78다1889], 방송촬영을 위한 여관 합숙 중의 실화행위[대법원 1994.3.22. 93다45886], 회사원이 늦은 퇴근 중 회사경비원과 시비가 붙어 행한 상해행위[대법원 1993.9.24. 93다15694], 회사 청소업무자가 고철수집상에게 농약을 음료수로 오인하고 접대한 행위[대법원 1997.10.10. 97다16572], 굴삭기 기사가 작업 중 덤프트럭 운전사와 다투고 현장의 기물을 파손한 행위[대법원 1992.9.22. 92다25939] 등의 경우에 사무집행관련성을 인정한 바 있다.

⑤ 사무집행관련성이 부정된 구체적 사례

판례에 의해 사무집행관련성이 부정된 대표적인 사례들을 살펴보면 다음과 같다. 먼저 거래행위와 관련하여서는 금융기관 직원이 일반 개인으로부터 금전을 차용하는 경우[대법원 1977.3.22. 75다999], 특정 주식의 시세조작에 의한 주가 상승을 들어 매수를 권유한 행위[대법원 2000.3.28. 98다48934], 약속어음사무와는 무관한 판매담당자의 약속어음 위조행위[대법원 1973.12.11. 73다635], 은행지점장이 부업을 위해 개인 자격으로 한 지급보증행위[대법원 1976.1.27. 75다1582], 단순한 운전사가 위탁운송물의 대금을 수령하는 행위[대법원 1979.8.14. 79다928] 등의 경우에 사무집행관련성을 부인하였다. 즉 피용자의 행위가 외형상 객관적으로 보았을 때 직무와 전혀 상관이 없거나, 혹은 법령에 위반된 행위를 한 경우에는 사무집행관련성을 부정하는 경향을 보인다.

사실행위로서는 사회복지법인 소속 아동의 절취행위[대법원 1977.4.26. 76다2448], 지배인에게 폭행당한 후 8시간 이후에 다시 폭행당하자 지배인을 살해한 행위[대법원 1994.11.18. 94다34272], 대학교수의 조교에 대한 성희롱행위[대법원 1998.2.10. 95다39533] 등의 경우에는 사무집행관련성을 부정하였다.

(3) 피용자의 불법행위

(가) 대위책임설

사용자책임의 본질을 피용자의 불법행위에 대한 사용자의 대위책임이라고 이해하는 대위책임설에 따르면, 피용자의 불법행위가 성립되어야만 사용자도 사용자책임을 부담한다고 한다. 따라서 피용자의 행위에 귀책사유가 없어서 불법행위가 성립되지 않는 경우에는 사용자도 당연히 배상책임을 지지 아니한다. 판례도 대리감독자에게 고의·과실이 인정됨으로써 불법행위의 요건을 충족한 때에만 대리감독자의 사용자가 사용자책임을 진다고 판시하고 있다[대법원 1981.8.11. 81다298].[183] 또한 피용자에게 고의 또는 과실을 요하지 않는 무과실책임이 성립되는 경우에도 이를 근거로 사용자책임이 인정될 수 있다.

(나) 고유책임설

사용자책임의 본질에 대해 고유책임설을 따를 경우, 피용자의 불법행위가 성립되지 않더라도 사용자는 자신의 귀책사유가 인정된다면 고유한 사용자책임을 면하지 못한다고 한다. 즉 피용자의 귀책사유와 책임능력은 필요하지 않으며, 위법성과 손해발생이 인정되면 충분하다고 한다(이은영, 853).

(4) 제3자의 손해발생

피용자의 행위로 '제3자'에게 손해가 발생하여야 한다. 여기에서의 제3자란 사용자와 가해행위를 한 피용자 이외의 자를 말한다[대법원 1966.10.21. 65다825]. 따

---

183) 초등학교 1년생의 담임교사에게 고의·과실이 인정되는지 여부를 살피지 않고 사용자책임을 인정할 수 없음.

라서 피용자가 다른 피용자에게 손해를 가한 경우에도 사용자책임이 인정된다[대법원 2009.2.26. 2008다89712].[184)

(5) 면책사유의 부존재

사용자가 피용자의 선임 및 그 사무감독에 상당한 주의를 한 때 또는 상당한 주의를 하여도 손해가 있을 경우에는 사용자책임을 지지 않는다(제756조 제1항 단서). 사용자책임의 본질에 대해 고유책임설을 취하는 경우라면 이 면책사유의 규정은 극히 당연한 것이지만, 대위책임설을 취하는 경우에는 이 면책사유의 존재는 예외적인 것으로 받아들여진다. 면책사유의 존재에 대한 증명책임은 사용자책임에서 벗어나고자 하는 사용자가 스스로 부담하여야 한다[대법원 1998.5.15. 97다58538].

사용자의 면책증명에 대해 판례는 면책증명이 허용된다는 원칙은 명시적으로 인정하고 있으나[대법원 2003.10.9. 2001다24655], 구체적인 사안에서 실제로 면책증명을 인정한 예[대법원 1979.4.24. 79다185][185)는 더 이상 찾아볼 수 없다. 그러므로 사용자책임의 본질을 대위책임설에 입각하는 판례 태도의 연장선상에서 사용자의 면책주장은 사실상 거의 인정되지 않고 있다.

> 파견사업주와 파견근로자 사이에는 민법 제756조의 사용관계가 인정되어 파견사업주는 파견근로자의 파견업무에 관련한 불법행위에 대하여 파견근로자의 사용자로서의 책임을 져야 하는 것이다. 다만, 파견근로자가 사용사업주의 구체적인 지시·감독을 받아 사용사업주의 업무를 행하던 중에 불법행위를 한 경우에 파견사업주가 파견근로자의 선발 및 일반적 지휘·감독권의 행사에 있어서 주의를 다하였다고 인정되는 때에는 면책된다고 할 것이다[대법원 2003.10.9. 2001다24655].

---

184) 아동복지시설의 원장이 직원을 성추행한 경우 법인은 사용자책임을 부담.
185) 농협분장장이 여름 성수기에 외부업무만 전담하고 내부업무는 분장장 대리가 전결하던 중, 분장장 대리가 횡령한 경우에 분장장에게 감독상 직무태만을 부정하여 사용자책임을 지우지 않음; 분장장 대리가 업무를 '전결'하므로 분장장에게 실질적으로 지휘·감독하는 사용자성이 부정된 것으로 해석할 수도 있음.

다. 효   과

(1) 부진정연대책임

사용자는 피용자의 불법행위에 의한 손해를 배상할 책임을 진다. 사용자가 사용자책임을 진다고 해서 피용자의 고유한 일반불법행위책임이 면책되는 것은 아니다. 사용자의 사용자책임과 피용자의 일반불법행위책임은 병존적이고 양자의 관계는 부진정연대책임이다[대법원 1975.12.23. 75다1193]. 사용자책임과 피용자의 일반불법행위가 공동불법행위를 구성한다는 견해도 있으나, 양자는 책임의 근거와 요건을 달리하는 것이므로 항상 논리필연적으로 공동불법행위가 성립하는 것은 아니다[대법원 1994.2.22. 93다53696].[186] 즉 사용자와 피용자가 결과적으로 부진정연대책임을 진다고 해서 당연히 공동불법행위가 성립한다고 단언할 수는 없고, 공동불법행위로서의 공동성이 인정되는 경우에 한하여 공동불법행위가 성립될 수 있을 것이다.

(2) 대리감독자의 책임

사용자에 갈음하여 그 사무를 감독하는 자도 사용자책임을 진다(제756조 제2항). 대리감독자란 객관적으로 볼 때 사용자에 갈음하여 현실적으로 구체적인 사업을 감독하는 지위에 있는 자를 말한다[대법원 1973.3.13. 72다2300]. 이에 대해 대표이사가 타인에게 사장이라는 직함을 부여하여 사무에 집행케 하고 그 타인으로부터 업무보고를 받으면서 이를 지휘하는 경우, 대표이사를 회사에 갈음하는 대리감독자로 인정한 판례가 있다[대법원 1998.5.15. 97다58538]. 또한 대리감독자가 사용자책임을 지는 경우에도 사용자가 면책되는 것은 아니며 양자는 부진정연대책임을 진다.

(3) 구상권

사용자 또는 대리감독자가 사용자책임을 부담한 경우에 사용자 또는 대리감독자는 피용자에 대하여 구상권을 행사할 수 있다(제756조 제3항). 사용자가 사용자책임을 부담하더라도 피용자의 불법행위책임은 부진정연대책임으로 병존하므로, 피

---

186) 회사 기획관리계장이 회사가 발행한 것으로 되어 있는 약속어음을 임의로 은행에 교부한 경우에, 회사의 사용자책임과 행위자의 일반불법행위책임은 별개의 채무임.

해자는 사용자와 피용자 중 누구에게든 전액을 배상청구할 수 있다. 만약 피해자가 사용자에게 배상청구를 하여 만족을 얻었다면 그 한도에서 사용자는 피용자에게 구상권을 행사하게 된다. 이러한 구상권은 대위책임설에 따를 경우에는 극히 자연스러운 것이 되지만, 고유책임설의 관점에서는 논리적으로 설명하기 어렵다.

피용자의 불법행위와 사용자의 사용자책임이 부진정연대채무라 할지라도, 성질상 사용자의 피용자에 대한 구상관계는 반드시 민법상의 연대채무에 관한 규정에 따라야 하는 것이 아니라 사용자와 피용자의 법률관계에 해결되어야 한다[대법원 1975.12.23. 75다1193].[187] 그러므로 피용자 본인이 손해의 일부를 변제한 경우에는 자신이 단독으로 채무를 부담하는 부분부터 소멸된다[대법원(전) 2018.3.22. 2012다74236].

금액이 다른 채무가 서로 부진정연대 관계에 있을 때 다액채무자가 일부 변제를 하는 경우 변제로 인하여 먼저 소멸하는 부분은 당사자의 의사와 채무 전액의 지급을 확실히 확보하려는 부진정연대채무 제도의 취지에 비추어 볼 때 다액채무자가 단독으로 채무를 부담하는 부분으로 보아야 한다. 이러한 법리는 사용자의 손해배상액이 피해자의 과실을 참작하여 과실상계를 한 결과 타인에게 직접 손해를 가한 피용자 자신의 손해배상액과 달라졌는데 다액채무자인 피용자가 손해배상액의 일부를 변제한 경우에 적용되고, 공동불법행위자들의 피해자에 대한 과실비율이 달라 손해배상액이 달라졌는데 다액채무자인 공동불법행위자가 손해배상액의 일부를 변제한 경우에도 적용된다[대법원(전) 2018.3.22. 2012다74236].

구상권의 범위는 대위책임설에 충실할 경우 원칙적으로 전액 대위행사할 수 있지만, 판례[대법원 1996.4.9. 95다52611]는 사용자의 구상권 행사에 대해 신의칙을 들어 제한을 허용하는 태도를 취하고 있어서 이 한도에서는 고유책임설을 수용하는 것으로 이해된다.

일반적으로 사용자가 피용자의 업무수행과 관련하여 행하여진 불법행위로 인하여 직접 손해를 입었거나 그 피해자인 제3자에게 사용자로서의 손해배상책임을 부담한 결과로 손해를 입게 된 경우에 있어서, 사용자는 그 사업의 성격과 규모, 시설의 현황, 피용자의

---

187) 피용자가 피해자에게 배상한 액수를 공제하지 않고 사용자에게 강제집행한 경우, 사용자는 피용자에게 선행면책행위를 공제한 액수를 구상.

업무내용과 근로조건 및 근무태도, 가해행위의 발생원인과 성격, 가해행위의 예방이나 손실의 분산에 관한 사용자의 배려의 정도, 기타 제반 사정에 비추어 손해의 공평한 분담이라는 견지에서 신의칙상 상당하다고 인정되는 한도 내에서만 피용자에 대하여 손해배상을 청구하거나 그 구상권을 행사할 수 있다[대법원 1996.4.9. 95다52611].

구상권 제한의 법리는 사용자의 보험자가 피용자에게 대위권을 행사하는 경우에도 그대로 적용된다. 그러나 사용자의 보험자와 피용자의 보험자 간의 구상권은 상법 제724조 제2항이 적용되므로 민법상 구상권 제한의 법리가 적용되지 않는다[대법원 2017.4.27. 2016다271226].

사용자에게 배상액 전액에 대한 구상권을 인정하게 되면, 사용자가 선임·감독상의 무과실을 증명하여 면책될 수 있는 제756조 제1항 단서의 취지와 상충하는 것은 아닌가 하는 논리적인 의문도 있다. 즉 사용자책임이 인정된다는 것은 한편으로는 사용자에게 선임·감독상의 과실이 존재한다는 것인데, 왜 스스로 과실이 있는 자가 자신의 과실에도 불구하고 모든 책임을 전가할 수 있도록 허용하는지 설명하기 어렵다. 다만 법원이 사용자의 면책주장을 사실상 거의 허용하지 않는 태도를 고려하면, 보는 관점에 따라서는 과실이 있다고 보기 어려운 사용자에게까지 광범위하게 사용자책임을 지울 수 있으므로 전액 구상권을 행사하도록 하더라도 이를 수긍할 수 있다.

피용자가 제3자와 더불어 공동불법행위를 한 경우에, 사용자는 피용자의 공동불법행위에 대해 사용자책임을 면할 수 없다. 판례에 따르면 사용자는 피용자의 배상책임에 대한 대체적 책임을 지는 것이므로 사용자도 제3자와 부진정연대관계에 있다고 보아야 할 것이고, 사용자가 피용자와 제3자의 책임 비율에 의하여 정해진 피용자의 부담부분을 초과하여 피해자에게 손해를 배상한 경우에는 사용자는 제3자에 대하여도 구상권을 행사할 수 있다[대법원(전) 1992.6.23. 91다33070].[188]

피용자와 제3자가 공동불법행위로 피해자에게 손해를 가하여 그 손해배상채무를 부담하는 경우에 피용자와 제3자는 공동불법행위자로서 서로 부진정연대관계에 있고, 한편 사용자의 손해배상책임은 피용자의 배상책임에 대한 대체적 책임이어서 사용자도 제3자와

---

188) 국방부 공무원이 제3자와 결탁하여 국방부 재산을 위조서류로 제3자에게 등기이전하여 전매된 경우 선의의 매수인에게 배상한 국방부의 제3자에 대한 구상권 인정.

부진정연대관계에 있다고 보아야 할 것이므로, 사용자가 피용자와 제3자의 책임비율에 의하여 정해진 피용자의 부담부분을 초과하여 피해자에게 손해를 배상한 경우에는 사용자는 제3자에 대하여도 구상권을 행사할 수 있으며, 그 구상의 범위는 제3자의 부담부분에 국한된다고 보는 것이 타당하다[대법원(전) 1992.6.23. 91다33070].

(4) 과실상계

피용자 자신의 손해배상의무와 그 사용자의 손해배상의무는 별개의 채무일 뿐만 아니라 불법행위로 인한 손해의 발생에 관한 피해자의 과실을 참작하여 과실상계를 한 결과 피용자와 사용자가 피해자에게 배상하여야 할 손해액의 범위가 각기 달라질 수 있다[대법원 1994.2.22. 93다53696]. 즉 사용자책임에서 사용자와 피용자의 피해자에 대한 과실상계는 개별적 평가설을 취하고 있다.

라. 도급인의 책임

(1) 원 칙

도급인은 수급인이 그 일에 관하여 제3자에게 가한 손해를 배상할 책임이 없다(제757조). 도급계약의 특성상 수급인은 도급인과 독립적으로 일을 완성할 의무를 부담하므로, 도급인이 원칙적으로 사용자책임을 지지 않는 것이 자연스럽다. 그러나 도급계약이라고 해서 반드시 도급인이 수급인에게 지시나 감독을 할 수 없는 것이 아니라, 도급인이 자기가 원하는 결과를 얻기 위하여 특별히 수급인에게 적당한 지휘나 감독을 할 수도 있다. 따라서 판례도 제757조 본문이 원칙적으로 도급인이 수급인의 행위에 대하여 사용자책임을 부담하지 않는다는 것을 주의적으로 규정한 것이고, 예외적으로 도급인이 수급인의 일의 진행 및 방법에 관하여 구체적인 지휘·감독권을 유보한 경우에는 사용자책임을 질 수 있다고 밝히고 있다[대법원 2006.4.27. 2006다4564].[189]

도급인과 수급인 사이에 도급계약이 체결되어 있지만 실질적으로 도급인이 지휘·감독권을 보유하는 경우에는, 사실상 사용자와 차별성이 존재하지 않으므로 설령 도급인일지라도 사용자책임을 부담해야 할 것이다. 판례도 도급인이 구체

---

189) 이 판례는 사용자책임을 인정한 것은 아니지만, 예외적으로 사용자책임을 지는 경우를 설시하고 있음.

적인 지휘·감독권을 보유하고 있으면 실질적으로는 사용자라고 할 것이므로 도급인의 중과실 여부와 상관없이 사용자책임을 인정하고 있다[대법원 1993.5.27. 92다 48109].[190] 다만 여기에서 지휘·감독권은 사용자 관계가 인정될 정도로 구체적으로 직접 지시, 지도하고 감시, 독려하는 수준이어야 하며[대법원 1991.3.8. 90다18432], 단순히 감리 차원의 감독에 머무는 차원이라면 사용자책임을 지지 아니한다[대법원 1983.11.22. 83다카1153].[191]

수급인이 공작물을 제작하는 일을 도급받은 경우에 수급인이 만들어 인도한 공작물에 하자가 있으면 도급인인 공작물점유자가 일단 공작물책임을 지게 되고 [대법원 2006.4.27. 2006다4564], 이때 공작물점유자는 하자있는 공작물을 제작한 수급인에게 제758조 제3항에 따라 구상권을 행사할 수 있다. 또한 수급인이 공작물을 제작하였으나 아직 인도하지 않고 점유하는 중에 하자있는 공작물로 인해 발생한 손해에 대해서는 수급인이 공작물책임을 부담하여야 한다.

> 도급인의 면책을 규정한 민법 제757조 본문은, 수급인은 도급인으로부터 독립하여 사무를 처리하기 때문에 민법 제756조 소정의 피용자에 해당되지 아니하므로 예외적으로 도급인이 수급인의 일의 진행 및 방법에 관하여 구체적인 지휘·감독권을 유보한 경우가 아닌 한 도급인이 수급인의 행위에 대하여 사용자책임을 부담하지 않는다는 것을 주의적으로 규정한 것이고, 민법 제757조에 의한 도급인의 책임과 민법 제758조 제1항에 의한 공작물 점유자의 책임은 그 법률요건과 효과를 달리하는 것이어서 공작물의 점유자가 그 공작물의 설치 또는 보존의 하자로 인하여 타인에게 손해를 가한 경우 민법 제758조 제1항에 의한 손해배상책임을 인정하는 데 있어 위 민법 제757조 본문이 장애가 되는 것은 아니다[대법원 2006.4.27. 2006다4564].

(2) 예 외

도급 또는 지시에 관하여 도급인에게 중대한 과실이 있는 때에는 도급인도 수급인이 그 일에 관하여 제3자에게 가한 손해를 배상할 책임이 있다(제757조 단서). 경우에 따라서는 도급인이 수급인을 지휘·감독하는 정도에 이르지는 않더라도

---

190) 공사 하도급인의 현장소장이 하수급인의 공사감독원으로 지시·감독한 경우 사용자책임 부담.
191) 공사의 공정을 조정하고 시공이 설계도대로 시행되는가를 점검하는 것은 감리에 불과하여 사용자책임 부정.

도급계약에 따라 지시를 할 수도 있으므로, 그 도급이나 지시에 중대한 과실이 있는 때에는 예외적으로 도급인도 손해배상책임을 부담해야 한다. 제757조 단서에 의해 도급인이 부담하는 법적 책임의 성격은 제756조의 사용자책임으로 보는 것이 타당하며, 판례[대법원 2006.4.27. 2006다4564][192] 역시 그러한 태도를 취하는 것으로 이해된다.

4. 공작물책임

가. 의   의

(1) 개   념

공작물의 설치 또는 보존의 하자로 인하여 타인에게 손해를 가한 때에는 공작물점유자가 손해를 배상할 책임이 있다. 그러나 점유자가 손해의 방지에 필요한 주의를 해태하지 아니한 때에는 그 소유자가 손해를 배상할 책임이 있다(제758조 제1항). 공작물책임은 공작물의 하자에 대해 점유자가 1차적인 과실책임을 부담하고, 소유자가 보충적으로 2차적인 완전한 무과실책임을 부담한다.

특히 공작물 설치의 하자로 인하여 손해가 발생한 경우에는 엄격한 과실책임주의의 관점에서 보면 공작물을 시공한 자가 불법행위자로서 책임을 부담하는 것이 원칙이라고 할 것이다. 공작물점유자는 단지 그 공작물을 현재 점유하고 있다는 것뿐이지 설치상의 하자에 대한 어떠한 기여도 직접 행한 바 없다. 그럼에도 불구하고 공작물점유자에게도 위험책임의 법리에 따라 책임을 가중시킨 규정이며, 따라서 공작물시공자에게 제750조의 책임을 부담시키는 것을 배제하려는 취지의 규정은 아니다[대법원 1996.11.22. 96다39219]. 공작물의 설치에는 하자가 없었으나 점유자가 점유하는 동안 보존상의 하자로 타인에게 손해를 가한 경우에는 공작물점유자의 과실책임으로서의 성질도 인정할 수 있다. 그러므로 공작물책임은 하자있는 공작물의 방치라는 점유자의 부작위에 대해 책임을 묻는 것이라고 할 수 있다.

어떠한 경우이든 공작물점유자가 책임을 부담하지 않는 경우에 공작물소유자

---

192) 제757조 본문에 대해 제756조의 사용자책임을 배제하는 규정으로 보고 있으므로, 제757조 단서는 제756조의 사용자책임 배제의 예외라고 해석할 수 있음.

가 보충적으로 손해배상책임을 부담하는 것은 귀책사유를 전혀 요하지 않는 결과책임으로서 순수한 무과실책임이라고 할 것이다.

(2) 제조물책임과의 관계

공작물책임과 유사한 것이 제조물책임법에 따른 제조물책임이라고 할 수 있다. 양자는 특수불법행위라는 점과 과실책임주의의 수정이라는 점에서는 공통적이다. 그러나 다음과 같은 점에서 공작물책임과 제조물책임은 구별된다. 우선 공작물책임은 민법상의 특수불법행위이고, 제조물책임은 특별법상의 특수불법행위이다. 둘째로 공작물책임은 공작물의 시공자나 제작자가 아닌 점유자나 소유자에 대해 책임을 지우는 것이지만, 제조물책임은 제조업자에게 책임을 지우는 것이다(제조물책임법 제3조 제1항). 셋째로 공작물책임은 공작물점유자에 대해서는 과실책임을 그리고 공작물소유자에게는 무과실책임을 지우고 있으나, 제조물책임은 완전한 무과실책임이다(제조물책임법 제3조 제1항). 넷째로 공작물책임은 공작물을 대상으로 하는 것으로 부동산은 공작물이지만 전기는 공작물이 아니며[대법원 1993.6.23. 93다11913], 제조물책임은 제조물을 대상으로 하는 것으로 부동산은 제조물이 아니지만 동산인 전기는 제조물에 해당된다(제조물책임법 제2조 제1호).

끝으로 공작물책임은 공작물소유자의 경우에는 어떠한 경우에도 면책이 허용되지 않으나, 제조물책임은 ① 제조업자가 해당 제조물을 공급하지 아니하였다는 사실, ② 제조업자가 해당 제조물을 공급한 당시의 과학·기술 수준으로는 결함의 존재를 발견할 수 없었다는 사실, ③ 제조물의 결함이 제조업자가 해당 제조물을 공급한 당시의 법령에서 정하는 기준을 준수함으로써 발생하였다는 사실, ④ 원재료나 부품의 경우에는 그 원재료나 부품을 사용한 제조물 제조업자의 설계 또는 제작에 관한 지시로 인하여 결함이 발생하였다는 사실의 4가지 면책사유를 인정하고 있다(제조물책임법 제4조 제1항). 다만 제조물책임을 지는 자가 제조물을 공급한 후에 그 제조물에 결함이 존재한다는 사실을 알거나 알 수 있었음에도 그 결함으로 인한 손해의 발생을 방지하기 위한 적절한 조치를 하지 아니한 경우에는 '제조업자가 해당 제조물을 공급하지 아니하였다는 사실'을 증명하는 면책만이 가능하다(제조물책임법 제4조 제2항).

나. 요　건

(1) 공작물

공작물의 개념에 대해서는 민법에 특별히 규정하고 있는 것이 없으므로, 학설과 판례에 의해 정의되어야 한다. 공작물이란 인공적인 작업에 의해 제작된 물건이라는 것이 통설이며, 물건이므로 부동산이든 동산이든 인공적으로 제작된 경우라면 모두 공작물에 해당된다. 다만 전기 그 자체는 제98조에 의해 물건일지라도 공작물은 아니지만[대법원 1993.6.23. 93다11913], 고압전선은 전기 공작물이다[대법원 2007.6.28. 2007다10139]. 수목은 인공적으로 제작된 물건이 아닌 자연적으로 생성되는 물건이지만, 위험성의 측면에서는 공작물과 큰 차이가 없으므로 수목의 재식 또는 보존에 하자가 있는 경우에도 공작물책임을 준용한다(제758조 제2항).

(2) 하　자

하자라 함은 공작물이 그 용도에 따라 통상 갖추어야 할 안전성을 갖추지 못한 상태이고, 하자 판단은 공작물의 위험성과 그에 비례하는 방호조치의무의 해태를 기준으로 하여야 한다는 것이 판례의 해석론이다[대법원 1994.10.28. 94다16328].[193] 하자의 증명책임은 피해자가 부담한다[대법원 1974.11.26. 74다246].

공작물의 설치 · 보존상의 하자라 함은 공작물이 그 용도에 따라 통상 갖추어야 할 안전성을 갖추지 못한 상태에 있음을 말하는 것으로서, 이와 같은 안전성의 구비 여부를 판단함에 있어서는 당해 공작물의 설치 · 보존자가 그 공작물의 위험성에 비례하여 사회통념상 일반적으로 요구되는 정도의 방호조치 의무를 다하였는지의 여부를 기준으로 판단하여야 하고, 그 시설이 관계 법령이 정한 시설기준 등에 부적합한 것이라면 특별한 사정이 없는 한 이러한 사유는 공작물의 설치 · 보존상의 하자에 해당한다고 볼 수 있다[대법원 2010.2.11. 2008다61615].

또한 안전 관련 법령을 위반하지 않았다고 해서 방호조치 의무를 다한 것으로 보아 하자가 없다고 일률적으로 판단할 수도 없다. 즉 안전 관련 법령이나 기술기준은 공작물의 하자 유무를 판단하는 하나의 참작기준은 될 수 있지만, 그것이 절

---

193) 도시가스 공급시설은 법령의 시설기준에 부적합하다면 곧 하자에 해당.

대적인 판단기준으로 작용하는 것은 아니다[대법원 2007.6.28. 2007다10139].[194]

공작물책임에서 하자 판단은 매우 중요한, 거의 유일한 규범적 평가요소가 된다. 특히 공작물소유자의 경우에는 완전한 무과실책임이므로 규범적 평가는 오로지 하자 유무의 판단뿐이다. 판례이론과 같이 설치·보존상 하자의 판단을 방호조치의무의 해태를 기준으로 하는 것은 적절한 것으로 생각되지 않는다. 왜냐하면 제758조 제1항 단서는 점유자가 손해의 방지에 필요한 주의를 해태하지 아니한 때에는 면책을 하고 있는데, 면책사유인 '손해의 방지에 필요한 주의의무'와 하자 판단의 기준인 '방호조치의무'의 실질적 차별성을 쉽게 발견할 수 없기 때문이다. 판례이론대로 하면, 공작물점유자의 경우에는 방호조치의무를 다하였다면 아예 하자가 없는 것이 되므로 면책사유를 규정한 제758조 제1항 단서를 무의미하게 만드는 문제가 있고, 공작물소유자의 경우에는 방호조치의무를 다하여 하자가 없는 것이 되면 그에게는 적용되지 않아야 할 제758조 제1항 단서의 면책사유가 사실상 적용되는 것과 같아서 공작물점유자책임과 공작물소유자책임을 구분할 경계가 허물어지기 때문이다.

(3) 인과관계

공작물의 하자와 손해 사이에 인과관계가 존재해야 한다. 판례는 일단 하자가 있음이 인정되고 그 하자가 사고의 공동원인이 되는 이상, 하자가 없었더라도 사고가 불가피한 것이었다는 점이 공작물의 소유자나 점유자에 의하여 증명되지 않는다면 그 손해는 공작물의 설치 또는 보존의 하자에 의하여 발생한 것으로 해석하고 있다[대법원 2019.11.28. 2017다14895]. 즉 인과관계의 증명은 하자로부터 추정되므로, 피해자가 하자를 증명하면 그것이 불가항력에 의한 것이라는 점을 공작물의 점유자가 증명할 책임을 부담하게 된다[대법원 1982.8.24. 82다카348].[195]

> 민법 제758조 제1항에 규정된 공작물의 설치 또는 보존의 하자라 함은 그 공작물 자체가 통상 갖추어야 할 안전성을 결여한 상태를 의미하는 것으로서 그 하자의 존재에 관한 입증책임은 피해자에게 있으나, 일단 하자있음이 인정되는 이상 손해발생이 천재지변의 불

---

194) 이삿짐 사다리차의 조작 도중 사다리가 고압전선에 접촉되어 작업 인부가 감전사한 사고에 공작물인 고압전선의 하자를 인정.

195) 97.8mm의 강우라도 불가항력이라고 단정할 수 없으며 공작물점유자가 불가항력을 증명.

가항력에 의한 것으로서 위와 같은 하자가 없었다고 하여도 불가피한 것이었다는 점에 대한 입증책임은 이를 주장하는 공작물의 점유자에게 있다[대법원 1982.8.24. 82다카348].

공작물의 설치 또는 보존상의 하자에 다른 제3자의 행위 또는 피해자의 행위가 경합하여 손해가 발생하더라도 공작물의 설치·보존상의 하자가 공동원인의 하나가 되는 이상 그 손해는 공작물의 설치·보존상의 하자에 의하여 발생한 것이라고 보아야 한다[대법원 2010.4.29. 2009다101343].[196] 다만 자연력의 기여에 대한 고려나 피해자와의 과실상계[대법원1993.2.9. 92다31668]는 가능할 것이다.

(4) 면책사유의 부존재

공작물점유자가 손해의 방지에 필요한 주의를 해태하지 아니한 때에는 공작물점유자는 공작물책임을 부담하지 않는다. 다만 이 경우에는 공작물소유자가 완전한 무과실책임을 부담한다. 면책사유에 대한 증명책임은 공작물점유자가 부담한다[대법원 2008.3.13. 2007다29287, 29294].[197]

다. 효   과

(1) 공작물점유자의 책임

공작물점유자는 공작물을 사실상 지배하면서 그 설치 또는 보존상의 하자로 인하여 발생할 수 있는 각종 사고를 방지하기 위하여 공작물을 보수·관리할 권한 및 책임이 있는 자를 말한다[대법원 2000.4.21. 2000다386].[198] 공작물점유자는 사인이어야 하며 국가나 지자체인 경우에는 민법상 공작물책임이 아니라 국가배상법이 적용된다. 피해자가 공작물의 하자를 증명하면 공작물점유자는 하자가 없더라도 사고가 불가피한 것임을 증명하거나 손해의 방지에 필요한 주의의무를 다하였다는 증명을 하여야 면책되므로, 공작물점유자의 손해배상책임은 인과관계와 법률상 과실을 추정하여 증명책임을 전환한 중간책임이라 볼 수 있다. 공작물점유

---

196) 정신질환자가 입원 중 병원 옥상에서 투신자살로 의심되더라도 하자가 존재하는 한 공작물책임을 면할 수 없음.

197) 고속도로의 관리상 하자가 인정되는 한 폭설 등의 불가항력 면책사유는 공작물 점유자가 증명.

198) 공장근저당권자가 담보물인 공장의 가치를 보전하기 위해 용역업체를 통해 공장을 경비한 것만으로 공작물점유자라고 할 수는 없음.

자에게 공작물책임이 인정되면 공작물소유자에게는 공작물책임을 중첩적으로 물을 수 없다[대법원 1975.3.25. 73다1077].[199)]

> 민법 제758조에 따라 공작물의 설치 또는 보존의 하자로 인하여 타인에게 가한 손해를 배상할 책임은 제1차적으로 공작물을 직접적·구체적으로 지배하면서 사실상 점유관리하는 공작물의 점유자에게 있고, 공작물의 점유자가 손해의 방지에 필요한 주의를 해태하지 아니하였음을 입증함으로써 면책될 때에 제2차적으로 공작물의 소유자가 손해를 배상할 책임을 지게 된다[대법원 1993.1.12. 92다23551].

공작물책임에서의 점유자란 직접점유자만을 의미하는 것은 아니며, 간접점유자라도 공작물을 보수·관리할 권한 및 책임이 있는 자라면 여기에 해당된다[대법원 2000.4.21. 2000다386]. 다만 점유가 대리점유관계에 있으면 직접점유자가 1차적인 배상책임을 지고 직접점유자가 손해방지에 필요한 주의를 해태하지 아니한 때에 간접점유자가 2차적인 책임을 진다[대법원 1981.7.28. 81다209]. 이러한 권한과 책임이 없는 공작물의 간접점유자나 점유보조자는 공작물책임에서의 점유자는 아니다. 판례는 건물 일부의 임차인이 건물 외벽에 설치한 간판이 추락하여 행인이 부상을 당한 경우에 건물 소유자에게 외벽의 직접점유자로서 공작물책임을 지운 바도 있다[대법원 2003.2.28. 2002다65516].

(2) 공작물소유자의 책임

공작물점유자가 면책되는 경우에 공작물소유자는 완전한 무과실책임을 부담한다. 공작물의 하자가 인정된다면, 공작물소유자는 면책의 여지가 전혀 없다. 공작물점유자와의 관계에서 공작물점유자가 손해를 입어 동시에 피해자가 된 경우에는 공작물소유자를 상대로 배상청구가 가능하며[대법원 2017.8.29. 2017다227103],[200)] 설령 피해자인 점유자에게 과실이 있더라도 과실상계만이 가능할 뿐이다[대법원 2008.7.24. 2008다21082].[201)]

---

199) 도선의 하자로 승객이 사망한 경우 도선운영자가 1차적 책임을 지므로 소유자인 지자체는 책임을 부담하지 않음.

200) 건물을 임대한 소유자가 건물을 적합하게 유지·관리할 의무를 위반하여 임대목적물에 설치·보존상의 하자가 생기고 그 하자로 임차인이 손해를 입은 경우, 공작물소유자 겸 임대인이 공작물점유자인 임차인에게 공작물책임 부담.

201) 타워크레인을 임차하여 운영한 자가 하자로 손해를 입은 때에는 임대인은 공작물소유자책임

(3) 구상권

공작물책임을 부담하는 경우에 점유자 또는 소유자는 그 손해의 원인에 대한 책임있는 자에 대하여 구상권을 행사할 수 있다(제758조 제3항). 손해의 원인에 대한 책임있는 자란 공작물의 하자를 직접적으로 발생시킨 공작물제작자나 제3자가 주로 여기에 해당될 것이다. 공작물제작자의 과실에 기한 설치상 하자로 인하여 손해가 발생하고 이 손해를 공작물점유자나 공작물소유자가 공작물책임에 기해 배상한 경우에 공작물제작자에게 구상권을 행사할 수 있다.

5. 동물점유자책임

가. 의   의

동물의 점유자는 그 동물이 타인에게 가한 손해를 배상할 책임을 진다. 그러나 동물의 종류와 성질에 따라 그 보관에 상당한 주의를 해태하지 아니한 때에는 그러하지 아니하다(제759조 제1항). 동물점유자책임은 손해를 직접적으로 야기하는 것이 권리주체가 아닌 동물이므로, 권리객체에게 손해배상의무를 지우는 것이 논리적으로 불가능하기 때문에, 그 점유자에게 배상책임을 지우는 것이다. 동물점유자책임은 가정 내 반려동물 사육이나 대규모 축산업에 집중된 현대 사회에서는 그리 주목받는 특수불법행위 유형은 아니다.

나. 동물점유자의 책임

동물점유자는 동물이 타인에게 가한 손해에 대해 배상할 책임을 지지만, 동물의 종류와 성질에 따라서 그 보관에 상당한 주의를 해태하지 아니한 때에는 면책된다. 그러므로 동물점유자가 책임을 부담하는 근거가 단지 동물을 점유하고 있다는 사실로부터 도출되는 것이 아니라, 보관에 상당한 주의를 해태하였다는 규범적 요소로부터 도출된다고 할 수 있다. 이러한 점에서 동물점유자책임은 무과실책임은 아니라고 할 것이다. 다만 피해자가 동물점유자의 과실을 적극적으로 증명하는 것이 아니라 동물점유자가 자신에게 과실이 없음을 소극적으로 증명하여야 한다

을 부담.

는 점에서 과실책임주의가 수정된 중간책임이라고 파악할 수 있다.

동물점유자에 간접점유자도 포함되는가에 대해 소유자와 같은 간접점유자는 여기에 포함되지 않는다고 하는 견해(김준호, 1192; 송덕수, 1446)도 있으나, 포함된다는 반대 견해(이은영, 880)도 대립되고 있다.

> 도사견을 다른 사람에게 빌려줌에 있어서 그 소유자인 피고로서는 위 도사견이 난폭한 성질을 지녀 사람을 물 위험성이 크므로 그 사람이 위 도사견을 안전하게 보관 관리할 수 있는 시설을 갖추고 있는가 여부를 확인하여 위 도사견에 의한 사고를 미연에 방지하여야 할 주의의무가 있다[대법원 1981.2.10. 80다2966].

논란이 되는 것은 직접점유자가 아닌 동물소유자에게 동물이 가한 손해를 배상할 책임을 인정한 위 판례[대법원 1981.2.10. 80다2966][202]가 제759조를 적용한 것인지 아니면 제750조의 일반불법행위를 적용한 것인지의 판단이다. 일부 학설은 위 판례가 간접점유자인 동물소유자에게도 동물점유자책임을 적용시키는 취지라고 이해하는 반면(이은영, 879), 일부 학설은 이는 제750조의 적용문제이므로 판례가 동물점유자책임에 간접점유자를 포함시키고 있다고 단정해서는 안 된다고 주장한다(지원림, 1822; 송덕수, 1446).

동물이 일으킨 손해에 관한 제759조와 제750조의 경계는 이론상으로는 동물의 관리상 주의를 해태한 과실을 누가 증명할 것인가의 증명책임부담의 주체에 달려 있는 것에 불과하다. 왜냐하면 제759조가 과실을 아예 논하지 않는 무과실책임은 아니기 때문이다. 만약 동물점유자책임을 적용한다면 동물소유자가 자신에게 과실이 없음을 증명하여야 하지만, 일반불법행위책임을 적용한다면 피해자가 동물소유자에게 과실이 있음을 적극적으로 증명하여야 한다. 위 판례를 엄격한 관점에서 살펴보면 피해자가 동물소유자의 과실을 증명한 바 있으므로, 동물소유자에게 제750조를 적용하여 일반불법행위책임을 지운 것이라고 평가할 수 있다. 그러나 동물점유자책임에 대한 판례가 극히 희소한 상황에서,[203] 위 판례 하나만 가지고 대법원 판례가 어떠한 태도를 취하고 있다고 단정적으로 논하는 것은 무의미하다고 생각된다.

---

202) 타인에게 투견용 도사견을 빌려준 경우 소유자에게 동물점유자책임 인정.
203) 위 판례 이외의 판례는 검색되지 않는다.

다. 동물보관자의 책임

동물을 점유자에 갈음하여 보관하는 자도 동물점유자와 동일한 책임을 진다(제759조 제2항). 동물을 보관하는 것 자체가 동물을 점유하는 행위에 포함되므로, 동물점유자책임과 별도의 독자적인 의미를 부여하기는 어렵다.

6. 공동불법행위

가. 개   설

(1) 의   의

공동불법행위란 다수의 불법행위가 다양한 형태로 중첩되는 경우에 그 책임귀속을 다루는 불법행위의 특수한 규율이다. 민법은 공동불법행위의 유형을 크게 3가지 형태로 구분하고 있다. 제760조 제1항은 협의의 공동불법행위를, 동조 제2항은 가해자 불명의 복수행위를, 그리고 동조 제3항은 교사나 방조에 의한 공동불법행위를 각각 규율하고 있다. 그러나 다양한 유형에도 불구하고 책임에서는 동일하게 관련자 모두에게 부진정연대책임을 지우고 있다.

(2) 기   능

엄밀한 의미에서 보면 공동불법행위는 과실책임주의의 원칙을 수정하는 특수불법행위라고 하기보다는 각각의 불법행위가 경합되는 경우에 피해자의 보호를 위해 자기책임의 원칙을 엄격하게 적용하지 아니하고 전체 손해에 대해 책임범위를 확장하는 것이다. 민법상 공동불법행위의 3가지 유형은 각각 미세하게 구별되는 특징을 가지고 있다.

먼저 협의의 공동불법행위는 피해자의 손해배상청구권을 실질적으로 담보하기 위해, 각 행위자의 행위에 공동성이 존재하는 경우에는 가해행위와 손해 사이의 인과관계를 묻지 않고 손해 전체에 대해 모든 행위자에게 연대책임을 지우고 있다. 다만 이처럼 자기책임의 원칙에 따른 분할채무가 아닌 연대책임을 지우기 위해서는 공동성이라는 특징적 요건이 충족되어야 하는데, 무엇을 공동으로 하여야 하는가에 대해서는 다양한 관점이 존재한다. 즉 공동성 있는 불법행위의 경합이라는 점이 협의의 공동불법행위의 특징이다.

가해자 불명의 복수행위는 피해자의 인과관계 입증곤란을 해결하기 위한 규정이다. 공동성이 없는 수인의 불법행위가 경합되는 경우에는 원칙적으로 각자가 자신의 행위로 야기한 결과에 대해서만 개별적으로 책임을 져야 한다. 그러나 피해자가 각각의 행위와 결과 사이의 인과관계를 개별적으로 명확히 밝히는 것은 매우 어려운 일이므로, 이러한 증명책임의 곤란을 입법적으로 해결해서 인과관계가 불명한 경우에는 아예 모든 관계자가 연대책임을 지게 함으로써 피해자를 보호하는 것이다. 즉 인과관계의 불명확성이 가해자 불명의 복수행위의 특징이며, 공동성이 없으므로 공동불법행위라는 용어를 사용하지 아니하고 '복수행위'라는 용어를 사용한다.

교사나 방조에 의한 공동불법행위는 불법행위에의 가담정도와 관계 없는 책임의 전체 부담을 통해 피해자를 두텁게 보호하기 위한 규정이다. 직접적으로 불법행위를 행한 자뿐만 아니라 이를 교사하거나 혹은 방조한 자에 대해서도 동일한 책임을 지움으로써 피해자의 손해를 전보할 현실적 가능성이 커지게 된다. 이 점은 형사제재인 형벌과는 구별되는 민사제재의 특수성이다.

나. 협의의 공동불법행위

(1) 의 의

수인이 공동의 불법행위로 타인에게 손해를 가한 때에는 연대하여 그 손해를 배상할 책임이 있다(제760조 제1항). 협의의 공동불법행위의 특징은 다수의 불법행위 간에 공동성이 존재한다는 점이다. 여기에서의 공동성을 어떻게 해석하느냐에 따라서 가해자 불명의 복수행위와의 경계선이 설정된다. 공동성을 확대하여 해석하면 가해자 불명의 복수행위 영역은 좁아지게 되고, 공동성을 축소하여 해석하면 가해자 불명의 복수행위 영역이 확장될 것이다.

(2) 요 건

(가) 각각의 불법행위 성립

공동불법행위가 성립하기 위해서는 각각의 행위가 불법행위로 인정되어야 한다. 따라서 각자의 행위가 독립적이고 나아가 귀책사유, 위법성, 책임능력을 모두 갖추어야 한다. 판례도 명시적으로 각자의 고의 또는 과실에 기한 행위가 공동으로 행하여져야 한다고 판시한다[대법원 2008.4.24. 2007다44774].[204) 다만 인과관계에 관해서는 개별적 불법행위와 전체 결과 사이의 인과관계가 필요한 것이 아니라, 다수의 불법행위를 총체적으로 판단하여 전체 결과와의 인과관계가 인정되면 충분하다.

공동불법행위자 중 책임능력이 결여된 자가 있는 경우 그 감독자책임을 지는 감독자와 다른 공동불법행위자들 간에도 공동불법행위가 성립되는가에 대해서 협의의 공동불법행위가 성립되는 것은 아니지만, 책임 없는 자가 부담할 책임 그대로를 감독자가 부담하는 것이므로 감독자도 부진정연대책임을 진다고 할 것이다. 판례는 책임능력 있는 미성년자 감독자가 감독자의 의무위반과 상당인과관계가 있어서 일반불법행위책임을 지는 경우에, 가해 미성년자들과 공동하여 손해를 배상할 책임을 인정하고 있다[대법원 1991.4.9. 90다18500].[205)

(나) 공동성
① 객관적 행위공동성설
공동불법행위가 성립하기 위해 요구되는 공동성을 객관적인 행위의 공동으로 이해하는 견해가 객관적 행위공동성설이다. 이 견해는 행위자들 사이에 공모나 의사 또는 인식의 공동까지 필요한 것은 아니고 외형상으로 보았을 때 객관적으로 행위가 서로 연관 공동하고 있으면 충분하다는 것이다. 이와 같은 객관적 행위공동성설을 취할 경우 협의의 공동불법행위가 성립하는 범위가 확장되게 된다. 판례는 객관적 행위공동성설을 취하고 있다.

> 수인이 공동하여 타인에게 손해를 가하는 민법 제760조의 공동불법행위에 있어서 행위자 상호간의 공모는 물론 공동의 인식을 필요로 하지 아니하고, 다만 객관적으로 그 공동행위가 관련 공동되어 있으면 족하고 그 관련 공동성 있는 행위에 의하여 손해가 발생함으로써 그에 대한 배상책임을 지는 공동불법행위가 성립하는 것이다[대법원 2009.4.23. 2009다1313].[206)

---

204) 피고 각자가 언제 어떠한 고의 또는 과실에 기한 행위를 하였는지를 원고가 증명하지 못하면 공동불법행위 인정 불가.
205) 18세 11개월 된 미성년자의 부모는 가해 미성년자와 더불어 일반불법행위자로서 공동하여 모든 손해를 배상.

② 주관적 의사공동성설

주관적 의사공동성설은 불법행위자들 간에 공모나 의사 또는 인식의 공동이 존재하여야만 공동성을 인정한다. 자기책임의 원칙을 넘어 타인의 행위에 대한 손해까지도 배상책임을 지기 위해서는 객관적인 행위공동으로는 부족하고 '주관적인 공동의식의 존재에 따른 고양된 유책성'이 필요하며, 객관적 행위공동이 있다고 해서 인과관계의 부존재를 증명해도 책임감경이 되지 못한다는 것은 정당하지 않다는 것이다(지원림, 1825).

주관적 의사공동성설을 따를 경우, 주관적 의사공동 없이 객관적 행위공동만 있는 경우에는 중첩적 인과관계의 문제로서 자신의 기여분을 증명하면 책임이 경감되고, 객관적 행위공동 조차 없는 경우라면 가해자 불명의 복수행위로서 자신의 결과발생에 대한 인과관계 부존재를 증명하여 면책이 가능하다. 그러나 주관적 의사공동이 존재하는 한, 기능적인 행위분담에 의한 일부의 기여만 있더라도 책임경감이 불가능하다.

③ 절충설

공동성을 다양한 관점에서 설명하는 견해들도 다수 존재한다. 먼저 공동성을 의사적인 것, 객관적인 것 그리고 독립적인 것으로 각각 나누어 설명하는 견해, 주관적 공동관계가 있거나 혹은 주관적 공동관계에 준하는 밀접한 객관적 공동관계가 있는 경우에 공동성을 인정하는 견해, 객관적 관련공동성을 중심으로 주관적 관련공동성도 참작하여 판단하는 견해 등이 있다.

(다) 관련 문제
① 고의와 고의 간의 공동불법행위

고의의 불법행위와 고의의 불법행위 간에 공동불법행위가 성립되는 것은 자명하다. 고의의 불법행위자들 사이에서라면 의사공동이 존재하는 데 아무런 지장이 없으므로 공동성에 관한 어떠한 학설에 따르더라도 공동불법행위의 성립이 가능하다. 특히 의사공동은 존재하지만, 불법행위에 직접 가담하지 아니한 경우에도 공동불법행위가 성립된다[대법원 1957.3.28. 4289민상551].[207]

---

206) 허위·과장된 분양 광고의 경우 분양자뿐만 아니라 시공사도 공동불법행위 책임.
207) 수인이 폭행을 의사 연락하여 공모한 후 그중 1인 만이 폭행을 하여 사망케 한 경우에 공동

② 고의와 과실 간의 공동불법행위

고의의 불법행위와 과실의 불법행위 사이에 공동불법행위가 성립할 수 있는가에 대해서 주관적 의사공동성설에 의할 경우에는 과실의 불법행위자에게는 의사의 공동이 존재할 여지가 없으므로 과실의 불법행위자에게 공동불법행위책임을 지울 수는 없을 것이다. 다만 고의의 불법행위자가 타인의 과실에 의한 불법행위를 인식하고 이를 적극적으로 활용하는 경우라면, 그에게는 공동불법행위가 성립되어 과실에 의한 불법행위의 손해까지도 배상책임을 지울 수 있을 것이다. 공동성에 관해 객관적 행위공동성설에 의할 경우에는 과실의 불법행위에도 객관적 행위연관성이 인정될 수 있으므로 양자 모두 공동불법행위책임을 지울 수 있을 것이다. 객관적 행위공동성설을 취하는 판례도 고의와 과실 간의 공동불법행위가 성립된다고 인정하고 있다[대법원 1962.11.22. 62다579].

③ 과실과 과실 간의 공동불법행위

과실의 불법행위 사이에 공동불법행위가 성립될 수 있는가에 대해 주관적 의사공동성설에 의할 경우에는 부정되어야 하지만, 객관적 행위공동성설에 의할 경우에는 객관적 행위연관성이 존재하면 공동불법행위가 성립될 수 있다. 판례도 과실과 과실 간의 공동불법행위를 인정하고 있다[대법원 2010.10.14. 2007다3162].[208] 예를 들어 연쇄 추돌 교통사고도 공동불법행위가 성립되지만, 손해의 분담범위를 정할 때는 각각의 과실을 고려하게 된다[대법원 2019.6.27. 2018다226015].[209]

④ 무과실책임 또는 중간책임과의 공동불법행위

무과실책임 또는 중간책임과 과실책임 사이에도 공동불법행위가 성립될 수 있는가에 대해서 학설이 대립되고 있다. 각각의 행위가 불법행위로 인정되고 양자가 공동성이 있다면 공동불법행위가 성립되는 데 아무런 지장이 없는 것이므로, 무과실책임은 불법행위 성립에 아예 귀책사유를 요하지 않는 것에 불과하기 때문에 무

불법행위 성립.
208) 임상실험 단계에 있는 줄기세포를 판매하고 시술한 경우, 설명의무 위반 의사와 승인 없는 임상실험을 한 줄기세포 공급업체 대표이사의 공동불법행위 인정.
209) 고속도로에서 선행차량이 안전조치 없이 주행차로에 정지해 있는 사이에 후행차량들이 연쇄 추돌한 경우 공동불법행위가 성립되나, 선행차량의 과실은 후행사고로 인한 배상책임의 분담범위를 정할 때 참작.

과실책임과 과실책임 간의 공동불법행위 또는 무과실책임 간의 공동불법행위도 가능하다고 할 것이다. 판례도 각각 책임 없는 자 감독자책임을 지는 친권자와 교사 및 교장 간에 공동불법행위를 인정한 바 있다[대법원 2007.4.26. 2005다24318].[210]

다. 가해자 불명의 복수행위

(1) 의 의

공동 아닌 수인의 행위 중 어느 자의 행위가 그 손해를 가한 것인지 알 수 없는 때에도 연대하여 그 손해를 배상할 책임이 있다(제760조 제2항). 가해행위가 경합되어 행하여졌지만, 공동성이 결여된 경우라면 자기책임의 원칙상 각자 자기의 행위가 야기한 개별적 손해만을 단독으로 부담하는 것이 논리적이다. 그러나 각자가 야기한 손해를 명확히 구분하여 밝힐 수 없는 경우에 그 인과관계의 증명 불가에 따른 위험을 피해자에게 부담시키는 것은 부당하므로, 이처럼 인과관계가 불명한 경우에는 경합된 가해행위자 모두가 연대하여 책임을 지도록 하고 있다. 엄밀한 의미에서는 공동성이 없으므로 협의의 공동불법행위라고 할 수는 없으나 피해자 보호의 차원에서 민법은 제760조 제2항에서 가해자 불명의 복수행위를 광의의 공동불법행위중 하나의 유형으로 인정하고 있는 것이다.

(2) 요 건

(가) 각각의 불법행위 성립

가해자 불명의 복수행위가 성립되기 위해서는 우선 각각의 행위가 불법행위의 성립요건을 충족하여야 한다. 판례도 고의 또는 과실에 의한 위법·유책한 행위임을 전제로 한다고 밝히고 있다[대법원 2008.4.10. 2007다76306].

이 사건 교통사고와 관련된 피고를 포함한 '공동 아닌 수인'의 각각의 행위(다만, 고의 또는 과실에 의한 위법·유책한 행위임을 전제로 하는 것이다)와 위 손해발생 사이의 상당인과관계는 일응 법률상 추정되므로, 위 3차 충돌사고를 야기한 차량의 운전자인 피고가 위 법조항에 따른 공동불법행위자로서의 책임을 면하기 위하여서는 자기의 행위와 위 손해발생 사이에 상당인과관계가 존재하지 아니함을 적극적으로 주장·입증하여야 할 것

---

210) 학교폭력 가해 학생 부모의 과실과 담임교사, 교장의 과실이 경합하여 피해 학생이 자살한 경우, 부모와 학교설립 지자체의 공동불법행위 책임 인정.

이다[대법원 2008.4.10. 2007다76306].

(나) 비공동성

제760조 제2항에서 밝히는 바와 같이 공동 아닌 수인의 행위를 전제로 하므로, 각각의 행위 사이에 공동성이 존재하지 아니하여야 한다. 가해자 불명의 복수행위의 적용범위는 협의의 공동불법행위에서 공동성을 여하히 파악하는가에 따라서 달라지게 된다. 주관적 의사공동성설에 따를 경우 주관적 의사의 공동이 결여되는 경우이면서 객관적 행위공동 여부가 불분명한 경우에 가해자 불명의 복수행위가 성립될 것이다. 즉 수인의 행위 중 분명히 1인의 행위의 결과이지만 그것이 누구의 행위인지 알 수 없는 경우, 1인의 행위의 결과인지 수인의 행위 결과인지 알 수 없는 경우 그리고 주관적 공동의 범위를 넘은 가해행위의 행위자를 알 수 없는 경우를 들고 있다(지원림, 1826).

객관적 행위공동성설에 따르면 객관적 행위관련성이 없는 행위 중 누구의 행위에 의한 것인지 알 수 없는 경우가 여기에 해당될 것이다. 판례는 차량의 3중 충돌사고로 사망한 피해자가 어느 충돌사고로 사망하였는지 정확히 알 수 없는 경우[대법원 2008.4.10. 2007다76306], 다수의 의사가 의료에 관여한 경우 누구의 과실로 의료사고가 발생한 것인지 알 수 없는 경우[대법원 2005.9.30. 2004다52576][211]에 가해자 불명의 복수행위를 인정한 바 있다.

판례가 가해자 불명의 복수행위를 인정한 예가 그리 많지 아니한 이유는, 객관적 행위공동성에 입각하여 협의의 공동불법행위를 폭넓게 인정하여 온 태도에 기인한 것으로 생각된다. 구체적으로는 1차 충돌사고로 갓길에 있던 차량을 다시 충돌한 경우에 시간적 근접성을 들어 공동성을 인정하였고[대법원 1998.6.12. 96다55631], 교통사고로 중앙분리대를 파손시켜 조각을 반대차선으로 떨어뜨린 행위와 반대차선에서 그 조각을 피하려고 핸들을 급조작하다 발생한 교통사고의 경우에 공동성을 폭넓게 인정한 바 있다[대법원 1997.4.11. 97다3118].

---

211) 산재사고로 수지 절단을 당한 피해자가 치료 중 다수의 의사 중 원인불명의 의료사고로 사망한 경우에 산재사고와 의료사고 사이에 공동불법행위를, 의사들 간의 가해자 불명의 공동불법행위를 인정.

(다) 인과관계의 불명

복수행위와 결과 사이의 개별적인 인과관계가 불명한 경우에만 수인의 행위자들이 연대책임을 부담한다. 만약 누군가 자신의 행위와 손해 사이의 인과관계가 아예 존재하지 않음을 스스로 적극적으로 증명하면 면책되고, 자신의 행위가 가져온 손해의 범위를 명확히 증명한다면 그 범위 내에서만 배상책임을 지게 된다.

민법 제760조 제2항은 같은 조 제1항에서 말하는 공동의 불법행위로 보기에 부족한, 여러 사람의 행위가 경합하여 손해가 생긴 경우, 입증책임을 덜어줌으로써 피해자를 보호하려는 입법정책상의 고려에 따라 각각의 행위와 손해발생 사이의 인과관계를 법률상 추정한 것이므로, 이러한 경우 개별 행위자가 자기의 행위와 손해발생 사이에 인과관계가 존재하지 아니함을 입증하면 면책되고, 손해의 일부가 자신의 행위에서 비롯된 것이 아님을 입증하면 배상책임이 그 범위로 감축된다[대법원 2008.4.10. 2007다76306].

라. 교사·방조에 의한 공동불법행위

(1) 교 사

타인을 교사하여 불법행위를 하게 한 자도 공동행위자로 본다. 교사라 함은 불법행위의 의사가 없는 타인으로 하여금 불법행위의 의사결정을 하게 하는 일체의 행위를 말한다. 즉 타인에게 불법행위의 의사결정을 하게 한다는 특성상 교사는 고의의 불법행위를 대상으로만 가능한 것으로서, 과실에 대한 교사는 논리적으로 설명하기 어렵다. 예를 들어 급한 일로 빨리 목적지에 가자는 택시 승객의 성화에 택시 운전사가 과속을 하다가 사고를 낸 경우에 승객도 교사자로서 공동불법행위자가 되어야 하는가는 의문이다. 다만 과실에 '의한' 교사행위는 경우에 따라서 가능할 수도 있으나, 교사자에게 구체적인 주의의무가 존재해야 하고 교사행위와 불법행위 간에 상당인과관계가 있어야만 할 것이다.

(2) 방 조

타인을 방조하여 불법행위를 하게 한 자도 공동행위자로 본다. 방조라 함은 타인의 불법행위를 용이하게 하는 직접, 간접의 모든 행위를 가리키는 것이다[대법원 2007.6.14. 2005다32999].[212] 허위과장광고를 기사처럼 게재하여 이를 신뢰한 독자가 상거래를 하여 손해를 보았다면 언론사도 방조에 의한 공동불법행위책임을 광고주와 함께 부담한다[대법원 2018.1.25. 2015다210231]. 방조행위는 작위뿐만 아니라 부작위로도 가능하며, 고의에 의한 방조뿐만 아니라 과실에 의한 방조도 가능하다. 또한 방조행위와 불법행위 사이에는 상당인과관계가 존재해야 함은 물론이다[대법원 1998.12.23. 98다31264].

> 방조라 함은 불법행위를 용이하게 하는 직접, 간접의 모든 행위를 가리키는 것으로서 작위에 의한 경우뿐만 아니라 작위의무 있는 자가 그것을 방지하여야 할 제반 조치를 취하지 아니하는 부작위로 인하여 불법행위자의 실행행위를 용이하게 하는 경우도 포함하는 것이고, 이러한 불법행위의 방조는 형법과 달리 손해의 전보를 목적으로 하여 과실을 원칙적으로 고의와 동일시하는 민법의 해석으로서는 과실에 의한 방조도 가능하다고 할 것이며, 이 경우의 과실의 내용은 불법행위에 도움을 주지 않아야 할 주의의무가 있음을 전제로 하여 이 의무에 위반하는 것을 말하고, 방조자에게 공동불법행위자로서의 책임을 지우기 위하여는 방조행위와 피방조자의 불법행위 사이에 상당인과관계가 있어야 한다고 할 것이다[대법원 1998.12.23. 98다31264].

과실행위에 대한 방조도 가능한가에 대해서는 특별한 논의가 없으나 방조행위가 불법행위의 의사를 형성시키는 것이 아니라 불법행위를 용이하게 하는 모든 행위이므로 과실행위에 대한 방조도 논리적으로 가능할 것이다.

방조의 경우에 타인의 불법행위를 어느 정도 용이하게 하였는가를 묻지 아니하고 직접적인 불법행위자와 완전히 동일한 연대책임만을 지우는 것은 피해자 보호를 위해서는 도움이 될지 몰라도, 자기책임의 원칙을 과도하게 벗어나는 것은 아닌가 하는 의문이 있다. 특히 구체적인 사정에 따라서 적당히 책임범위를 제한할 수 있는 여지를 전혀 남기지 아니하는 것은 방조행위자에게 과도한 부담을 강제하는 것이라 생각되어 배상책임을 감경할 수 있도록 입법론적인 검토가 요구된다.

---

212) 영업부장의 주의의무를 위반한 투자유치행위를 경영진의 투자금 편취행위의 방조행위로 인정.

마. 공동불법행위자의 책임

(1) 연대책임

공동불법행위자는 그 손해를 연대하여 배상할 책임을 진다(제760조 제1항). 공동불법행위 유형과는 관계없이 행위자 모두가 연대책임을 지게 된다. 설령 공동불법행위에 가공한 정도가 경미하다고 해도 배상액을 제한하여서는 아니 된다[대법원 2001.9.7. 99다70365].[213]

제760조 제1항의 '연대하여'가 구체적으로 무엇을 의미하는지에 대해 판례[대법원 1999.2.26. 98다52469 외 다수]와 다수설은 부진정연대채무로 이해한다. 부진정연대채무는 채무자(배상의무자) 1인의 출재로 피해자(채권자)를 만족시키는 변제와 대물변제, 공탁 그리고 상계[대법원(전) 2010.9.16. 2008다97218]를 제외하면 다른 사유(경개, 면제[대법원 1982.4.27. 80다2555], 혼동, 시효[대법원 1997.12.12. 96다50896])는 모두 상대적 효력만이 발생할 뿐이므로, 피해자의 보호를 두텁게 할 수 있는 장점이 있다. 그러나 소수설은 단순연대채무라고 주장한다(송덕수, 1453).

판례와 다수설이 취하는 바와 같이 연대책임을 부진정연대채무라 파악하면 원칙적으로 부담부분이 존재하지 아니하여야 하지만, 후술하는 바와 같이 판례[대법원 1983.5.24. 83다카208]와 통설이 구상권을 인정한다는 점에서 완전한 형태의 부진정연대채무라고 보기는 어려울 것이고 '변형된 부진정연대채무'라고 보아야 할 것이다.

> 공동 불법행위자는 소위 부진정연대채무자로서 피해자에 대하여 연대하여 그 손해를 배상할 책임이 있고 공동 불법행위자의 한 사람이 그 손해의 전부를 배상하였을 때에는 다른 공동 불법행위자에게 그 부담할 책임에 따라 구상권을 행사한다[대법원 1983.5.24. 83다카208].

(2) 특별손해

공동불법행위자 중에 일부만이 예견가능한 특별손해에 대해서도 모두가 다 부

---

213) 공사감리자의 부실시공에 대한 과실이 시공사에 비해 경미하다고 하더라도 손해배상액은 제한되지 아니함.

진정연대채무를 부담해야 하는지에 대해서 학설이 대립되고 있다. 예견가능한 자만이 특별손해에 대해 책임을 진다는 견해(김준호, 1201), 협의의 공동불법행위와 교사 및 방조의 경우에만 전원에게 특별손해의 책임을 지운다는 견해(지원림, 1829), 모두가 연대책임을 진다는 견해(송덕수, 1453) 등이 대립되고 있다. 생각해보건대 심지어 방조 행위를 한 자까지도 자신이 예견할 수 없었던 특별손해에 대해서 부진정연대채무를 부담한다는 것은 과다한 부담이 아닐 수 없으므로, 오로지 협의의 공동불법행위자의 경우에만 전원이 특별손해를 부담하고, 그 외의 유형의 경우에는 예견가능한 자만이 특별손해에 대해 책임을 진다고 볼 것이다.

(3) 과실상계

피해자에게도 손해발생에 과실이 있는 경우 과실상계가 가능하다. 공동불법행위에서 공동불법행위자 1인에 대해서만 피해자가 과실이 있거나 혹은 과실비율이 상이한 경우, 다른 공동불법행위자도 동일하게 과실상계를 할 수 있는가가 문제로 된다. 학설은 크게 피해자의 과실을 가해자 전원에 대한 과실로 총체적으로 평가하는 전체적 평가설과 피해자 과실의 해당 가해자에 대해서만 과실상계를 인정하는 개별적 평가설로 나누어진다. 판례는 전체적 평가설에 따라서 과실상계는 공동불법행위자 전원에 대한 과실로 전체적으로 평가하여야 한다고 판시한 바도 있으나[대법원 1998.6.12. 96다55631],[214] 한편으로 개별적 평가설에 따라 공동불법행위자의 피해자에 대한 과실비율이 각각 다른 것을 인정하기도 한다[대법원 1992.2.11. 91다34233].[215] 개별적 평가설에 따라 공동불법행위자들의 손해배상액이 다른 경우에, 다액채무자인 공동불법행위자가 손해배상액의 일부를 변제한 경우에는 변제한 다액채무자가 단독으로 채무를 부담하는 부분부터 소멸된다[대법원(전) 2018.3. 22. 2012다74236].

공동불법행위자 중 고의에 의한 불법행위자가 있는 경우에도 모든 불법행위자를 대상으로 피해자에게 과실이 없는 것으로 보아야 하거나 모든 불법행위자가 과실상계의 주장을 할 수 없는 것이 아니므로[대법원 2007.6.14. 2006다78336],[216] 고

---

214) 1차 충돌과 2차 충돌이 객관적으로 관련공동성 있다면 각각의 과실비율이 달라도 과실상계는 전체적으로 평가.

215) 고압선 감전으로 추락한 사고로 입원 후 정신장애로 투신 사망한 경우, 한전과 병원의 공동불법행위의 과실비율을 달리함.

의를 제외한 과실에 의한 불법행위자는 과실있는 피해자를 상대로 과실상계의 주장을 할 수 있다.

(4) 내부적 구상관계

공동불법행위자 간의 연대책임을 부진정연대채무로 이해하면 내부적인 구상관계가 부정되는 것이 논리적이지만, 다수설과 판례는 부진정연대채무설을 따르면서도 구상권을 인정하고 있다. 부진정연대채무의 특성상 변제와 그에 준하는 경우에만 절대적 효력이 발생하므로, 변제를 통해 손해배상채권을 소멸시켜 공동면책을 얻은 공동불법행위자는 다른 공동불법행위자에게 자신의 부담부분을 넘은 범위에서 구상권을 행사할 수 있다[대법원 2006.2.9. 2005다28426]. 이 경우 다른 공동불법행위자의 구상채무는 각자의 부담부분에 따른 분할채무가 된다[대법원 2002.9.27. 2002다15917]. 그러나 내부적 부담부분이 전혀 없이 무과실책임에 따라 공동불법행위자로 된 자가 전액 변제를 한 경우라면, 내부적 부담부분이 있는 다른 공동불법행위자의 구상채무는 부진정연대채무라고 보는 것이 타당하다[대법원 2012.3.15. 2011다52727].

> 공동불법행위자는 채권자에 대한 관계에서는 부진정연대채무를 지되, 공동불법행위자들 내부관계에서는 일정한 부담 부분이 있고, 공동불법행위자 중 1인이 자기의 부담 부분 이상을 변제하여 공동의 면책을 얻게 하였을 때에는 다른 공동불법행위자에게 그 부담 부분의 비율에 따라 구상권을 행사할 수 있으므로 공동불법행위자가 구상권을 갖기 위하여는 반드시 피해자의 손해 전부를 배상하여야 할 필요는 없으나, 자기의 부담 부분을 초과하여 배상을 하여야 할 것이고, 피용자와 제3자가 공동불법행위로 피해자에게 손해를 가하여 그 손해배상채무를 부담하는 경우에 피용자와 제3자는 공동불법행위자로서 서로 부진정연대관계에 있고, 한편 사용자의 손해배상책임은 피용자의 배상책임에 대한 대체적 책임이어서 사용자도 제3자와 부진정연대관계에 있다고 보아야 할 것이므로, 사용자가 피용자와 제3자의 책임비율에 의하여 정해진 피용자의 부담 부분을 초과하여 피해자에게 손해를 배상한 경우에는 사용자는 제3자에 대하여도 구상권을 행사할 수 있다고 할 것이다 [대법원 2006.2.9. 2005다28426].

---

216) 고의 금원편취행위와 과실 방조행위가 공동불법행위가 된 경우 과실 방조행위는 피해자와 과실상계 가능.

구상권을 행사하기 위해서는 우선 자신의 부담부분을 초과하여 변제하여야 하며, 독특한 개인적인 관계에 의해 감경된 배상액은 구상관계에서는 적용될 수 없다[대법원 2000.12.26. 2000다38275].[217] 부담부분은 단순히 구상의 당사자 사이의 상대적 부담 비율만을 정하여서는 아니 되며, 또한 피해자가 여럿이고 피해자별로 공동불법행위자 또는 공동불법행위자들 내부관계에 있어서의 일정한 부담 부분이 다른 경우에는 피해자별로 구상관계를 달리 정하여야 한다[대법원 2002.9.24. 2000다69712].[218] 또한 구상권의 상대방이 부담하는 부분에 한해서만 구상권의 행사가 가능하며, 그 이상을 청구할 수는 없다[대법원 1978.3.28. 77다2499]. 그리고 설령 공동불법행위자 중에 일부가 손해배상청구권의 소멸시효를 완성시키더라도 이는 상대적 효력만 있을 뿐이므로, 자기 부담부분 이상의 변제를 한 자는 그 소멸시효가 완성된 자에게 대해서도 구상권을 행사할 수 있다[대법원 1997.12.12. 96다50896]. 피해자가 공동불법행위자중에 일부에 대해서 채무면제를 한 경우에도 면제받은 공동불법행위자에 대한 구상권의 행사가 가능하다[대법원 1997.10.10. 97다28391].[219]

제 5 절   특별법상 특수불법행위

1. 제조물책임

가. 제조물책임의 의의

(1) 제조물책임의 개념

제조물책임이란 제조물에 통상적으로 기대되는 안정성을 결여한 결함으로 인하여 생명, 신체나 제조물 그 자체 외의 다른 재산에 손해가 발생한 경우에 제조업자 등에게 지우는 손해배상책임을 말한다[대법원 1999.2.5. 97다26593]. 즉 제조물

---

217) 다수 차량의 충돌로 피해를 입은 경우 특정 운전자가 피해자와 운행자성을 공유하여 배상액이 감경되는 경우에 이러한 감경은 구상관계에서는 주장할 수 없음.
218) 다수 차량사고로 다수의 피해자와 다수의 가해자가 발생한 경우 각 피해자별로 구상관계를 결정.
219) 공동불법행위자 중 1인이 피해자의 부모에게 부동산을 이전하고 치료비를 대납하여 채무를 면제받은 경우 그 채무면제의 효력은 다른 공동불법행위자에게 미치지 않음.

의 상품적합성 결여로 제조물 그 자체에 생긴 손해는 제조물책임의 대상이 되지 못한다[대법원 2019.1.17. 2017다1448].[220] 제조물책임의 가장 큰 특징은 제조물의 결함으로 인하여 발생한 확대손해에 대한 손해배상책임이라는 점이다.

제조물책임은 제조물의 결함이 제조업자 등의 고의·과실에 의한 것임을 요하지 않는다는 점에서 무과실책임이다. 제조물책임은 피해자가 제조업자 등과 직접적인 계약관계에 있지 아니한 경우라면 계약상의 책임을 지울 수 없으므로 불법행위에 의한 구제 방법만이 고려되어야 하지만, 제조물에 대한 전문적 지식의 부족 등으로 인해 불법행위의 성립에 필요한 증명책임을 부담하는 데 상당한 어려움을 겪는 피해자를 소비자 보호의 차원에서 배려한 특수한 배상책임이라는 의의를 갖는다.

(2) 판례상의 제조물책임

제조물책임은 판례에 의해 구체적으로 형성된 법리로서 1970년대 후반 불량한 양계장 사료의 공급으로 닭들이 난소협착증으로 산란율이 저하된 사건[대법원 1977.1.25. 75다2092]에서 최초로 등장하여, 변압 변류기가 절연열화로 폭발한 경우 변압 변류기의 구조 내지 제조상의 결함을 추정하여 실질적으로 제조물책임을 인정한 바 있었다[대법원 1992.11.24. 92다18139]. 이후 상품 적합성 결여로 인한 노래방기기 자체에 손해가 발생한 경우에 제조물책임을 부정한 사건[대법원 1999.2.5. 97다26593][221]에서 판례가 '제조물책임'이라는 용어를 최초로 명시하였다.

이른바 제조물책임이란 제조물에 통상적으로 기대되는 안전성을 결여한 결함으로 인하여 생명, 신체나 제조물 그 자체 외의 다른 재산에 손해가 발생한 경우에 제조업자 등에게 지우는 손해배상책임이고, 제조물에 상품적합성이 결여되어 제조물 그 자체에 발생한 손해는 제조물책임이론의 적용 대상이 아니다[대법원 1999.2.5. 97다26593].

(3) 제조물책임법의 제정

2000년에 이르러 제조물책임법이 제정되면서 제조물책임이 판례에 의해 인정

---

220) 가스터빈의 블레이드가 파단되어 가스터빈이 손상되는 손해가 발생하였어도 이는 제조물 자체에 생긴 손해이므로 제조물책임대상이 아님.
221) 노래방기기의 결함으로 영업손해가 발생하였고 이 손해를 제조물책임으로 배상하라는 것이었으나 이는 부정됨.

되는 특수불법행위가 아니라 민사특별법에 의한 특수불법행위로 자리를 잡게 되었다. 제조물책임법은 "제조업자는 제조물의 결함으로 생명·신체 또는 재산에 손해(그 제조물에 대하여만 발생한 손해는 제외한다)를 입은 자에게 그 손해를 배상하여야 한다"라고 제3조 제1항에서 제조물책임을 규정하고 있다. 그리고 제조물책임법에 의해 제조물책임의 성립요건과 면책사유 등이 명확하게 구체화되어 적용되고 있다.

(4) 제조물책임과 공작물책임의 비교

제조물책임은 민법상의 특수불법행위인 공작물책임과 유사하여 종종 비교 대상이 된다. 양자를 비교하여 보면 제조물책임이나 공작물책임 모두 물건의 결함 또는 하자로 인한 손해에 대해 과실책임주의를 수정하는 특수불법행위책임이라는 점에서는 유사하다. 그러나 제조물책임은 제조업자가 부담하는 책임이지만, 공작물책임은 공작물의 점유자 또는 소유자가 부담하는 책임이다. 제조물은 공작물과 그 개념이 달라서 적용범위가 상이하다. 특히 도로, 건물 등의 부동산은 공작물이지만 제조물이 아니며, 전기는 제조물이지만(제조물책임법 제2조 제1호) 공작물은 아니다[대법원 1993.6.23. 93다11913]. 또한 공작물책임은 공작물소유자의 경우에는 면책이 허용되지 않으나, 제조물책임은 4가지의 면책사유가 인정되고 있다(제조물책임법 제4조).

나. 제조물책임의 요건

(1) 제조물

제조물책임법 제2조 제1호는 제조물을 "제조되거나 가공된 동산(다른 동산이나 부동산의 일부를 구성하는 경우를 포함한다)을 말한다"라고 개념 정의하고 있다. 따라서 부동산은 제조물이 되지 못하지만, 건물에 설치된 엘리베이터와 같이 부동산에 부합된 동산도 독립적으로 제조물이 된다. 그리고 동산 중에서도 '제조 또는 가공된' 것이어야 하므로 1차적 농수산물이나 분리된 혈액은 제조물이 아니다. 제조물은 일반적으로 불특정 다수의 소비자를 대상으로 생산되어 상업적으로 유통되는 상품이 대부분이지만, 고엽제와 같이 특정 소비자와의 공급계약에 따라 납품된 것도 포함된다[대법원 2013.7.12. 2006다17539].

소프트웨어도 제조물인가에 대해서는 소프트웨어의 물성과 관련하여 논란이 있으나, 내장된(embedded) 소프트웨어는 그 프로그램 자체가 아니라 그것이 포함된 기기 전체를 제조물로 다루어야 할 것이다. 예를 들어 전기밥솥에 내장된 소프트웨어에 결함이 있어서 전기밥솥이 폭발하였다면, 전기밥솥 그 자체를 제조물로 다루어 제조물책임을 인정하여야 한다.

(2) 결 함

제조물책임법은 제조물책임을 인정하기 위한 가장 중요한 요건인 결함에 대해 "해당 제조물에 다음 각 목의 어느 하나에 해당하는 제조상·설계상 또는 표시상의 결함이 있거나 그 밖에 통상적으로 기대할 수 있는 안전성이 결여되어 있는 것"이라고 개념 정의하고 있다(제조물책임법 제2조 제2호). 제조물책임법은 제조물의 결함을 다시 '제조상의 결함', '설계상의 결함', '표시상의 결함'의 3유형으로 나누어 규정하고 있다.

(가) 제조상의 결함

제조상의 결함이란 제조업자가 제조물에 대하여 제조상·가공상의 주의의무를 이행하였는지에 관계없이 제조물이 원래 의도한 설계와 다르게 제조·가공됨으로써 안전하지 못하게 된 경우를 말한다(제조물책임법 제2조 제2호 가목). 제조물의 설계에는 아무런 문제가 없었으나, 설계한 대로 만들지 못한 것이 제조상의 결함이 된다. 예를 들어 설계에는 유해물질 저장고 개폐장치의 유격을 0.01mm이하로 제작할 것으로 되어 있으나, 실제 부품을 가공하는 과정에서 주의의무를 다하였음에도 유격이 0.1mm로 제작되어 그 틈으로 유해물질이 새어나와 작업자의 신체에 손해를 입힌 경우가 이에 해당된다.

(나) 설계상의 결함

설계상의 결함이란 제조업자가 합리적인 대체설계를 채용하였더라면 피해나 위험을 줄이거나 피할 수 있었음에도 대체설계를 채용하지 아니하여 해당 제조물이 안전하지 못하게 된 경우를 말한다(제조물책임법 제2조 제2호 나목). 설계상의 결함이 있는지 여부는 제품의 특성 및 용도, 제조물에 대한 사용자의 기대 내용, 예상되는 위험의 내용, 위험에 대한 사용자의 인식, 사용자에 의한 위험회피의 가능성, 대체설계의 가능성 및 경제적 비용, 채택된 설계와 대체설계의 상대적 장단점 등 여러 사정을 종합적으로 고려하여 사회통념에 비추어 판단하여야 한다[대법원 2003. 9.5. 2002다17333].

제조업자가 인체에 유해한 독성물질이 혼합된 화학제품을 설계·제조하는 경우, 그 화학제품의 사용 용도와 방법 등에 비추어 사용자나 그 주변 사람이 그 독성물질에 계속적·반복적으로 노출될 수 있고, 그 독성물질이 가진 기능적 효용은 없거나 극히 미미한 반면, 그 독성물질에 계속적·반복적으로 노출됨으로써 사용자 등의 생명·신체에 위해가 발생할 위험이 있으며 제조업자가 사전에 적절한 위험방지조치를 취하기 전에는 사용자 등이 그 피해를 회피하기 어려운 때에는, 제조업자는 고도의 위험방지의무를 부담한다. 즉 이러한 경우 제조업자는 그 시점에서의 최고의 기술 수준으로 그 제조물의 안전성을 철저히 검증하고 조사·연구를 통하여 발생 가능성 있는 위험을 제거·최소화하여야 하며, 만약 그 위험이 제대로 제거·최소화되었는지 불분명하고 더욱이 실제 사용자 등에게 그 위험을 적절히 경고하기 곤란한 사정도 존재하는 때에는, 안전성이 충분히 확보될 정도로 그 위험이 제거·최소화되었다고 확인되기 전에는 그 화학제품을 유통시키지 말아야 한다. 따라서 제조업자가 이러한 고도의 위험방지의무를 위반한 채 생명·신체에 위해를 발생시킬 위험이 있는 화학제품을 설계하여 그대로 제조·판매한 경우에는 특별한 사정이 없는 한 그 화학제품에는 사회통념상 통상적으로 기대되는 안전성이 결여된 설계상의 결함이 존재한다고 봄이 상당하다[대법원 2013.7.12. 2006다17539].

의약품의 경우에도 설계상의 결함에 대해서는 원칙적으로 마찬가지로 판단되어야 하지만, 의약품은 통상 합성화학물질로서 인간의 신체 내에서 화학반응을 일으켜 질병을 치유하는 작용을 하는 한편 정상적인 제조과정을 거쳐 제조된 것이라 하더라도 본질적으로 신체에 유해한 부작용이 있다는 측면을 고려하여야 한다[대법원 2008.2.28. 2007다52287].[222]

(다) 표시상의 결함

표시상의 결함이란 제조업자가 합리적인 설명·지시·경고 또는 그 밖의 표시를 하였더라면 해당 제조물에 의하여 발생할 수 있는 피해나 위험을 줄이거나 피할 수 있었음에도 이를 하지 아니한 경우를 말한다(제조물책임법 제2조 제2호 다목).

---

222) 감기약 콘택600의 제조물책임을 부정하면서, 의약품의 경우에는 본질적으로 신체에 유해한 부작용이 있다는 측면을 고려한 판례.

표시상의 결함이 존재하는지 여부에 대한 판단을 함에 있어서는 제조물의 특성, 통상 사용되는 사용형태, 제조물에 대한 사용자의 기대의 내용, 예상되는 위험의 내용, 위험에 대한 사용자의 인식 및 사용자에 의한 위험회피의 가능성 등의 여러 사정을 종합적으로 고려하여 사회통념에 비추어 판단하여야 한다[대법원 2003.9.5. 2002다17333].[223]

(3) 인과관계

제조물책임은 제조물의 결함'으로' 생명·신체 또는 재산에 손해를 입은 자에게 배상하는 책임이므로, 결함과 손해 사이의 인과관계는 필요하다. 판례 역시 제조물책임의 성립을 위해서는 제조물의 결함 또는 제조업자의 과실과 손해 사이의 인과관계가 필요하다고 밝히고 있다[대법원 2008.2.28. 2007다52287].

인과관계의 증명에 대해서는 제조물의 결함으로 인해 손해를 입은 피해자를 보호하기 위하여 판례를 통해 증명책임을 완화하여 왔다. 피해자가 ① 제조물이 정상적으로 사용되는 상태, ② 사고가 제조업자의 배타적 지배영역에서 발생, ③ 어떤 자의 과실 없이는 통상 발생하지 않음을 증명하면, 판례는 결함의 존재와 결함과 손해 사이의 인과관계를 추정했었다. 이러한 피해자의 증명이 이루어지면 제조업자는 다른 원인으로 인한 사고의 발생을 증명함으로써 인과관계의 단절을 반증할 수 있다[대법원 2000.2.25. 98다15934].[224]

> 고도의 기술이 집약되어 대량으로 생산되는 제품의 결함을 이유로 그 제조업자에게 손해배상책임을 지우는 경우 그 제품의 생산과정은 전문가인 제조업자만이 알 수 있어서 그 제품에 어떠한 결함이 존재하였는지, 그 결함으로 인하여 손해가 발생한 것인지 여부는 일반인으로서는 밝힐 수 없는 특수성이 있어서 소비자 측이 제품의 결함 및 그 결함과 손해의 발생과의 사이의 인과관계를 과학적·기술적으로 입증한다는 것은 지극히 어려우므로 그 제품이 정상적으로 사용되는 상태에서 사고가 발생한 경우 소비자 측에서 그 사고가 제조업자의 배타적 지배하에 있는 영역에서 발생하였다는 점과 그 사고가 어떤 자의 과실 없이는 통상 발생하지 않는다고 하는 사정을 증명하면, 제조업자 측에서 그 사고가

---

223) 헬기 추락 사건에서 스태빌레이터의 비정상적인 작동이 일어날 수 있는 점을 경고하고 그에 대처하는 방법을 비행교범에서 설명하고 있으므로 표시상의 결함을 부정.

224) 내구연한을 1년 정도 초과한 텔레비전을 시청하던 중 폭발한 경우에 제조물책임을 인정한 사안.

제품의 결함이 아닌 다른 원인으로 말미암아 발생한 것임을 입증하지 못하는 이상 그 제품에게 결함이 존재하며 그 결함으로 말미암아 사고가 발생하였다고 추정하여 손해배상책임을 지울 수 있도록 입증책임을 완화하는 것이 손해의 공평·타당한 부담을 그 지도원리로 하는 손해배상제도의 이상에 맞는 것〈후략〉[대법원 2004.3.12. 2003다1677].

2017년 제조물책임법의 개정으로 제3조의2에서 피해자가 ① 해당 제조물이 정상적으로 사용되는 상태에서 피해자의 손해가 발생하였다는 사실, ② 그 손해가 제조업자의 실질적인 지배영역에 속한 원인으로부터 초래되었다는 사실, ③ 그 손해가 해당 제조물의 결함 없이는 통상적으로 발생하지 아니한다는 사실을 증명한 경우에는 제조물을 공급할 당시 해당 제조물에 결함이 있었고 그 제조물의 결함으로 인하여 손해가 발생한 것으로 법률상으로 추정하게 되었다. 여기에서 '실질적 지배영역'이라 함은 판례이론에서의 배타적 지배영역과 동일한 의미로 이해할 수 있다. 이러한 결함의 존재와 인과관계의 법률상 추정은 제조업자가 제조물의 결함이 아닌 다른 원인으로 인하여 그 손해가 발생한 사실을 증명하여 책임을 면할 수 있다.

제조물책임을 위한 인과관계의 증명에서 사고가 제조업자의 실질적인 지배영역에 속한 원인으로부터 초래되었다는 사실을 증명하는 것은 제조물의 특성에 따라서는 현실적으로 매우 어렵다. 보관중인 콜라병이나 정상 시청 중인 텔레비전은 그러한 증명이 쉽지만, 특히 논란이 되는 자동차 급발진의 경우는, 자율주행 자동차가 아닌 이상, 본질적으로 운전자의 행위 개입 없이는 운행이 불가능하므로 제조업자의 배타적 또는 실질적 지배영역에 속한 원인으로부터 초래되었다는 사실을 증명하는 것은 사실상 불가능하다는 한계가 있다[대법원 2004.3.12. 2003다16771].

(4) 손해의 발생

제조물의 결함으로 인하여 제조물 이외의 생명·신체 또는 재산에 손해가 발생하여야 하며, 그 제조물에 대하여만 발생한 손해는 제조물책임의 대상이 아니다(제조물책임법 제3조 제1항). '제조물에 대하여만 발생한 재산상 손해'에는 제조물 자체에 발생한 재산상 손해뿐만 아니라 제조물의 결함 때문에 발생한 영업 손실로 인한 손해도 포함되므로 그로 인한 손해는 제조물책임법의 적용 대상이 아니다[대법원 2015.3.26. 2012다4824].

다. 제조물책임의 효과

(1) 책임주체

제조물책임의 책임주체는 제조업자이다. 제조업자라 함은 ① 제조물의 제조·가공 또는 수입을 업으로 하는 자(제조물책임법 제2조 제3호 가목) 또는 ② 제조물에 성명·상호·상표 또는 그 밖에 식별 가능한 기호 등을 사용하여 자신을 ①의 자로 표시한 자 또는 ①의 자로 오인하게 할 수 있는 표시를 한 자(제조물책임법 제2조 제3호 나목)이다. 그러므로 제조물책임의 책임주체는 직접 제조물을 제작한 제작자는 물론이고 제조물의 가공업자, 수입업자 및 그러한 표시를 한 자뿐만 아니라 예외적으로는 유통업자까지도 포함된다. 이처럼 예외적이긴 하지만 유통업자까지도 책임주체로 확장하는 것이 피해자 보호를 위해서는 바람직할지라도, 과연 이것이 손해의 공평한 분담인가는 의문이다.

제조물책임을 부담하는 제조업자는 제조물의 제조·가공 또는 수입을 업으로 하는 자 또는 제조물에 성명·상호·상표 기타 식별 가능한 기호 등을 사용하여 자신을 제조업자로 표시하거나 제조업자로 오인시킬 수 있는 표시를 한 자를 말하고, 정부와의 공급계약에 따라 정부가 제시한 제조지시에 따라 제조물을 제조·판매한 경우에도 제조물에 결함이 발생한 때에는 제조물책임을 부담한다[대법원 2013.7.12. 2006다17539].

피해자가 제조물의 제조업자를 알 수 없는 경우에 그 제조물을 영리 목적으로 판매·대여 등의 방법으로 공급한 자는 제조물책임에 따른 손해를 배상하여야 한다. 다만, 피해자 또는 법정대리인의 요청을 받고 상당한 기간 내에 그 제조업자 또는 공급한 자를 그 피해자 또는 법정대리인에게 고지한 때에는 그러하지 아니하다(제조물책임법 제3조 제3항).

(2) 면책사유

제조물책임법은 제4조에서 다음과 같은 4가지의 면책사유를 규정하고 있다. ① 제조업자가 해당 제조물을 공급하지 아니하였다는 사실, ② 제조업자가 해당 제조물을 공급한 당시의 과학·기술 수준으로는 결함의 존재를 발견할 수 없었다는 사실, ③ 제조물의 결함이 제조업자가 해당 제조물을 공급한 당시의 법령에서 정하는 기준을 준수함으로써 발생하였다는 사실 또는 ④ 원재료나 부품의 경우에는 그 원재료나 부품을 사용한 제조물 제조업자의 설계 또는 제작에 관한 지시로 인하여 결함이 발생하였다는 사실을 증명하면 손해배상책임을 면한다(제조물책임법 제4조 제1항). 다만 제조물을 공급한 후에 그 제조물에 결함이 존재한다는 사실을 알거나 알 수 있었음에도 그 결함으로 인한 손해의 발생을 방지하기 위한 적절한 조치를 하지 아니한 경우에는 위의 ②에서 ④까지의 면책사유는 주장할 수 없다(제조물책임법 제4조 제2항).

> 베트남전 참전군인들이 고엽제에 함유된 독성물질인 TCDD에 반복적으로 노출되어 생명·신체에 유해한 결과가 발생할 위험이 있음을 예견하거나 예견할 수 있었음에도 그 위험을 방지할 고도의 주의의무를 위반하였다고 인정되는 이상, 피고들이 고엽제를 제조·판매한 때의 과학·기술 수준으로 고엽제의 결함을 발견할 수 없었다고 볼 수는 없다. 따라서 이를 전제로 하는 피고들의 면책 주장은 받아들일 수 없다[대법원 2013.7.12. 2006다17539].

(3) 징벌적 손해배상

제조업자가 소액 다수의 소비자피해를 발생시키는 악의적 가해행위를 하는 경우에는 불법행위에 따른 제조업자의 이익은 매우 크지만, 개별 소비자의 피해는 소액에 불과하여 소송을 통한 구제가 현실적으로 어렵게 된다. 이를 악용한 제조업자의 악의적인 불법행위가 계속되는 등 도덕적 해이가 발생할 우려가 있다. 따라서 2017년 제조물책임법의 개정을 통해 제조업자의 악의적 불법행위에 대한 징벌 및 장래 유사한 행위에 대한 억지력을 강화하고, 피해자에게는 실질적인 보상이 가능하도록 제조물책임에 징벌적 손해배상제를 도입하였다.

제조업자가 제조물의 결함을 알면서도 그 결함에 대하여 필요한 조치를 취하지 아니한 결과로 생명 또는 신체에 중대한 손해를 입은 자가 있는 경우에는 그 자에게 발생한 손해의 3배를 넘지 아니하는 범위에서 배상책임을 진다. 이 경우 법원은 배상액을 정할 때 ① 고의성의 정도, ② 해당 제조물의 결함으로 인하여 발생한 손해의 정도, ③ 해당 제조물의 공급으로 인하여 제조업자가 취득한 경제적 이익, ④ 해당 제조물의 결함으로 인하여 제조업자가 형사처벌 또는 행정처분을 받은 경우 그 형사처벌 또는 행정처분의 정도, ⑤ 해당 제조물의 공급이 지속된 기간 및 공급 규모, ⑥ 제조업자의 재산상태, ⑦ 제조업자가 피해구제를 위하여 노력한 정도를 고려하여야 한다(제조물책임법 제3조 제2항).

(4) 연대책임

제조물책임법에 따라서 동일한 손해에 대하여 배상할 책임이 있는 자가 2인 이상인 경우에는 연대하여 그 손해를 배상할 책임이 있다(제조물책임법 제5조). 제조물책임에 따른 다수의 연대책임 역시 구체적으로는 부진정연대책임이라고 보아야 할 것이다.

(5) 면책특약

제조물책임법에 따른 손해배상책임을 배제하거나 제한하는 특약은 무효이다. 다만, 소비자가 아니라 자신의 영업에 이용하기 위하여 제조물을 공급받은 자가 자신의 영업용 재산에 발생한 손해에 관하여 그와 같은 특약을 체결한 경우에는 면책특약이 유효하다(제조물책임법 제6조).

(6) 소멸시효

제조물책임법에 따른 손해배상의 청구권은 피해자 또는 그 법정대리인이 손해와 손해배상의무자를 모두 알게 된 날부터 3년간 행사하지 아니하면 시효의 완성으로 소멸한다(제조물책임법 제7조 제1항). 그리고 제조업자가 손해를 발생시킨 제조물을 공급한 날부터 10년 이내에 행사하여야 하고, 예외적으로 신체에 누적되어 사람의 건강을 해치는 물질에 의하여 발생한 손해 또는 일정한 잠복기간이 지난 후에 증상이 나타나는 손해에 대하여는 그 손해가 발생한 날부터 기산한다(제조물책임법 제7조 제2항). 이 10년의 기간을 제척기간이라고 보는 학설(김준호, 1223; 지원림, 1843)이 유력하지만, 판례는 소멸시효라고 판단하고 있다[대법원 2013.7.12. 2006다17539].

2. 자동차운행자책임

가. 자동차운행자책임의 의의

(1) 자동차손해배상보장법

자동차는 일상에서 가장 빈번하게 손해를 야기하는 위험한 물건이지만, 자동차를 운행하지 않는 생활은 상상하기 어렵다. 자동차사고는 모든 사람이 가해자가 될 수 있고 또 피해자도 될 수 있는 가해와 피해의 호환성이 높다. 자동차의 운행으로 사람이 사망 또는 부상하거나 재물이 멸실 또는 훼손된 경우 손해배상을 보장하는 제도를 확립하여 피해자를 보호하고 자동차사고로 인한 사회적 손실을 방지하기 위해 민사특별법으로서 자동차손해배상보장법이 제정되었다.

(2) 자동차운행자책임의 개념

자동차손해배상보장법은 제3조에서 "자기를 위하여 자동차를 운행하는 자는 그 운행으로 다른 사람을 사망하게 하거나 부상하게 한 경우에는 그 손해를 배상할 책임을 진다"고 규정하여 이른바 자동차손해배상책임을 명시하고 있다. 이를 '자동차운행자책임'이라고도 하며, 타인의 인체손해에 대해서만 적용되는 자동차운행자의 무과실책임이다. 이 규정은 민법 제750조의 특별규정이므로 당사자가 주장하지 않더라도 민법상 불법행위의 손해배상 규정에 우선하여 적용된다[대법원 1970. 11.24. 70다1501].

> 자동차손해배상보장법 제3조는 불법행위에 관한 민법 규정의 특별 규정이라고 할 것이므로 자동차 사고로 인하여 손해를 입은 자가 자동차손해배상보장법에 의하여 손해배상을 주장하지 않았다고 하더라도 법원은 민법에 우선하여 자동차손해배상보장법을 적용하여야 할 것〈후략〉[대법원 1997.11.28. 95다29390].

(3) 자동차운행자책임의 본질

무과실책임으로 구성되어 있는 자동차운행자책임의 본질에 대해 보상책임으로 이해하는 견해와 위험책임으로 이해하는 견해가 있다. 보상책임설에 따르면 이익이 귀속되는 자에게 그 손해까지 부담시켜야 하므로 누구를 위해 자동차가 운행되는가의 운행이익의 판단이 중요하지만, 위험책임설에 따르면 위험을 지배하는 자에게 책임을 지워야 하므로 자동차를 누가 운행하는가의 운행지배를 판단하는 것이 중요하다. 이는 자동차운행자책임의 주체를 판단하는 것과 논리적으로 밀접하게 연결되어 있다.

나. 자동차손해배상보장법의 개념 정의

자동차손해배상보장법 제2조에서는 몇 가지 중요한 개념을 정의하고 있다. 우선 '자동차'란 「자동차관리법」의 적용을 받는 자동차와 「건설기계관리법」의 적용을 받는 건설기계 중 대통령령으로 정하는 것을 말한다고 규정하여, 덤프트럭이나 기중기, 굴삭기 등의 중장비에도 이 법이 적용된다. '운행'이란 사람 또는 물건의 운송 여부와 관계없이 자동차를 그 용법에 따라 사용하거나 관리하는 것을 말한다. '자동차보유자'란 자동차의 소유자나 자동차를 사용할 권리가 있는 자로서 자기를 위하여 자동차를 운행하는 자를 말한다. 자동차보유자는 자동차운행자책임을 위한 개념이 아니라 책임보험 가입주체로서의 의미를 갖는다. 그리고 '운전자'란 다른 사람을 위하여 자동차를 운전하거나 운전을 보조하는 일에 종사하는 자를 말하며, 자동차운행자책임의 주체가 아니라 민법상 불법행위 책임주체로서의 의미이다.

다. 자동차운행자책임의 주체

자동차손해배상보장법 제3조의 자동차운행자책임의 주체는 '자기를 위하여 자동차를 운행하는 자'이다. 전술한 바와 같이 자동차운행자책임의 본질을 보상책임으로 보는가 아니면 위험책임으로 보는가에 따라 운행자의 개념은 상이하다. 즉 운행자 여부를 보상책임설에 따르는 경우에는 운행이익을 기준으로 판단하며, 위험책임설에 따르는 경우에는 운행지배를 기준으로 판단하게 된다. 학설은 양자 모두를 요구하는 견해(김준호, 1207; 지원림, 1834; 송덕수, 1458)와 운행지배만을 요구하고 운행이익은 운행지배의 하나의 징표로 보는 견해가 있으나, 판례는 양자 모두 요건으로 인정하여 운행자란 "자동차에 대한 운행을 지배하여 그 이익을 향수하는 책임주체"라고 판시하고 있다[대법원 1986.12.23. 86다카556].

자동차손해배상보장법 제3조는 위험책임과 보상책임원리를 바탕으로 하여 자동차에 대한 운행지배와 운행이익을 가지는 자에게 그 운행으로 인한 손해를 부담하게 하고자 함에 있으므로 여기서 말하는 "자기를 위하여 자동차를 운행하는 자"는 자동차에 대한 운행을 지배하여 그 이익을 향수하는 책임주체로서의 지위에 있는 자를 가르키는 것이라고 풀이되고, 한편 자동차의 소유자 또는 보유자는 통상 그러한 지위에 있는 것으로 추인된다 할 것이므로 사고를 일으킨 구체적 운행이 보유자의 의사에 기하지 아니한 경우에도 그 운행에 있어 보유자의 운행지배와 운행이익이 완전히 상실되었다고 볼 특별한 사정이 없는 한 보유자는 당해 사고에 대하여 위 법조의 운행자로서의 책임을 부담하게 된다 할 것이며 위 운행지배와 운행이익의 상실여부는 평소의 차량관리상태, 보유자의 의사와 관계없이 운행이 가능하게 된 경위, 보유자와 운전자와의 관계, 운전자의 차량반환의사의 유무와 무단운행후의 보유자의 승낙가능성, 무단운전에 대한 피해자의 주관적인 인식유무등 여러사정을 사회통념에 따라 종합적으로 평가하여 이를 판단하여야 할 것이다[대법원 1992.4. 14. 91다4102].

운행자성 여부와 관련된 판례들을 살펴보면, 사실상의 소유자가 있는 명부상의 소유자[대법원 2011.11.10. 2009다80309], 회사 차를 규정에 위반하여 직원 회식 후 부서장이 운행한 경우 회사[대법원 1999.9.17. 99다22328], A렌트회사로부터 렌트해서 그 승인 하에 다시 렌트해 주던 중 A렌트회사 모르게 렌트해 준 경우의 A렌트회사[대법원 1995.10.13. 94다17253], 매도하고 자동차의 명의를 변경하지 못한 매도인[대법원 1992.4.14. 91다4102]. 운전교습학원으로부터 교습용 자동차를 빌려 운전연습을 한 피교습자[대법원 2001.1.19. 2000다12532]에게 운행자성을 인정한 바 있다. 자동차를 임대차하는 경우에는, 특단의 사정이 없는 한, 임차인이 임차한 자동차에 대하여 운행을 지배하여 운행이익을 향유하는 자라고 한다[대법원 1993.6.8. 92다27782].

라. 자동차운행자책임의 요건

(1) 타인의 인체손해

자동차운행자책임은 가해 차량의 운행자와 운전자 이외의 자에게 발생한 인체손해에 대한 배상책임이다. 이러한 타인성에 대해서는 특히 운행이나 운전에 관련된 자들이 문제가 되고 있다. 판례는 운전의 보조에 종사하는 자의 타인성을 부정하지만, 장거리 교대 운전하는 비번인 교대 운전자[대법원 1983.2.22. 82다128], 굴삭기 보조 기사로 굴삭기 수리 업무 중에 있는 자[대법원 1999.10.13. 94다17253], 크레인 작동 방법을 호의로 지도하던 자[대법원 2010.5.27. 2010다5175]의 경우에 타인성을 인정한 바 있다.

> 운전의 보조에 종사한 자에 해당하는지를 판단함에 있어서는, 업무로서 운전자의 운전행위에 참여한 것인지 여부, 운전자와의 관계, 운전행위에 대한 구체적인 참여 내용, 정도 및 시간, 사고 당시의 상황, 운전자의 권유 또는 자발적 의사에 따른 참여인지 여부, 참여에 따른 대가의 지급 여부 등 여러 사정을 종합적으로 고려하여야 한다[대법원 2010.5. 27. 2010다5175].

(2) 운행기인성

자동차운행자책임은 자동차의 '운행으로' 다른 사람을 사망하게 하거나 부상하게 한 데 따른 책임이므로 운행 중의 사고이거나 운행으로 인한 사고여야 한다. 운행의 개념에 대해서는 엔진 시동상태의 이동 중이어야 한다는 원동기설, 로프로 견인당하는 것과 같은 엔진 시동 없는 이동도 포함한다는 주행장치설, 이동과 관계 없이 자동차의 고유 장치로 인한 손해도 포함한다는 고유장치설, 차고에서 나와서 차고로 돌아갈 때까지의 모든 위험을 포함한다는 차고출입설 등이 있다. 전통적으로 우리 판례는 고유장치설을 취해서 정차 중의 하차 사고도 운행 중의 사고로 파악하고 있다[대법원 1994.8.23. 93다59595].

그 외에 구급차 응급환자의 들 것을 떨어뜨려 상해를 입힌 사고[대법원 2004.7. 9. 2004다20340], 고속도로 사고로 수신호 중인 동승자를 다른 차량이 친 사고[대법원 2008.5.29. 2008다17359], 트레일러 적재함의 그레이더를 운전하다 적재함에서 타인을 추락시킨 사고[대법원 2009.4.9. 2008다93629], 부적절한 곳에 정차하여 하차 시 발생한 사고[대법원 1998.9.4. 98다22604]에 운행기인성을 인정하였다.

(3) 면책사유의 부존재

자동차손해배상보장법은 제3조에서 ① 승객이 아닌 자가 사망하거나 부상한 경우에 자기와 운전자가 자동차의 운행에 주의를 게을리하지 아니하였고, 피해자 또는 자기 및 운전자 외의 제3자에게 고의 또는 과실이 있으며, 자동차의 구조상의 결함이나 기능상의 장해가 없었다는 것을 증명한 경우 또는 ② 승객이 고의나 자살행위로 사망하거나 부상한 경우를 면책사유로 명시하고 있다. 이러한 면책사유는 운행자가 증명을 하여야 한다.

마. 다양한 경우의 자동차운행자책임 여부

(1) 대리운전

대리운전 중 운전기사의 과실로 보행자에게 손해를 입힌 경우 대리운전기사는 운전자로서 일반불법행위책임을 지고, 대리운전 회사가 운행자로 자동차운행자책임을 지며, 대리운전 의뢰인은 단순한 동승자에 불과하다[대법원 2005.9.29. 2005다25755].

> 대리운전 의뢰인과 대리운전 회사 사이의 내부관계에 있어서는 대리운전 회사가 유상계약인 대리운전계약에 따라 그 직원인 소외인을 통하여 위 차량을 운행한 것이라고 봄이 상당하므로 대리운전 의뢰인은 위 차량에 대한 운행지배와 운행이익을 공유하고 있다고 할 수 없고, 또한 자동차의 단순한 동승자에게는 운전자가 현저하게 난폭운전을 한다든가, 그 밖의 사유로 인하여 사고발생의 위험성이 상당한 정도로 우려된다는 것을 동승자가 인식할 수 있었다는 등의 특별한 사정이 없는 한, 운전자에게 안전운행을 촉구할 주의의무가 있다고 할 수 없다[대법원 2005.9.29. 2005다25755].

(2) 차량위탁

자동차 수리업자가 수리하는 동안에는 수리업자에게 운행지배권이 있지만[대법원 1995.2.17. 94다21856], 수리를 마친 후 이를 의뢰인에게 돌려주기 위하여 호의로 운행하는 도중에 발생한 사고에 대해서는 보유자에게 운행자성을 인정하였다[대법원 1993.2.9. 92다40167]. 자동차의 수리업자가 수리 완료 여부를 확인하고자 시운전을 하면서 동시에 수리의뢰자의 요청에 따라 수리의뢰자 등이 거주할 방을 알아보고자 운행한 경우에는 자동차 소유자와 수리업자의 공동 운행지배와 운행이익을 인정하였다[대법원 2002.12.10. 2002다53193].

(3) 주차대행

공중접객업소에서 주차대행 및 관리를 위한 주차요원에게 자동차를 맡긴 경우에는 주차장 관리자에게 운행자성을 인정하지만, 업소 이용객이 아니라 호의로 주차대행을 해주거나 자동차보유자의 요구에 의해 우발적으로 주차대행을 해준 경우에는 자동차보유자의 운행자성을 인정한다[대법원 2009.10.15. 2009다42703, 42710].

(4) 양도를 위한 인도

전문영업자가 아닌 아는 사람에게 자동차의 매도를 의뢰하여 보관시켰는데 제3자가 이를 무단운전한 경우에는 소유자에게 운행자성을 인정하였으나[대법원 1992. 5.12. 92다6365], 자동차영업소 직원에게 신차를 구입하면서 타던 차의 매매를 위탁하고 그 직원이 전문영업자에게 다시 위탁한 경우에는 소유자의 운행자성을 부정하였다[대법원 2002.11.26. 2002다47181]. 자동차를 매수하여 인도받고 사용하지만, 승용차 등록명의는 그대로 매도인으로 남아있더라도 매수인에게 운행자성을 인정하고 있다[대법원 1992.10.27. 92다35455]. 다만 할부로 구입한 영업용 차량을 타인에게 양도하여 인도하면서 양수인이 할부대금을 완납할 시점에 명의이전을 하기로 특약한 때에는, 양도인과 양수인 모두에게 운행자책임을 인정한 경우도 있다[대법원 1989.7.25. 88다카24752].

3. 환경오염책임

가. 환경오염책임의 개념

산업사회 이후 환경오염이 중요한 사회적 문제로 제기되어 왔으나 환경오염으로 인한 손해배상은 여전히 일반불법행위의 영역으로 다루어져 왔다. 불법행위법에서 환경오염으로 인한 손해는 주로 위법성 영역에서 수인한도론이나 인과관계의 증명 완화에 대한 간접반증이론 등의 논의가 특별히 이루어졌다. 그러나 환경오염에 대해 사법상의 사후적 구제로는 한계가 있으므로 공법적인 사전적 예방과 사후적 구제 모두가 병행되어야 할 필요가 제기되었고 이에 따라 환경정책기본법이 1990년 제정되었다.

환경정책기본법은 공법적 성격을 갖는 것이어서 제4조에서 국가 및 지방자치단체의 책무를 규정하고, 제7조의2에서 수익자 부담원칙에 따라 국가 및 지방자치단체는 국가 또는 지방자치단체 이외의 자가 환경보전을 위한 사업으로 현저한 이익을 얻는 경우 이익을 얻는 자에게 그 이익의 범위에서 해당 환경보전을 위한 사업 비용의 전부 또는 일부를 부담하게 할 수 있는 법적 근거를 마련하는 등의 환경정책 전반을 규율하고 있다.

한편으로 환경정책기본법은 환경오염에 관한 민사법적 책임에 대해서도 제7조에서 오염 원인자 책임원칙 및 제44조에서 환경오염의 피해에 대한 무과실책임과 연대책임을 규정하고 있다. 즉 자기의 행위 또는 사업활동으로 환경오염 또는 환경훼손의 원인을 발생시킨 자는 그 오염·훼손을 방지하고 오염·훼손된 환경을 회복·복원할 책임을 지며, 환경오염 또는 환경훼손으로 인한 피해의 구제에 드는 비용을 부담함을 원칙으로 한다. 또한 환경오염 또는 환경훼손으로 피해가 발생한 경우에는 해당 환경오염 또는 환경훼손의 원인자가 그 피해를 배상하여야 하고, 환경오염 또는 환경훼손의 원인자가 둘 이상인 경우에 어느 원인자에 의하여 피해가 발생한 것인지를 알 수 없을 때는 각 원인자가 연대하여 배상하여야 한다.

나. 무과실책임으로서 환경오염책임

환경정책기본법상의 환경오염책임은 과실을 성립요건에서 배제함으로써 완전한 무과실책임이 되었다. 따라서 원인자에게 귀책사유가 없더라도 그 피해를 배상하여야 한다[대법원 2008.9.11. 2006다50338]. 특히 원인자는 사업자에 국한하지 않고 모든 사람이 이에 해당된다[대법원 2018.9.13. 2016다35802].

> 환경정책기본법 제44조 제1항은 민법의 불법행위 규정에 대한 특별 규정으로서, 환경오염 또는 환경훼손의 피해자가 그 원인을 발생시킨 자(이하 '원인자'라 한다)에게 손해배상을 청구할 수 있는 근거규정이다. 위에서 본 규정 내용과 체계에 비추어 보면, 환경오염 또는 환경훼손으로 인한 책임이 인정되는 경우는 사업장에서 발생되는 것에 한정되지 않고, 원인자는 사업자인지와 관계없이 그로 인한 피해에 대하여 환경정책기본법 제44조 제1항에 따라 귀책사유를 묻지 않고 배상할 의무가 있다[대법원 2018.9.13. 2016다35802].

다. 환경오염책임의 요건

(1) 환경오염 또는 환경훼손

환경오염책임이 성립되기 위해서는 환경오염이나 환경훼손이 존재하여야 한다.

환경정책기본법에 의하면 '환경오염'이란 사업활동 및 그 밖의 사람의 활동에 의하여 발생하는 대기오염, 수질오염, 토양오염, 해양오염[대법원 2003.6.27. 2001다734],[225) 방사능오염[대법원 2018.9.13. 2016다35802], 소음·진동[대법원 2008.9.11. 2006다50338],[226) 악취, 일조 방해, 인공조명에 의한 빛공해 등으로서 사람의 건강이나 환경에 피해를 주는 상태를 말하며(환경정책기본법 제3조 제4호), '환경훼손'이란 야생동식물의 남획 및 그 서식지의 파괴, 생태계질서의 교란, 자연경관의 훼손, 표토(表土)의 유실 등으로 자연환경의 본래적 기능에 중대한 손상을 주는 상태를 말한다(환경정책기본법 제3조 제5호).

방사능에 오염된 고철은 원자력안전법 등의 법령에 따라 처리되어야 하고 유통되어서는 안 된다. 사업활동 등을 하던 중 고철을 방사능에 오염시킨 자는 원인자로서 관련 법령에 따라 고철을 처리함으로써 오염된 환경을 회복·복원할 책임을 진다. 이러한 조치를 취하지 않고 방사능에 오염된 고철을 타인에게 매도하는 등으로 유통시킴으로써 거래 상대방이나 전전 취득한 자가 방사능오염으로 피해를 입게 되면 그 원인자는 방사능오염 사실을 모르고 유통시켰더라도 환경정책기본법 제44조 제1항에 따라 피해자에게 피해를 배상할 의무가 있다[대법원 2018.9.13. 2016다35802].

(2) 수인한도를 넘는 피해 발생

환경오염 또는 환경훼손으로 인하여 타인에게 피해를 주어야 한다. 여기에서의 피해는 일반불법행위에서의 손해와 동일한 의미로 이해될 수 있다. 환경정책기본법 제44조에서는 수인한도를 넘을 것을 명시적으로 규정하고 있지는 않지만, 피해가 수인한도를 넘는 것이라야 위법성이 인정되어 배상책임이 발생된다고 할 것이다. 판례 역시 유해의 정도가 사회통념상 참을 한도를 넘을 것을 요건으로 하고 있다[대법원 2020.6.25. 2019다292026, 292033, 292040]. 피해의 정도가 수인한도를 넘는다는 증명책임은 피해자가 부담한다[대법원 2019.11.28. 2016다233538].

유해배출물로 인하여 제3자가 손해를 입은 경우에는 그 위법성을 별도로 판단하여야

---

225) 원전 냉각수 순환시 발생되는 온배수의 배출도 사람의 활동에 의하여 자연환경에 영향을 주는 수질오염 또는 해양오염에 해당.

226) 신축공사장의 지하 터파기 및 흙막이 공사과정에서 소음과 진동이 발생하여 사람의 건강이나 환경에 피해를 주는 것도 환경오염.

하고, 이러한 경우의 판단 기준은 그 유해의 정도가 사회생활상 통상의 수인한도를 넘는 것인지 여부이다[대법원 2003.6.27. 2001다734].

수인한도론과 관련하여 소음 등을 포함한 공해 위험지역으로 피해자 스스로 이주한다면 가해자의 면책을 인정할 수 있는가는 어려운 문제이다. 일반인이 공해 등의 위험지역으로 이사하여 거주한 경우에 가해자의 책임을 감면하지 않은 판례[대법원 2004.3.12. 2002다14242][227)]와 과실상계에 준하여 감액사유로 고려한 판례[대법원 2005.1.27. 2003다49566][228)]를 찾아볼 수 있다. 한편으로는 이미 운영 중이거나 운영이 예정된 고속도로에 근접하여 주거를 시작한 경우에는 '참을 한도' 초과 여부를 보다 엄격히 판단하여야 한다는 판례[대법원 2015.10.15. 2013다89433, 89440, 89457]도 있다.

(3) 인과관계

환경오염책임도 환경오염 또는 환경훼손'으로' 피해가 발생하여야 하므로 환경오염 또는 환경훼손과 피해 사이의 인과관계가 요구된다. 이 인과관계에 대해서는 전통적으로는 피해자의 증명책임을 완화하기 위해 개연성이론이 인정되어 왔으나, 1980년 중반 이래 간접반증이론이 판례[대법원 1984.6.12. 81다558]에 의해 유지되어 왔다. 따라서 피해자가 유해한 원인물질의 배출, 유해의 정도가 사회통념상 수인한도를 넘는 사실, 원인물질의 피해물건에의 도달, 손해의 발생만을 증명하면 가해자는 그것이 무해하다는 것을 증명하지 못하는 한 책임을 면할 수 없다[대법원 2020.6.25. 2019다292026, 292033, 292040].[229)]

대기오염이나 수질오염 등에 의한 공해로 인한 손해배상을 청구하는 소송에서 피해자에게 사실적인 인과관계의 존재에 관하여 과학적으로 엄밀한 증명을 요구하는 것은 공해로 인한 사법적 구제를 사실상 거부하는 결과가 될 수 있는 반면에, 기술적·경제적으로 피해자보다는 가해자에 의한 원인조사가 훨씬 용이한 경우가 많을 뿐만 아니라 가해자는 손해발생의 원인을 은폐할 염려가 있기 때문에, 가해자가 어떤 유해한 원인물질을 배출하

227) 매향리 미군 사격장 소음피해 사건.
228) 김포공항 주변 소음피해 사건.
229) 경마장에서 경주로에 뿌린 결빙방지용 소금으로 인해 인근 화훼농원에 염이온농도가 높은 지하수가 유입되어 분재와 화훼가 고사한 사안.

고 그것이 피해물건에 도달하여 손해가 발생하였다면 가해자 측에서 그것이 무해하다는 것을 증명하지 못하는 한 가해행위와 피해자의 손해발생 사이의 인과관계를 인정할 수 있다. 그러나 이 경우에 있어서도 적어도 가해자가 어떤 유해한 원인물질을 배출한 사실, 그 유해의 정도가 사회통념상 일반적으로 참아내야 할 정도를 넘는다는 사실, 그것이 피해물건에 도달한 사실, 그 후 피해자에게 손해가 발생한 사실에 관한 증명책임은 피해자가 여전히 부담한다[대법원 2019.11.28. 2016다233538].

라. 손해배상

환경오염 또는 환경훼손의 원인자가 그 피해를 배상하여야 하며, 환경오염 또는 환경훼손의 원인자가 둘 이상인 경우에 어느 원인자에 의하여 피해가 발생한 것인지를 알 수 없을 때는 각 원인자가 연대하여 배상하여야 한다(환경정책기본법 제44조 제2항). 여기에서의 연대란 부진정연대책임을 의미한다고 보아야 할 것이다.

제 2 장

부당이득

제2장　부당이득

제1절　부당이득 서설

1. 개　　념

가. 의　　의

법률상 원인 없이 타인의 재산 또는 노무로 인하여 이익을 얻고 이로 인하여 타인에게 손해를 가한 자는 그 이익을 반환하여야 한다(제741조). 모든 재산적 이익은 그것이 귀속될 정당한 근거가 있는 자에게 귀속되어야 한다. 누군가에게 재산적 이익이 종국적으로 귀속되기 위해서는 이를 정당화하는 '법적 근거'(causa)가 필요하다. 이 정당화 법적 근거가 제741조의 '법률상 원인'이다. 이익 귀속에 대한 법률상 원인 없이 타인에게 손실을 주면서 얻은 이익을 부당이득이라고 한다.

손실자는 부당이득을 얻은 자에게 그 이익을 반환할 것을 청구할 수 있는데, 이것이 제741조 이하 법률 규정에 의해 발생되는 법정채권인 부당이득반환청구권이다. 예를 들어 물건의 소유권을 취득하기 위해서는 매매계약, 무주물 선점, 선의취득 등의 법적 근거를 필요로 한다. 타인의 물건을 절취한 자는 이익 귀속을 정당화할 수 있는 법률상 원인이 결여되었으므로 소유권을 취득할 수 없고, 손실을 입은 원래의 소유권자에게 그 이익을 반환하여야 한다. 그러나 첨부와 같이 소유권 취득을 인정하면서 동시에 부당이득에 의한 보상청구도 명문으로 규정하는 예외적인 경우도 있다(제261조).

나. 법률사실의 성질

부당이득은 법률상 원인 없이 이익이 귀속되고 있다는 사실로부터 법률효과가 발생된다. 부당이득의 성립을 위해서 사람의 의사적 용태가 반드시 필요한 것은 아니다. 예를 들어 갑의 집 빨랫줄에 널린 옷이 강풍에 날아가 옆집 을의 마당에 떨어진 경우에도 부당이득은 성립된다. 그러므로 부당이득의 법률사실로서의 성질은 '사건'이라고 할 수 있고, 법률효과 발생을 위해서 다른 법률사실을 필요로 하지 않으므로 법률사실인 동시에 그 자체로 법률요건이 된다.

부당이득이라는 법률사실이자 법률요건이 충족되면, 법률효과는 당사자의 의사가 아닌 법률에서 정한 대로 발생된다. 부당이득은 법정채권 발생원인이며, 이 점에서는 불법행위나 사무관리와 같다. 그러나 법률사실의 성질 측면에서 불법행위나 사무관리는 사람의 의식적인 외부적 용태라는 점에서, 사건에 해당하는 부당이득과는 구별된다.

2. 핵심 요소

부당이득은 크게 4가지의 핵심적인 요소로 구성된다. 먼저 법률상 원인이 결여된 경우의 이해관계 조절이다. 민법전 상의 용어는 '법률상 원인'이지만, 좁은 의미의 법률을 말하는 것은 아니고 광범위한 법규범을 말하는 것이다. 또 '원인'이라는 용어를 사용하지만, 이는 로마법상 'causa'의 일본식 번역 영향을 강하게 받은 것이므로 '정당화 근거'라는 의미로 이해하는 것이 바람직하다. 예를 들어 매매계약이 체결되어 당사자 일방이 급부를 이행하였으나 무효 또는 취소되거나 채무불이행으로 계약을 해제하게 되면, 계약관계가 소멸되어 이행된 급부의 보유를 정당화할 법률상 원인이 결여된다. 따라서 수령한 급부는 부당이득으로 반환되어야 한다.

둘째로 부당이득은 이익의 조절이므로 핵심은 이익의 존재이다. 이익의 존재라는 수익자 영역에서의 판단이 부당이득의 가장 결정적인 요소이다. 설령 누군가에게 손해가 발생하였어도 이익을 얻은 사람이 없다면 부당이득은 성립되지 않는다. 예를 들어 바닷가에 있는 주택의 빨랫줄에 널린 옷이 바람에 날아가 바다 한가운데로 밀려 나간 상태라면, 손해는 있으나 이익을 얻은 사람이 존재하지 않으므로 부당이득이 성립될 수 없다. 그러므로 피해자의 손해에 초점을 맞추는 불법행위나 관리자의 소요된 비용에 중점을 두는 사무관리와 구별된다.

셋째로 이익이 부당이득자에게 이전됨에 따라 타인이 이익을 상실하는 손해가 발생해야 부당이득이 된다. 민법의 법전상 용어는 '손해'라는 표현을 사용하지만, 타인의 귀책사유에 의하지 않은 불이익도 포함하므로 '손실'의 의미에 더 가깝다. 부당이득은 타인에게 손해를 발생시키면서 얻은 법률상 원인 없는 이익이므로 그 손해를 입은 자가 부당이득을 반환받을 청구권자가 된다. 손해의 존재를 요하므로 타인에게 손해를 끼치지 않는 사실상의 이익이나 반사적 이익은 부당이득이 아니므로 귀속이 가능하다. 설령 이익의 귀속에 규범적인 정당화 근거가 없을지라도 타인에게 손해를 발생시키지 않았다면, 반환을 청구할 사람이 존재하지 않으므로 법적 문제가 생길 여지가 없다.

끝으로 부당이득의 법률효과는 '이익의 반환'이다. 제741조는 부당이득의 법률효과가 '이익을 반환'하는 것이라고 명시하고 있다. 이익의 반환을 통해 현재의 이익 상황을 부당이득이 있기 이전의 상태로 회복하는 것이 부당이득의 제도적 핵심이다. 이 점은 금전을 통한 '손해의 배상'으로 피해자를 손해발생 이전의 상태로 회복시키고자 하는 불법행위나 '비용의 상환'으로 사무관리자의 지출을 전보해주고자 하는 사무관리와는 확연히 구별된다.

3. 유형화 이론

가. 통 일 설

법률관계에서 법률상 원인이 결여되는 현실적인 모습은 매우 다양하다. 매매계약이 해제되거나, 음식점에서 실수로 타인의 신발을 신고 나오거나, 또는 옆집에서 키우는 애완견이 자신의 집으로 들어온 경우 모두 법률상 원인이 결여되는 상황이지만, 구체적인 양태는 매우 이질적이다. 그럼에도 불구하고 부당이득을 '공평의 이념'이라는 단일한 기초 위에 성립된 통일적 제도로 이해하는 것이 전통적인 다수설이자 대법원 판례였다.

현재까지도 다수의 대법원 판례는 통일설을 취하고 있다. 통일설에 따르면 부당이득제도의 근본 취지는 공평의 이념에 입각한 것이므로[대법원(전) 1979.11.13. 79다483],[1] 부당이득이 성립되는 유형을 다양하게 세분화할 이유가 없다. 오로지 부당한 재산적 가치 이동의 사후 교정수단일 뿐이며, 재산적 가치가 왜 부당하게 이동하였는가에 따라 손실자의 급부행위에 기인한 경우와 기타의 경우로만 나눌 뿐이다.

나. 비통일설

부당이득이 성립되는 다양한 모습을 단지 공평의 이념이라는 단일한 제도적 취지로 설명하는 것은 한계가 있다. 따라서 부당이득의 유형적 단일성과 통일적 이념을 포기하고 그 실질에 따라 유형을 세분화하는 견해가 독일 현대 민법학의 영향을 받아 대두되었다. 이처럼 부당이득의 유형에 따라 각각의 근거와 요건 및 효과를 정교하게 이론구성하는 견해를 비통일설이라 한다. 그 유형으로 제시되는 것은 급부부당이득, 침해부당이득, 비용부당이득, 구상부당이득 등이 있다.

최근 대법원 판례 중에는 비통일설을 취한 판결도 상당수 있으며, 판결문에서 '급부부당이득'과 '침해부당이득'의 유형을 명시적으로 구분한 판례[대법원 2018.1. 24. 2017다37324]도 찾아볼 수 있다.

> 당사자 일방이 자신의 의사에 따라 일정한 급부를 한 다음 그 급부가 법률상 원인 없음을 이유로 반환을 청구하는 이른바 급부부당이득의 경우에는 법률상 원인이 없다는 점에 대한 증명책임은 부당이득반환을 주장하는 사람에게 있다. 〈중략〉 이는 타인의 재산권 등을 침해하여 이익을 얻었음을 이유로 부당이득반환을 구하는 이른바 침해부당이득의 경우에는 부당이득반환 청구의 상대방이 그 이익을 보유할 정당한 권원이 있다는 점을 증명할 책임이 있는 것과 구별된다[대법원 2018.1.24. 2017다37324].

그러나 부당이득 유형 사이의 경계가 항상 일도양단적으로 구분되는 것은 아니다. 급부부당이득과 침해부당이득 중 어디에 해당되는지 구분이 어려운 경우도 종종 있다. 소유권 유보부 매매계약으로 매수인에게 인도된 철강재를 제3자와의 도급계약에 따라 신축건물에 부합시킨 경우[대법원 2009.9.24. 2009다15602][2]에 매수인의 부당이득이 급부부당이득인지 침해부당이득인지 명확히 구분하기 어렵다.

---

1) 불법원인급여의 경우 부당이득뿐만 아니라 물권적 청구권에 기한 반환도 부정된다는 것인데, 판결문에서 "공평의 이념에 입각하고 있는 부당이득제도의 근본 취지"라고 명시하고 있다.

2) 이 판결은 부합으로 소유권을 취득한 제3자에 대한 매도인의 부당이득반환청구가 쟁점이나, 대법원은 소유권 유보 사실을 과실 없이 알지 못한 경우에는 선의취득과 마찬가지로 이익을 보유할 법률상 원인이 있다고 하여 제3자의 부당이득 성립을 부정.

매매계약에 의한 급부행위로 인도되었다는 점에 주목하면 급부부당이득이라고 할 것이지만, 소유권이 유보되어 있는 타인의 물건을 제3자에게 부합으로 취득시켰다는 점에 초점을 맞추면 침해부당이득이라고 볼 수도 있다.

(1) 급부부당이득

급부부당이득은 계약관계 등에 의해 행해진 급부행위가 부당이득의 원인을 이루는 유형을 말하며, 주로 계약의 보충규범으로서 역할을 하게 된다. 계약에 따른 이행이 이루어진 후에 계약이 무효, 취소, 또는 해제되거나, 계약관계 종료 이후의 수익행위 등이 전형적인 급부부당이득 발생사유가 된다. 계약의 목적을 달성하지 못한 상태에서 계약의 해소 사유가 발생하게 되면, 사후 이해관계의 조절수단으로 급부부당이득이 적용된다. 즉 계약관계의 발생 이전으로 양 당사자의 이익 상태를 복귀시키기 위한 제도적 기능을 급부부당이득이 담당하게 된다.

(2) 침해부당이득

침해부당이득은 정당한 권리자의 권리를 침해하는 행위가 부당이득의 원인을 이루는 유형을 말하며, 불법행위의 보충규범으로서 역할을 하게 된다. 주로 물건의 무단점유, 무단사용, 무단처분, 부합·혼화·가공 등으로 인한 소유권 상실, 경매 절차의 부당한 배당 등이 전형적인 침해부당이득 발생사유가 된다. 침해부당이득은 침해의 위법성이나 귀책사유를 요하지 않는다는 점에서 불법행위가 기능하지 못하는 침해영역에서도 사후 조절수단으로 중요한 기능을 한다.

침해부당이득은 반드시 침해자의 행위에 의해서만 이루어지는 것은 아니다. 자연현상에 의해서 타인의 소유물을 아무런 인식없이 보유하게 되는 경우에도 침해부당이득이 성립될 수 있다. 이 점에서 특히 침해부당이득이 '사건'이라는 법률사실의 성질을 잘 보여주고 있다. 침해부당이득의 특징은 권리의 침해가 있다는 사실 그 자체가 손해라고 할 수 있으므로, 부당이득의 성립요건 중 손해발생 여부의 판단이 사실상 무의미하게 된다.

(3) 비용부당이득

비용부당이득은 자기의 재산을 의무없이 자의적으로 지출하여 타인에게 이익을 발생시키는 행위가 부당이득의 원인을 이루는 유형을 말한다. 비용부당이득은 재산의 지출이 계약관계 등에 따른 급부행위로서 이루어진 것이 아니라는 점에서 급부부당이득과는 구별되며, 자의적으로 지출이 이루어졌다는 점에서 침해부당이득과 구분된다. 자신의 지출로 타인에게 이익이 발생한 경우에 대해 제203조 점유자의 상환청구권과 같이 적용되어야 할 명시적인 민법 규정이 존재하기도 한다. 비용부당이득은 이러한 경우에 적용될 명문 규정이 없을 때 보충적으로 적용된다.

비채변제, 타인 물건에 대한 비용지출 등이 전형적인 발생사유인 비용부당이득은 주로 사무관리와 밀접한 관계가 있다. 이타적인 목적으로 재산의 자의적인 출연을 통해 타인에게 이익을 준 경우에는 부당이득보다 사무관리가 우선적으로 적용된다. 사무관리가 성립하게 되면, 관리행위로 인한 이익은 본인에게 귀속되고 본인은 사무관리자에게 비용상환 의무를 부담하게 된다.

> 제3자가 유효하게 채무자가 부담하는 채무를 변제한 경우에 채무자와 〈중략〉 계약관계가 없으면 특별한 사정이 없는 한 민법 제734조 제1항에서 정한 사무관리가 성립하여 민법 제739조에 정한 사무관리비용의 상환청구권에 따라 구상권을 취득한다[대법원 2022.3.17. 2021다276539].

그러나 오신사무관리와 같이 자기의 비용을 지출하여 타인에게 이익이 되었으나 사무관리 의사의 결여로 사무관리가 성립되지 못하는 경우에는 비용부당이득이 당사자간의 이익 조절수단으로 중요한 기능을 한다. 즉 사무관리의 보충규범으로서 역할을 하고 있다.

(4) 구상부당이득

구상부당이득은 세 당사자 사이에서 이루어지며 제3자가 타인의 채권자에게 채무를 변제하여 채무자가 면책되는 경우의 유형을 말한다. 주로 공동불법행위자의 구상권, 대위변제자의 구상권, 연대채무자의 구상권(제425조) 등의 구상관계가 여기에 해당된다. 구상부당이득을 부당이득의 독립된 유형으로 주장하는 견해(김형배 외, 1591)도 있으나, 비용부당이득에 포함되는 특수한 경우 중의 하나라고 이해하는 견해도 있다. 구상부당이득에 해당되는 타인 채무의 변제를 통한 면책도 넓은 의미에서는 비용 지출에 의한 타인의 이익 발생이라고 할 수 있다. 변제도 비용

지출의 한 형태이고, 채무의 감소가 곧 이익의 증가이기 때문이다. 따라서 구상부당이득은 비용부당이득에 포함시켜도 무방할 것이다.

4. 타 제도와의 비교

가. 계약상 이행청구권

계약상 이행청구권과 부당이득반환청구권은 다음과 같이 구별된다. 계약관계가 존재하는 경우에는 그에 따른 계약상의 권리와 의무가 우선적으로 적용되어야 하므로 부당이득반환청구권은 그 한도에서는 적용이 없다. 예를 들어 매매계약이 체결되어 일방당사자는 목적물의 재산권을 이전할 의무를 부담하고 상대방은 대금을 지급할 의무를 부담하고 있는 상태에서는 쌍방이 대가가 되는 관념적인 권리와 의무를 갖고 있으므로 부당이득반환청구권이 성립될 여지가 없다. 위의 경우에 일방당사자가 목적물의 재산권 이전 의무를 선이행하면, 미이행상태에 있는 상대방은 선이행을 받았으나 자신의 채무는 아직 변제기 이전이므로 부당이득을 얻고 있는 것과 같은 외관을 갖게 된다. 그러나 선이행한 당사자도 관념적인 대금지급청구권을 가지고 있으므로 손실이 있는 것은 아니기 때문에 부당이득이 성립되지는 않는다. 설령 변제기를 도과한다고 하더라도 그때에는 채무불이행이 우선적으로 적용되어야 하므로 역시 부당이득은 성립되지 않는다[대법원 2008.4.28. 2005다3113].[3]

다만 임대차계약에 의해 이행된 급부를 계약관계가 종료된 이후에 반환하지 아니하면 그 자체로는 부당이득이 아니라 채무불이행이 되겠지만, 반환하지 아니하고 그대로 사용 또는 수익함에 따른 차임 상당의 이익은 부당이득이 성립되어 반환의무를 부담하여야 한다[대법원 1992.4.14. 91다45202, 45219].[4]

나. 계약해제권

당사자 일방이 계약을 해제한 때에는 각 당사자는 그 상대방에 대하여 원상회

---

3) 일방 채권이 효력을 잃으면 상계계약에 따른 채무면제도 무효가 되어 채권이 그대로 존재하는 상태이므로 부당이득이 불성립.
4) 임대차계약 종료 후 임차인이 동시이행의 항변권을 주장하여 계속 점유하면 차임상당의 부당이득 성립.

복의 의무가 있고, 반환할 금전에는 그 받은 날로부터 이자를 가하여야 한다(제548조). 계약해제의 효과로 원상회복과 이자 지급의 의무가 발생하는데, 계약해제의 효과를 무엇으로 보는가에 따라 그 법적 성질에 관한 학설이 대립된다.

계약해제를 계약관계의 소급적 소멸로 이해하는 직접효과설에서는 제548조의 원상회복과 이자 지급 의무를 일종의 부당이득반환청구권의 성질을 갖는 것으로 파악한다. 판례도 이러한 취지이다[대법원 2000.6.9. 2000다9123].[5] 반면에 계약해제를 장래를 향하여 계약관계가 동일성을 유지한 채 청산관계로 전환된다는 청산관계설에서는 제548조를 부당이득반환청구권이 아닌 계약관계가 변용된 청산관계상 청구권으로서의 성질을 갖는 것으로 본다.

> 법정해제권 행사의 경우 당사자 일방이 그 수령한 금전을 반환함에 있어 그 받은 때로부터 법정이자를 부가함을 요하는 것은 민법 제548조 제2항이 규정하는 바로서, 이는 원상회복의 범위에 속하는 것이며 일종의 부당이득반환의 성질을 가지는 것이고 〈중략〉 매도인이 반환하여야 할 매매대금에 대하여는 그 받은 날로부터 민법 소정의 법정이율인 연 5푼의 비율에 의한 법정이자를 부가하여 지급하여야 하고, 이와 같은 법리는 약정된 해제권을 행사하는 경우라 하여 달라지는 것은 아니다[대법원 2000.6.9. 2000다9123].

다. 물권적 청구권

갑이 을과 부동산 매매계약을 체결하여 을에게 소유권이전등기를 경료하고 목적물을 명도한 후에 매매계약이 무효 또는 취소로 효력을 상실하면, 갑은 부동산을 반환받아야 한다. 이 경우에 적용될 물권적 청구권인 목적물반환청구권과 부당이득반환청구권의 관계는 물권행위의 유인성 논쟁과 결합되어 이해되어야 한다.

무인성설에 따르면 채권계약이 효력을 상실한 경우에도 이미 행하여진 물권행위의 효력에는 영향이 없으므로, 채권계약에 따라 급부를 한 자에게 소유권이 즉시 회복되는 것은 아니다. 따라서 그에게 물권적 청구권인 소유권에 기한 목적물반환청구권은 인정될 여지가 없고 부당이득반환청구권만이 인정된다. 판례인 유인성설에 따르면 채권계약이 효력을 상실한 경우 이미 행하여진 물권행위의 효력도 자동으로 소멸하므로, 채권계약에 따라 급부를 한 자에게 소유권이 즉시 회복된

---

5) 계약해제로 인해 수령한 금전을 반환하는 경우 받은 날로부터 가산하여 지급하여야 할 이자는 부당이득반환의 성질.

다. 따라서 그에게 물권적 청구권인 소유권에 기한 목적물반환청구권과 부당이득 반환청구권 모두 인정된다. 유인성설을 따를 경우에 관념적인 소유권을 이미 확보한 급부행위자에게는 손실이 없다고 보아 부당이득의 성립을 부정할 수도 있겠지만, 점유를 상실한 것도 손실이므로 부당이득이 성립된다고 봄이 타당하다.

유인성설 중에서 다수설은 물권적 청구권과 부당이득반환청구권 모두 논리적으로는 성립되지만 물권적 청구권만을 행사할 수 있으며, 이때 물권적 청구권은 부당이득반환청구권으로서의 성질을 갖는다고 주장한다. 그리하여 물권적 청구권에 관한 제201조 내지 제203조는 특수한 부당이득반환청구권의 내용을 규정한 것으로 파악하여, 제201조 이하(선의 점유자의 과실수취권)가 부당이득의 특칙으로서 우선 적용되어 제748조(현존이익 반환)는 적용되지 않는다. 즉 선의 점유자의 원물반환의 경우에는 설령 본질이 부당이득반환청구권이라 할지라도 원물만 반환하고 과실은 반환하지 아니한다. 판례도 선의 점유자의 경우에 제201조가 제748조보다 우선 적용되어야 한다는 결과론에서는 일치하지만[대법원 1978.5.23. 77다2169],[6) 이것이 논리적으로 다수설을 취하기 때문이라고 보기는 어렵다.

유인성설 중에서 소수설은 제201조의 존재의의가 물권이 침해된 경우에 국한된 구제수단이라고 보아 타인의 점유를 무단히 침탈한 경우와 같은 침해부당이득의 사태 유형에는 물권적 청구권만이 인정되므로 제201조가 적용되어야 하지만, 급부행위가 원인이 되는 급부부당이득의 사태 유형에는 물권적 청구권이 아닌 부당이득반환청구권만이 인정되어야 하므로 제748조가 적용될 것이라고 한다.

유인성설 중 절충설은 물건의 반환에 관하여는 부당이득반환청구권과 더불어 이미 제3자에게 점유이전된 경우를 고려해서 물권적 청구권의 경합이 인정되어야 하지만, 과실이나 임료 상당의 사용이익 등 점유에 따른 부수적 이해의 조정은 소유권 법리가 아닌 계약 법리에 의해야 하므로 제748조의 부당이득반환청구권으로 해결되어야 한다고 주장한다.

라. 불법행위에 기한 손해배상청구권

불법행위에 기한 손해배상청구권은 가해자의 귀책사유를 요하는 위법행위를

---

6) 선의점유자는 과실수취권이 있으므로 과실을 취득하여 타인에게 손해를 입히더라도 부당이득 불성립.

전제로 하면서 피해자의 손해 전보에 목적을 둔 제도이므로 부당이득반환청구권의 규범목적과는 구별된다. 침해부당이득도 귀책사유를 요하지 않는다는 점, 법률사실의 성질이 사건이라는 점에서 불법행위와 구별된다. 따라서 불법행위가 성립되지 않아도 침해부당이득이 성립되는 경우가 있다. 예를 들어 임대차계약이 종료되어도, 임대인이 동시이행 관계에 있는 보증금을 반환하지 않는 한, 임차인은 계속 임차목적물을 사용·수익할 수 있으므로 불법행위가 성립되지 않으나[대법원 1998.7.10. 98다15545], 그 기간 동안 사용·수익을 하였다면 차임 상당의 이익은 침해부당이득으로 반환되어야 한다[대법원 1989.2.28. 87다카2114, 2115, 2116].[7] 또한 불법행위와 부당이득은 각자의 요건을 충족하면 독립적으로 성립되어 병존할 수 있으나, 선택적으로 행사해야 하며 중첩적으로 청구할 수는 없다[대법원 1993.4.27. 92다56087].[8]

마. 사무관리에 따른 비용상환청구권

부당이득과 사무관리 모두 법정채권 발생원인이라는 점에서는 공통적이다. 부당이득과 사무관리는 유사한 사태 유형에서 적용의 경계선상을 이루면서 상호 보완적인 역할을 한다는 점에서 밀접한 관계가 있다. 그러나 부당이득은 수익자가 법률상 원인 없이 얻은 이익을 반환하는 데 중점을 두는 제도이나, 사무관리는 사회부조적인 관점에서 관리자가 지출한 비용의 상환에 중점을 두는 제도라는 점에서 차별성이 있다.

하나의 행위가 부당이득과 사무관리 둘 다 요건을 충족시키는 경우도 종종 발생한다. 예를 들어 향후 계약체결에 대비해서 사전에 미리 선이행을 하거나, 타인을 위하여 그의 채무를 이행한 경우 또는 타인이 잃어버린 애완동물을 관리하면서 비용을 지출한 경우에는 부당이득반환청구권과 사무관리에 따른 비용상환청구권이 경합된다. 이에 대해 부당이득보다 사무관리의 보충성을 더 강조하여 부당이득만이 적용된다는 견해도 있으나, 이타적인 목적의 특수성이 존재하는 사무관리가

---

7) 다만 임차인이 그 점유기간 중에 사용·수익을 하지 않았다면, 부당이득반환의무는 성립될 여지가 없다[대법원 1990.12.21. 20다카24076].
8) 법률행위가 사기로 취소됨과 더불어 불법행위를 구성하게 되면 피해자는 부당이득반환청구권과 불법행위에 기한 손해배상청구권을 선택적으로 행사 가능.

우선적으로 적용된다고 할 것이다. 판례도 타인을 위하여 그의 채무를 변제한 경우에 부당이득반환청구권이 아니라 사무관리의 비용상환청구권을 적용하고 있다.

> 제3자의 변제는 그 자체가 채무자를 위하여 유익한 것이므로 반증이 없는 한 채무자에게 유익하고 또한 그 의사에 반하지 아니한 것으로 인정하여야 할 것이고, 제3자가 사무관리에 의하여 채무자를 위하여 변제하는 경우에는 민법 제739조 소정의 사무관리비용의 상환청구권에 의하여 구상권을 취득한다[대법원 2012.4.26. 2011다68203].

사무관리의 비용상환청구권은 원칙적으로 본인에게 이익이 현존하는가와 관계 없이 행사할 수 있으므로, 부당이득을 적용하여 본인의 현존이익을 관리자가 증명 하는 것보다 사무관리를 적용하여 자신의 비용지출을 증명하는 것이 상대적으로 용이하다. 사무관리의 상호부조라는 사회적 순기능을 고려하면, 관리의사를 갖는 자에게 이러한 유리한 지위를 인정하는 것이 합당하다고 할 것이다.

그러나 관리의사가 존재하지 않는 경우에는 사무관리가 성립되지 아니하므로 당연히 부당이득만이 문제가 된다. 따라서 자신의 채무로 오인하여 타인의 채무를 변제하였을 때, 변제가 유효한 경우에는 채무자에게 비용부당이득이 성립되지만, 변제가 유효하지 않은 경우에는 급부를 수령한 채권자에게 급부부당이득이 성립 될 것이다.

제 2 절 부당이득의 성립요건

1. 이 익

가. 이익의 개념

부당이득은 법률상 원인 없이 얻은 이익을 반환시키는 제도이므로 가장 중요 한 핵심적인 요건은 이익의 발생이다. 이익은 다양한 모습으로 존재할 수 있다. 물권의 취득, 채권의 취득, 지식재산권의 취득, 점유의 취득 및 무효인 등기의 취 득도 이익에 해당된다. 이익에는 이와 같은 적극적인 취득 외에도 채무의 면제와 같이 소극적으로 지출해야 할 비용을 지출하지 않은 것도 포함된다. 이익 발생에 대한 증명책임은 부당이득반환청구권을 행사하는 자가 부담한다.

이익의 개념을 구체적으로 어떻게 이해할 것인가는 부당이득에 대해 통일설을 취하는가 아니면 비통일설을 취하는가에 따라서 상이하다. 따라서 이하에서는 각 학설에 따라 이익의 구체적인 범위를 살펴본다.

나. 통일설 - 차액설

통일설을 취하는 견해는 차액설에 따라 이익의 개념을 설정하고 있다. 수익자의 부당이득이 있은 이후의 재산상태에서 부당이득이 있기 이전의 재산상태를 공제하여 그 차액을 이익이라 한다. 만약 차액이 없거나 오히려 차액이 음(−)의 값이면 이익은 존재하지 않으므로 부당이득이 성립되지 않는다. 이익은 적극적인 재산의 증가뿐만 아니라 소극적인 재산 감소의 회피도 포함하며, 이익의 발생방법이 손실자 또는 제3자의 행위이든 아니면 인간의 행위와 관계없는 사건에 의한 것이든 상관이 없다.

차액설은 여기에서 이익이란 실질적인 이익을 의미하는 것으로 파악하여, 객관적으로 전혀 이익을 얻을 수 없는 상태라면 설령 상대방에게 손실을 입히더라도 이익이 발생하지 않은 것으로 평가한다. 따라서 법률상 원인 없이 건물을 점유하고 있다 하여도 이를 사용, 수익하지 않았다면 실질적인 이익을 얻은 것이라고 볼 수 없다는 것이 일관된 판례의 태도이다[대법원 1990.12.21. 90다카24076].[9]

이러한 차액설은 이익을 광범위하게 파악할 수 있다는 장점이 있다. 반면에 현실적으로 차액을 완벽하게 계산하는 것이 용이하지 않다는 점과 비용의 공제가 과다하게 산정될 위험이 있는 문제점도 있다.

다. 비통일설 - 취득이익설

비통일설은 부당이득의 유형에 따른 다양한 관점에서 이익을 파악한다. 통일설(차액설)과의 결정적인 차이는 통일설은 비용을 공제한 이익상태의 차이를 이익으로 보는 반면, 비통일설은 비용을 공제하지 아니한 수익자가 취득한 것 그 자체를 곧 이익으로 파악하는 점이다. 또한 취득한 것 자체가 이익이므로 그것의 현존 여

---

9) 임대차계약을 합의로 종료하고 이사를 하였으나, 이사를 가면서 보증금 문제가 해결되지 아니하여 문을 시정하여 두고 열쇠를 보관하고 있다가 훗날 교부한 경우.

부는 원칙적으로 고려되지 않아야 하지만, 선의자를 보호하기 위하여 공평의 관점에서 현존이익의 반환으로 예외적으로 축소하여 배려하는 것이다. 따라서 악의 부당이득자의 경우에는 받은 이익 전부를 반환함이 당연하다.

(1) 급부부당이득

급부부당이득에서는 급부 그 자체가 이익이므로, 급부의 결과가 수익자의 재산상태에 반영되는가는 중요한 문제가 아니다. 단지 급부행위가 있었다는 그 자체로 이익을 인정할 수 있다. 단순한 기회의 제공이나 점유의 이전 또는 무효인 등기의 경료도 이익에 해당된다.

(2) 침해부당이득

침해부당이득에서는 침해를 통해 수익자가 실제로 이익을 거두었는가는 중요한 것이 아니라, 손실자가 수익을 거둘 기회를 상실한 객관적 대가가 이익이 된다. 예를 들어 수익자가 사용·수익할 수 있는 객관적 상태로 부동산이 유지되었다면, 실제로 수익자가 이익을 발생시켰는지와 관계없이, 차임 상당의 이익이 발생한 것으로 볼 수 있다.

> 정당한 권원 없이 집합건물의 공용부분을 배타적으로 점유하여 사용한 자는 부동산의 점유·사용 그 자체로 부당한 이익을 얻게 된다. 〈중략〉 그 외에 해당 공용부분에 대한 별개 용도로의 사용 가능성이나 다른 목적으로 임대할 가능성이 추가적으로 요구된다고 볼 수 없다[대법원(전) 2020.5.21. 2017다220744].[10]

그러나 이익을 얻을 기회의 상실은 손실에서 고려되어야 할 요소이지, 기회의 상실을 곧 상대방의 이익으로 간주하는 것은 논리적으로 수긍하기 어렵다는 비판도 가능하다.

(3) 비용부당이득

비용부당이득은 자기의 재산을 지출하여 타인에게 이익을 발생시키는 것으로 수익자의 생활에 대한 부당한 간섭이 될 위험이 있다. 따라서 이익의 개념이 다른

---

10) 공용부분인 복도와 로비를 정당한 권원 없이 배타적으로 골프연습장의 내부공간인 것처럼 사용.

유형에 비해 상대적으로 좁게 해석되어야 한다. 또한 무의미한 개량이나 과도한 수리 비용의 지출과 같은 강요된 이익을 방지하기 위해서는 수익자의 주관적 이익을 고려하여야 한다. 비용부당이득에서도 이익의 발생은 지출자가 증명하여야 한다.

라. 판　례

(1) 차액설에 따른 판례

판례는 대체로 차액설을 취해 이익의 개념을 실질적인 이익으로 다루고 있다. 임대차 건물을 임대인에게 인도하지 않고 임차인이 폐쇄한 경우[대법원 1984.5.15. 84다카108],[11] 차량등록이 말소된 차량을 인도하지 않고 점유하고 있는 경우[대법원 1991.10.8. 91다22018, 22025],[12] 임대인이 전기요금을 납부하지 못하여 단전 당하자 임차인이 공장을 폐쇄한 상태로 인도하지 않고 점유하는 경우[대법원 1986.3.25. 85다422, 85다카1796] 등은 객관적으로 이익을 거둘 기회가 완전히 봉쇄된 것이므로 이익의 발생을 인정하지 않는다.

또한 타인의 토지를 권원 없이 담보물로 이용하더라도 현실적인 점유 없이 단지 가치권의 이용만으로는 현실적인 이익이 있다고 할 수 없으며[대법원 1981.1.13. 80다979], 중기를 담보로 인도받아 점유하는 그 자체로 임대료 상당의 이득이 있는 것이 아니지만, 실제로 사용하였다면 이득이 발생하는 것이라고 판시하였다[대법원 1986.2.11. 85다카119].[13] 그리고 송금받은 금전을 영득의사 없이 재송금한 경우에도 실질적인 이익의 귀속자가 아니라고 하여 부당이득의 성립을 부정한 바 있다[대법원 2003.6.13. 2003다8862].

그러나 객관적으로 수익을 거둘 수 있는 상황이었음에도 불구하고 수익자 자신의 사유로 인하여 실제로 수익을 거두지 못하였다면, 이때에는 수익이 발생된 것으로 간주할 수 있을 것이다. 예를 들어 타인의 부동산을 권원 없이 무단 점유하여 행한 영업이 적자인 경우라도 차임 상당의 이익이 인정된다.

---

11) 임대인이 임차인 경영 다방에 휴업신고를 하여, 임차인이 시정장치를 하고 사용수익을 하지 못한 상황에서는 이득이 존재하지 아니함.
12) 영업 양수 후 양수인이 인도받지 못한 차량을 등록말소하여 운행이 불가하였다면 양도인에게 이익이 존재하지 아니함.
13) 담보권자가 담보로 제공받은 중기를 수시로 직접 사용하였다면 사용한 만큼의 이득이 발생.

(2) 취득이익설에 의한 판례

드물게는 취득이익설을 따르는 판례도 찾아볼 수 있다. 토지 위의 무단 건물소유는 이를 사용하지 않아도 일률적으로 차임 상당의 부당이득이 발생한다거나[대법원 1998.5.8. 98다2389], 건물 이외의 공작물 소유를 목적으로 한 토지 전대차의 반환 거절은 일률적으로 차임 상당의 부당이득이 발생한다거나[대법원 2007.8. 23. 2007다21856, 21863], 토지의 일부만을 불법점유하더라도 나머지 토지도 사용할 수 없는 상태라면 전체 토지의 차임이 이익이라는 판례[대법원 2001.3.9. 2000다70828],[14] 부동산을 사용한 영업이익이 적자일지라도 차임 상당의 이익을 인정한 판례[대법원 1997.12.9. 96다47586] 등이 대표적인 경우이다. 이 경우 수익행위 이후의 재산상태가 이전보다 더 크다고 할 수 없어서 차액은 존재하지 않는다. 그러나 취득이익설에 따라 수익자의 점유 등 취득한 것 그 자체가 이익이 된다고 판단한 것이다.

2. 손   실

가. 개   념

부당이득의 또 다른 성립요건은 부당이득자의 수익으로 인한 '타인의 손해발생'이다. 도시관리계획 결정으로 개발제한구역에서 해제되어 지가가 상승하는 것과 같이 타인에게 손해를 발생시키지 않는 단순한 반사적 이익은 부당이득이 되지 아니한다. 제741조는 '손해'라는 표현을 사용하고 있으나, 그것이 반드시 타인의 귀책사유에 의한 것만은 아니므로 '손실'이라 이해하는 것이 적절하다. 손실의 개념을 어떻게 파악할 것인가도 부당이득에 대해 통일설을 취하는가 아니면 비통일설을 취하는가에 따라 상이하다.

나. 통일설-차액설

통일설은, 이익의 개념과 마찬가지로, 수익자의 수익행위 이전 손실자의 재산

---

14) 타인 토지에 무단으로 시설물을 설치·소유하고 이로 인해 이격거리를 두어야 함으로써 잔여 토지가 과소토지로 남게 되어 사용할 수 없게 된 경우.

상태와 수익행위 이후 재산상태의 차액이 손실이라는 차액설을 취하고 있다. 타인의 수익으로 인해 재산이 적극적으로 감소하지는 않았을지라도 재산이 증가할 수 있었으나 전혀 증가하지 못한 경우, 혹은 합리적인 기대보다 적게 증가하는 소극적인 경우가 현실에서는 빈번하게 발생한다. 손실의 이러한 특성이 간과되어서는 안 된다. 이익의 판단과 손실의 판단이 반드시 완전히 동일한 관점과 기준으로 이루어져야 할 필요는 없으며, 손실의 요건에서는 어느 정도의 가정적 판단이 불가피하다.

차액설에 대해 비판적인 견해는 가정적 판단으로 인해 손실의 범위가 지나치게 넓어져 발생하는 이익과 손실의 비대칭성을 지적한다. 특히 이익은 실질적 이익의 관점에서 수익자가 이익을 얻을 수 있는 객관적 상태에 있는가를 고려하여 판단하지만, 손실은 손실자의 수익가능성을 따지지 않고 손실을 인정하고 있다고 비판한다. 그러나 수익이 반드시 같은 크기의 손실을 발생시켜야 하는 것은 아니다. 이익의 크기와 손실의 크기는 다를 수도 있다. 수익자의 특별한 기여로 손실의 크기보다 훨씬 더 큰 이익을 얻을 수도 있고, 또 수익자의 이익을 발생시키지 못하는 손실의 가능성을 차액설이 부정하는 것은 아니다. 그러므로 만약 이득이 손실보다 크더라도, 이득 전부가 아닌 손실의 한도에서만 반환의무를 부담한다는 이중기준설을 취하게 된다.

다. 비통일설

(1) 급부부당이득

급부부당이득은 손실을 전적으로 가정적으로 판단한다. 급부행위자가 현실로 그 재산을 이용할 수 있었는가를 불문하고, 사회 관념상 그 이익이 급부행위자에게 당연히 귀속되어야 할 것이라고 판단되면 손실이 있다고 판단한다. 다만 급부행위자가 최종적인 이익의 귀속자일 필요는 없다. 예를 들어 부당이득자로부터 이익을 반환받아 이를 제3자에게 이전해주어야 할 의무를 부담하는 경우에도 손실이 있다. 이 견해에 따르면 손실자가 현실적으로 그 이익을 획득할 수 있었는가의 취득가능성은 고려대상이 아니다.

(2) 침해부당이득

침해부당이득은 그 특성상 손실의 발생은 중요한 문제가 되지 않는다. 왜냐하면 침해 그 자체가 손실이라고 할 수 있으므로, 침해가 발생하면 손실은 당연히 존재하는 것이기 때문이다.

(3) 비용부당이득

비용부당이득에서 손실은 비용지출자가 현실적으로 지출한 가액이다. 설령 비용지출자가 현실적으로 더 큰 손실을 보거나 반대로 주관적으로는 손실이라고 인식하지 않더라도 현실적으로 지출한 가액의 한도에서 손실이 인정된다. 예를 들어 10만 원의 금전채무 대신 20만 원 상당의 물건 또는 전혀 사용하지 않아 아무 가치가 없다고 생각하는 물건으로 대물변제하였다고 하더라도, 지출자에게는 10만 원의 손실이 있는 것이다.

라. 판   례

판례는 통일설에 따라 손실자가 실질적으로 이익을 획득할 객관적 가능성이 원천적으로 없었던 경우에는 손실이 없다고 한다. 즉 설령 타인에게 불법점유를 당했다고 해도 그것이 수익이 원천적으로 불가능한 도랑이라면 손실은 발생하지 않는다거나[대법원 2002.12.6. 2000다57375], 준용 하천구역으로 지정되어 사용·수익이 불가능한 토지는 설령 복개하여 지방자치단체가 사용하더라도 소유자에게 손실이 발생한 것은 아니라고 하였다[대법원 1990.6.8. 88다카18990].

그러나 손실자는 이익을 획득할 의사나 노력이 없이 방치하였더라도, 타인이 그 이익을 법률상 원인 없이 취득하면 손실이 발생한 것이라고 하고 있다. 농지로만 사용하는 토지 위로 송전선이 지나고 이로써 농지로 사용·수익하는데 아무런 지장이 없었더라도 구분지상권에 상응하는 손실이 발생한 것이다[대법원 1996.5.14. 94다54283]. 즉 손실자가 실제로 사용하고 있지 않다는 이유로 타인이 무단으로 사용하는 것은 정당화될 수 없다.

3. 인과관계

가. 개   념

부당이득이 성립되기 위해서는 수익자가 이익을 얻음으로 '인하여' 타인에게 손실을 가해야 한다. 수익자의 이익과 손실자의 손실 사이에는 인과관계가 있어야 한다. 여기에서의 인과관계는 단 하나의 사실이 수익자의 이익과 손실자의 손실을 동시에 발생시키는 경우만을 말하는 것은 아니다. 수익자의 이익이 손실자의 손실에 기인하였다는 것으로 충분하며, 복수의 원인 사실이 서로 연쇄적으로 결합되어도 무방하다. 예를 들어 횡령한 금전을 채무 변제에 사용한 경우에 손실을 발생시킨 횡령행위와 이익을 발생시킨 변제행위는 복수의 사실이지만, 피해자의 손실과 채권자의 이득 사이에는 인과관계가 있음이 명백하다[대법원 2003.6.13. 2003다8862].

나. 통 일 설

통일설에서는 손실이 수익자의 이익에 기인한 것이어야 하므로 양자 사이에 인과관계가 있어야 한다고 한다[대법원 1975.4.8. 73다29].[15] 다만 인과관계는 직접적인 상당인과관계가 아니라 사회관념상 관련성으로 충분하다. 대체로 이익이 있으면 그에 상응하는 손해가 발생하는 것이라고 사회적으로 인정되는 정도를 말하며, 수익자의 수익으로 인해 손실자의 수익 의도가 좌절되는 정도의 연관성을 요하는 것은 아니다. 앞서 살펴본 바와 같이 손실자에게 수익의 의도나 노력이 실제로는 없었다고 해도 부당이득이 성립되는 데는 지장이 없다.

다. 비통일설

비통일설에서는 이익과 손실이 있으면 인과관계가 대부분 인정되기 때문에, 인과관계는 부당이득의 성립요건으로 문제가 될 여지가 거의 없다고 한다.

---

15) 제3자의 불법행위로 근저당목적물이 멸실되어 소유자가 보상을 받은 경우에 근저당권자는 소유자에게 부당이득청구 가능.

라. 판   례

판례는 통일설에 따라 상당인과관계까지 요구하지는 않고, 사회관념상 인과관계의 존재가 있으면 부당이득의 성립을 인정하고 있다[대법원 1966.10.4. 66다1441]. 횡령한 금원으로 채무를 변제하는 것과 같이 중간자의 복수행위가 결합한 경우에도 손실과 수익 사이의 인과관계를 인정하고 있다[대법원 2003.6.13. 2003다8862]. 이러한 점에서 부당이득의 인과관계 인정 범위가 불법행위에서의 인과관계보다 상대적으로 넓다고 할 수 있다.

침몰사고로 인하여 원고는 그 근저당권을 상실하고 따라서 저당채권의 변제를 못받게 된 손해를 보았는데 반하여 피고는 침몰선박의 대가로 금 39,000,000원에 해당하는 금품을 받아 위와 같은 부담(근저당권)이 없었던 거와 같은 대가를 취득하게 되었으니 피고가 취득한 금품중에서 적어도 원고의 손실에 해당하는 한도에서는 이익을 얻었다 할 것이니 원고의 손실과 피고의 이득 사이에 인과관계가 있고 피고의 이 이득은 법률상 원인없는 것이라 할 것이므로 여기에 부당이득이 있다고 봄이 타당할 것이다[대법원 1975.4.8. 73다29].

4. 정당화 근거의 결여

가. 개   념

부당이득이 성립되기 위해서는 수익자가 획득한 이익이 법률상 원인이 없는 것이어야 한다. 민법은 "법률상 원인이 없이"라는 표현을 사용하지만, 실질적으로는 수익의 귀속을 정당화할 법적 근거가 결여된 경우를 의미한다. 법적 근거란 계약과 같은 객관적인 채권관계나 채권 그 자체만을 의미하는 것이 아니고, 물권법상 이익 귀속의 근거도 포함하는 것이다. 즉 이익 획득에 법적 정당화 근거가 있다면 설령 그것이 무상이나 사실행위로 취득하는 것일지라도 수익자에게 귀속되어야 한다. 따라서 소멸시효[대법원 1971.7.27. 71다494], 시효취득[대법원 1993.5.25. 92다51280][16]이나 무주물 선점, 습득, 발견의 경우에도 부당이득반환청구의 대상이 되

---

16) 점유취득시효가 완성되었으나 아직 등기를 경료하지 아니한 경우에도 소유권자는 부당이득청구 불가능.

지 아니한다. 다만 물권적 귀속에도 불구하고 법률규정에 의해 부당이득반환의무가 존재하는 경우도 있어서, 첨부(부합, 혼화, 가공)의 경우에는 소유권은 취득하더라도 부당이득반환청구의 대상이 된다(제261조).

나. 통 일 설

통일설은 "법률상 원인 없이"를 수익자가 이익을 보유하는 것이 손실자와의 관계에서 공평이나 정의에 반하는 것을 의미한다고 해석한다. 예를 들어 고속버스터미널이 이전하는 바람에 종전의 장소 부근의 갑은 손님이 줄어 수익이 감소하고 이전한 장소 주변의 을은 수익이 증가하더라도 이는 공평이나 정의의 이념에 비추어 반한다고 할 수 없으므로 부당이득이 성립되지 않는다. 그러나 '공평'이나 '정의'의 이념과 같은 지극히 추상적인 기준이 실질적인 척도가 될 수 있는가에 대한 비판이 제기된다.

통일설이라도 정당화 근거의 결여에 대해서는 수익행위의 방법을 급부행위와 비급부행위로 나누어 설명하기도 한다. 급부행위의 경우에는 출연의 원인이 정당화 근거가 되므로 크게 3가지 양태로 나누어서 처음부터 원인이 아예 없는 경우(무효, 취소, 불성립 등), 원인이 부도달한 경우(법인설립을 위해 출연했으나 법인 불성립), 원인이 소멸한 경우(비채변제)가 여기에 해당한다. 비급부행위의 경우에는 워낙 다양한 유형이 있으므로 그것을 특징적인 몇 개의 유형으로 나누는 것은 큰 의미가 없을 것이다.

다. 비통일설

(1) 급부부당이득

비통일설에서는 급부부당이득의 경우에 의무부담행위를 법률상 원인이라고 파악한다. 즉 손실자가 급부행위를 하게 만든 법적 근거(의무부담행위)가 효력을 상실하게 되면 법률상 원인이 없어진다. 이에 대한 증명책임은 반환청구자가 부담한다.

> 당사자 일방이 자신의 의사에 따라 일정한 급부를 한 다음 그 급부가 법률상 원인 없음을 이유로 반환을 청구하는 이른바 급부부당이득의 경우에는 법률상 원인이 없다는 점에 대한 증명책임은 부당이득반환을 주장하는 사람에게 있다. 이 경우 부당이득의 반환을

구하는 자는 급부행위의 원인이 된 사실의 존재와 함께 그 사유가 무효, 취소, 해제 등으로 소멸되어 법률상 원인이 없게 되었음을 주장·증명하여야 한다[대법원 2021.4.29. 2020다287761].

(2) 침해부당이득

침해부당이득에서는 배타적인 권리가 권리자의 의사에 반하여 타인에게 귀속된 경우에 법률상 원인이 없는 것으로 된다. 따라서 반환청구자가 자신의 배타적 권리가 존재하는 사실과 타인이 그것을 동의 없이 귀속시킨 사실을 증명하면, 반환의무자가 자신에게 권리가 귀속되어야 한다는 법적 근거를 증명하여야 한다. 즉 침해부당이득의 경우에는 이득자가 그 이익을 보유할 정당한 권원이 있음을 증명할 책임을 부담하며, 이 점에서는 급부부당이득과 상이하다.

타인의 재산권 등을 침해하여 이익을 얻었음을 이유로 부당이득반환을 구하는 이른바 침해부당이득의 경우에는 부당이득반환 청구의 상대방이 그 이익을 보유할 정당한 권원이 있다는 점을 증명할 책임이 있는 것〈후략〉[대법원 2018.1.24. 2017다37324].

(3) 비용부당이득

비용부당이득에서 "법률상 원인 없이"라 함은 수익자의 영역에 대한 의무없는 개입이 있었음을 의미한다. 타인 영역에 대한 의무없는 개입은 관리의사의 존부 등에 따라 각각 달리 평가된다. 만약 이타적 목적의 관리의사를 갖고 의무 없이 타인의 영역에 개입하여 사무관리의 모든 성립요건을 충족하였다면, 사무관리에 따른 비용상환청구권만이 인정된다[대법원 2012.4.26. 2011다68203]. 다만 관리의사도 존재하고 관리 자체는 본인의 이익이나 의사에 반하지 않으나 오로지 관리 방법이 본인의 이익에 반하는 경우에는 사무관리가 성립하더라도 제739조 제3항이 적용되어 본인의 현존이익의 한도에서 필요비 또는 유익비를 청구하거나 채무의 변제 또는 상당한 담보를 제공하게 할 수 있다.

그러나 관리의사가 결여되어 자기의 사무로 행하거나 혹은 본인의 의사나 이익에 명백히 반하는 개입이 있어서 사무관리가 성립하지 아니하는 때에는 손실자가 지출한 비용에 대해 부당이득청구권만이 성립된다. 다만 본인의 이익이나 의사

에 반하는 손실자의 개입으로 본인에게 이익과 동시에 손해도 발생되었다면, 제
734조 제3항에 따라 손실자는 무과실의 배상책임을 부담하여야 한다. 즉 관리자
(손실자)가 들인 비용에 대해서는 본인(수익자)에게 부당이득반환청구권을 행사하는
동시에, 관리자가 본인에게 발생시킨 손해에 대해서는 무과실의 배상책임을 부담
하는 것이다.

라. 판　　례

법률상 원인이 있는가를 다룬 판례는 민사소송과 관련된 경우와 횡령 또는 편
취한 금전으로 채무를 변제한 경우에서 다수 찾아볼 수 있다.

(1) 민사소송과 부당이득

먼저 민사소송과 관련된 경우를 살펴보면, 불법행위로 인한 손해배상청구소송
의 판결이 확정된 후 그 판결에서 인정된 기대여명보다 일찍 사망한 경우에 그 판
결이 재심의 소 등으로 취소되지 않는 한 법률상 원인 없는 이득이라고 하여 반환
을 구하는 것은 기판력에 저촉되어 허용될 수 없다[대법원 2009.11.12. 2009다56665].

소송당사자가 허위의 주장으로 법원을 기망하고 상대방의 권리를 해할 의사로
실체의 권리관계와 다른 내용의 확정판결을 취득하여 그에 기한 강제집행이 권리
남용에 해당된다고 하더라도 이 확정판결에 대한 재심의 소가 각하되어 확정되는
바람에 확정판결이 취소되지 않았다면, 이 확정판결에 기한 강제집행으로 취득한
채권을 법률상 원인 없는 이득이라고 하여 부당이득반환청구를 하는 것은 기판력
에 저촉되어 허용될 수 없다[대법원 2001.11.13. 99다32905].

확정된 배당표에 의해 배당을 실시하는 것은 실체법상의 권리를 확정하는 것
이 아니므로 배당받아야 할 채권자가 배당을 받지 못하고 배당을 받지 못할 자가
배당을 받은 경우에는 배당을 받지 못한 채권자는, 배당에 관하여 이의를 제기하
였는가와 관계없이, 잘못 배당을 받은 자에게 부당이득반환청구권을 행사할 수 있
다. 그러나 배당표가 정당하게 작성되어 배당표 자체에 실체적 하자가 없는 경우
에는 그 확정된 배당표에 따른 배당액의 지급을 들어 법률상 원인이 없다고 할 수
없다[대법원 2002.10.11. 2001다3054].

여러 개의 물건이 일괄경매되면서 하나의 배당표가 작성되었으나 각 매각대금

에 대한 채권자와 그 배당순위가 다른 경우에 있어서 어느 하나의 물건에 대한 선순위자가 배당을 받지 못하고 후순위자가 배당을 받은 경우에 선순위자는 배당받은 그 후순위자에게 부당이득반환청구를 할 수 있으며, 설령 후순위자가 다른 물건으로부터 배당을 받을 수 있어서 결과적으로는 후순위자가 배당받을 총액은 차이가 없더라도 부당이득반환의무를 면할 수 없다[대법원 2004.2.27. 2003다17682].

채무자 이외의 자의 소유에 속하는 동산을 경매한 경우에 경매절차에서 그 동산을 경락받아 매각대금을 납부하고 이를 인도받은 경락인은 특별한 사정이 없는한 소유권을 선의취득하지만, 그 동산의 매각대금은 채무자의 것이 아니어서 채권자가 이를 배당받았다고 하더라도 채권은 소멸하지 않고 계속 존속하는 것이므로, 배당을 받은 채권자는 이로 인하여 법률상 원인 없는 이득을 얻고 소유자는 경매에 의하여 소유권을 상실하는 손해를 입었기 때문에, 그 동산소유자는 배당을 받은 채권자에 대하여 부당이득으로서 배당받은 금원의 반환을 청구할 수 있다[대법원 1998.3.27. 97다32680].

(2) 횡령·편취한 금전으로 채무 변제

횡령 또는 편취한 금전으로 채무를 변제하거나 제3자에게 증여한 경우에 채권자나 수증자에게 이익 귀속의 법률상 원인이 있는가도 문제가 된다. 채무자가 피해자로부터 횡령한 금전을 자신의 채권자에 대한 채무 변제에 사용하는 경우 채권자가 그 변제를 수령함에 있어 그 금전이 횡령한 것이라는 사실에 대하여 악의 또는 중대한 과실이 없는 한 채권자의 금전 취득은 피해자에 대한 관계에서 법률상원인이 있는 것으로 봄이 상당하며 채무자가 횡령한 금원을 제3자에게 증여한 경우에도 마찬가지이므로 부당이득이 성립되지 않는다[대법원 2012.1.12. 2011다74246]. 편취한 금전을 채무자가 자신의 채무를 변제하거나 자신의 채권자의 다른 채권자에 대한 채무를 대신 변제하는 데 사용한 경우에도 그 금전이 편취된 것이라는 사실에 대하여 악의 또는 중대한 과실이 없는 한 채권자의 금전 취득은 피해자에 대한 관계에서 법률상 원인이 있는 것으로 봄이 상당하여 부당이득이 성립되지 않는다[대법원 2008.3.13. 2006다53733, 53740].

제3절 부당이득 판례의 유형적 분석

1. 급부부당이득

가. 급부부당이득을 긍정한 판례

어음소지인이 B은행과 보관추심 위임거래약정을 한 후 B은행이 A은행에 지급제시하자 A은행이 B은행에게 아무런 통보도 하지 않아서 B은행이 어음소지인에게 어음금을 지급하였으나, 그 후 A은행이 뒤늦게 부도처리하고 B은행에 부도어음 반환처리를 하였지만 B은행은 수령을 거절하였고, 이에 A은행이 어음소지인을 상대로 부도어음으로 어음금을 받았다는 이유로 부당이득반환청구를 하였다. 판례는 이에 대해 소지인이 얻은 인출금 상당액은 원칙적으로 지급은행의 결제자금 상당의 손해로 인한 것이므로 사회통념상 법률상 원인 없는 부당이득으로 반환할 의무가 발생하고 반환청구가 신의칙에 반한다고 할 수도 없다고 판시하였다[대법원 2006.5.26. 2003다65643].

토지거래허가지역에서 토지거래허가를 받지 아니하고 매매계약을 체결한 후 계약해제 합의를 하면 매매계약에 기하여 임의로 지급한 계약금을 부당이득으로 반환청구할 수 있다[대법원 2008.3.13. 2007다76603].

은행이 개인에게 주택자금을 대출하면서 신용보증기금과 신용보증계약을 체결한 후 보증채무 이행청구기간 1년을 도과하여 보증채무가 전부 면책되었으나, 신용보증기금으로부터 보증업무를 위탁받아 처리하고 있음을 기화로 보증채무이행을 청구한 후 기금에서 인출하여 변제에 충당하면, 외형상으로는 신용보증기금의 악의의 비채변제처럼 보이지만 실질은 은행의 선관주의의무를 위반한 무단인출이므로 부당이득반환청구가 가능하다[대법원 2003.6.23. 2002다38538].

나. 급부부당이득을 부정한 판례

상계계약을 체결했으나 일방의 채권이 불성립 또는 무효이면 상계계약이 무효가 되어 그 채권이 여전히 존재하는 것이므로, 단순히 그 채무를 이행하지 않았다는 이유로 법률상 원인 없이 이득을 얻은 것은 아니고 설령 그 채권이 시효로 소멸되더라도 마찬가지이므로 부당이득은 성립되지 않는다[대법원 2005.4.28. 2005다3113].

송금의뢰인이 착오로 채무자 아닌 제3자의 계좌로 송금을 한 경우에 수취은행은 그 계좌이체의 원인이 되는 법률관계가 존재하는가의 여부와는 관계없이 수취인과의 사이에 이체금액 상당의 예금계약이 성립하는 것이므로 수취인은 수취은행에 그 예금채권을 취득하는 것이고, 수취인은 송금의뢰인과의 사이에 계좌이체의 원인이 되는 법률관계가 존재하지 아니하므로 부당이득반환의무를 부담하지만, 수취은행은 이익을 얻은 것이 없으므로 부당이득반환의무가 발생하지 아니한다[대법원 2007.11.29. 2007다51239].

약정계좌의 잔고가 마이너스로 유지되는 상태, 즉 대출채무가 있는 상태에서 약정계좌로 자금이 이체되면, 그 금원에 대해 수취인의 예금채권이 성립됨과 동시에 수취인과 수취은행 사이의 대출약정에 따라 수취은행의 대출채권과 상계가 이루어지게 된다. 그 결과 수취인은 대출채무가 감소하는 이익을 얻게 되므로, 설령 송금의뢰인과 수취인 사이에 자금이체의 원인인 법률관계가 없더라도, 송금의뢰인은 수취인에 대하여 이체금액 상당의 부당이득반환청구권을 가지게 될 뿐이고, 수취인과의 적법한 대출거래약정에 따라 대출채권의 만족을 얻은 수취은행에 대하여는 부당이득반환청구권을 취득한다고 할 수 없다[대법원 2022.6.30. 2016다237974].

2. 침해부당이득

가. 침해부당이득을 긍정한 판례

보험자가 피보험자에게 보험금을 지급한 이후에 피보험자가 제3자로부터 손해배상을 받아서 이중으로 배상받은 피보험자를 상대로 보험대위권 침해를 이유로 부당이득반환청구를 하기 위해서는 제3자의 손해배상금 지급이 채권의 준점유자에 대한 변제로서 유효하고 손해를 넘은 초과배상이어야 하고, 이 경우에는 피보험자가 보험자로부터 법률상 원인 없이 이익을 얻은 것이라고 볼 수 있다. 그러나 제3자의 손해배상금 지급이 채권의 준점유자에 대한 변제로서 유효하지 아니한 경우에는 보험자가 보험자대위 규정에 의하여 취득한 보험대위권에 아무런 영향이 없으므로 부당이득이 성립하지 아니한다[대법원 1999.4.27. 98다61593].

저당권이 설정된 선박이 경매절차 진행 중 선박충돌 사고로 침몰하게 되었고 그 피해의 보상으로 대체 선박과 보상금을 수령한 경우에, 저당권자는 그 저당권을 상실하여 저당채권의 변제를 못 받게 된 손해를 입었음에 반하여 선박소유자는 보상금을 받아 저당권이 없었던 것과 같은 대가를 취득하게 되었으므로, 저당권자의 손실에 해당하는 한도에서는 이익을 얻었고 손실과 이익 간에 인과관계가 있으며 이득은 법률상 원인이 없는 것이므로 부당이득이 있다[대법원 1975.4.8. 73다29].

타인의 토지에 권원 없이 나무를 식재하여 이를 처분한 경우에, 그 처분대금 중에는 수익자의 노력과 비용이 포함되어 있을 뿐만 아니라 이를 제외한 나머지 대금 상당액이 임료 상당의 부당이득과 서로 별개의 이득이라고 보기는 어려우므로, 수익자가 임료 상당액은 부당이득으로 반환하여야 하나 이와 별도로 처분대금을 부당이득으로 반환하여야 하는 것은 아니다[대법원 2006.12.22. 2006다56367].

3자간 등기명의신탁에서 부동산 실권리자명의 등기에 관한 법률에서 정한 유예기간이 경과한 후 명의수탁자가 신탁부동산을 임의로 처분하거나 강제수용이나 공공용지 협의취득 등을 원인으로 제3취득자 명의로 이전등기가 마쳐진 경우, 특별한 사정이 없는 한 제3취득자는 유효하게 소유권을 취득하게 되므로, 그로 인하여 매도인의 명의신탁자에 대한 소유권이전등기의무는 이행불능으로 되고 그 결과 명의신탁자는 신탁부동산의 소유권을 이전받을 권리를 상실하는 손해를 입게 되는 반면, 명의수탁자는 신탁부동산의 처분대금이나 보상금을 취득하는 이익을 얻게 되므로, 명의수탁자는 명의신탁자에게 그 이익을 부당이득으로 반환할 의무가 있다[대법원 2011.9.8. 2009다49193].

3자간 등기명의신탁에서 명의수탁자가 제3자에게 근저당권을 설정한 경우에도 명의수탁자는 피담보채무액 상당의 이익을 얻고 명의신탁자는 근저당권이 유효하게 존재하는 소유권을 이전받는 손해를 입는 것이므로 명의수탁자는 명의신탁자에게 부당이득반환의무를 부담한다[대법원 2021.9.9. 2018다284233].

나. 침해부당이득을 부정한 판례

부동산에 대한 취득시효가 완성되면 그 점유자는 그 소유명의자에 대하여 취득시효완성을 원인으로 한 소유권이전등기 절차의 이행을 청구할 수 있고 그 소유명의자는 이에 응할 의무가 있으므로 아직 점유자가 소유권이전등기를 경료하지 아니하여 소유권을 취득하지 못하였다고 하더라도 소유자는 점유자에게 토지의 점유로 인한 부당이득반환청구를 할 수 없다[대법원 1993.5.25. 92다51280].

자연발생적으로 또는 도로예정지로 편입되어 사실상 일반 공중의 통행로로 사용되어 와서 토지 소유자가 독점적이고 배타적인 사용수익권을 포기한 것으로 볼 수 있는 경우에, 일반 공중의 통행을 방해하지 않는 범위 내에서는 토지 소유자로서 그 토지를 처분하거나 사용·수익할 권능을 상실하지 않으므로 그 토지를 불법점유하고 있는 자에 대하여 물권적 청구권을 행사하여 토지의 반환 내지 방해의 제거, 예방을 청구할 수는 있겠지만, 토지 소유자가 반환받아도 토지를 독점적, 배타적으로 사용·수익할 수는 없기 때문에 제3자가 그 토지를 불법점유하였다고 해서 토지소유자에게 어떠한 손실이 생긴다고 할 수 없으므로 그 불법점유로 인한 부당이득의 반환을 청구할 수는 없다[대법원 2001.4.13. 2001다8493].

과반수 지분의 공유자가 그 공유물의 관리 방법으로서 그 공유토지의 특정한 한 부분을 배타적으로 사용·수익할 수 있으나 그로 말미암아 그 특정 부분의 사용·수익을 전혀 못하여 손해를 입고 있는 소수지분자에 대해 그 지분에 상응하는 임료 상당의 부당이득반환의무를 부담하지만, 그 과반수 지분의 공유자로부터 다시 그 특정 부분의 사용·수익을 허락받은 제3자의 점유는 다수지분권자의 공유물관리권에 근거한 적법한 점유이므로 그 제3자는 소수 지분권자에게 부당이득반환의무를 부담하지 아니한다[대법원 2002.5.14. 2002다9738].

3. 비용부당이득

가. 비용부당이득을 긍정한 판례

환경미화원이 업무 중 교통사고로 부상을 당한 경우 사용자가 그 비용으로 요양을 행하거나 혹은 요양비를 지급하여야 하는데, 국민건강관리공단으로부터 요양비에 해당하는 급부를 받았다면 이로써 사용자의 업무상 재해에 대한 요양보상의무가 면제되었으므로 사용자는 근로자에 대한 요양보상의무를 면하게 됨으로써 얻은 이득을 국민건강관리공단에게 반환할 의무가 있다[대법원 2005.4.28. 2004다12660].

채무자가 피해자로부터 횡령한 금전을 그대로 채권자에 대한 채무 변제에 사용하는 경우 피해자의 손실과 채권자의 이득 사이에 인과관계가 있음이 명백하고, 한편 채무자가 횡령한 금전으로 자신의 채권자에 대한 채무를 변제하는 경우 채권자가 그 변제를 수령함에 있어 악의 또는 중대한 과실이 있는 때에는 채권자의 금전 취득은 피해자에 대한 관계에 있어서 법률상 원인을 결여한 것으로 봄이 상당하다. 그러나 채권자에게 단순한 과실만이 있는 경우에는 그 변제는 유효하고 법률상 원인이 없는 것이라고 할 수 없다[대법원 2003.6.13. 2003다8862].

나. 비용부당이득을 부정한 판례

주채무가 제3자의 변제에 의해서 소멸하면 보증채무도 함께 소멸하므로 변제자대위가 성립하지 아니하는 한 변제한 제3자는 보증인에 대하여 부당이득반환청구를 할 수 없으며, 제3자의 출재로 인하여 주채무가 소멸하면 제3자는 주채무자에 대하여 구상권을 행사할 수 있으므로 제3자가 손실을 입었다고 할 수 없어서 제3자의 연대보증인에 대한 부당이득반환청구는 허용되지 않는다[대법원 1996.9.20. 96다22655].

복수의 가해자 중 일방 가해자가 도주하였으나 다른 일방 가해자가 명확한 경우의 자동차 사고는 자동차손해배상보장사업의 대상에 해당하지 않음에도 이를 알지 못하고 보장사업자가 피해자에게 보상금을 지급한 경우에 보장사업자는 피해자에게 그 보상금의 반환을 구할 수 있고 피해자가 보장사업자에 대하여 부당이득반환의무가 있으므로 가해자의 책임보험자에 대한 보험금지급 청구채권은 여전히 존속하며, 따라서 보장사업자의 보상금 지급으로 가해자의 책임보험자가 이득을 본 것이 없기 때문에 보장사업자는 가해자의 책임보험자에게 부당이득반환청구를 할 수 없다[대법원 2007.12.28. 2007다54351].

제 4 절   다수당사자의 부당이득

1. 개   념

부당이득에서 손실자와 이득자의 관계가 직접 단선적으로 연결되어 있어 이득자가 최종적인 이득을 취하고 있는 경우라면, 손실자가 이득자를 상대로 부당이득 반환청구를 하는 것이 용이하다. 그러나 다수의 당사자 사이에서 부당이득 관계가 형성되면 '손실자와 관계에서의 이득자'와 '최종적인 이득 귀속자'가 서로 달라진다. 손실자는 자신과의 관계에서의 이득자를 상대로 반환청구를 해야 하는지 아니면 최종적인 이득 귀속자를 상대로 해야 하는지 문제가 된다. 이러한 다수당사자의 부당이득은 주로 급부부당이득의 유형에서 발생한다.

2. 유   형

가. 급부연쇄형

계약관계에 의해 급부가 이루어졌으나 계약이 무효, 취소 또는 해제되면 급부부당이득이 성립되어 상대방에게 급부의 반환을 청구하여야 한다. 그러나 이미 상대방이 제3자에게 전매하여 급부 목적물이 제3자에게 귀속되어있는 경우의 부당이득을 급부연쇄형이라 한다. 예를 들어 갑이 을에게 물건을 매도하였고 을이 그 물건을 다시 병에게 매각한 경우에 갑과 을의 매매계약이 무효 또는 취소되면 갑의 부당이득반환청구는 누구를 상대로 할 것인가의 문제이다.

선의의 제3자에게 대항할 수 없도록 민법에 규정되어 있거나, 동산인 물건의 선의취득이 성립된 경우 또는 부동산인 목적물에 대해 무인성설을 취할 경우에 병은 정당한 소유권자이므로, 갑은 을을 상대로만 부당이득반환청구를 하여야 한다. 그러나 동산의 선의취득이 성립되지 않거나 부동산 물권변동에 유인성설을 취한다면, 병은 무권리자가 되므로 갑은 소유권에 기한 물권적 청구권을 병에게 직접 행사하거나 을이 병에게 갖는 부당이득반환청구권을 대위 행사할 수 있다.

나. 단축인도형

단축인도형이란 각각의 계약관계가 별도로 형성되었으나 각 계약관계의 공통되는 당사자가 존재하여 그를 생략하고 급부행위가 단축되어 행하여진 경우를 말한다. 다만 채권자의 지시나 요청에 의한 경우에는 지시삼각관계형에 해당되므로, 채무자가 호의적으로 단축하여 인도한 경우가 이에 해당된다. 예를 들어 갑과 을이 물건에 대한 매매계약을 체결하고 이와 별도로 을과 병이 그 물건에 대한 매매계약을 체결한 경우에, 갑이 을의 번거로움을 피하게 하려는 호의로 을을 생략하고 곧바로 병에게 목적물을 인도한 경우가 여기에 해당한다. 이 경우에 갑과 을의 매매계약 효력이 상실하면, 갑은 인도받은 병이 아닌 자기와의 계약관계에 있는 당사자인 을을 상대로만 부당이득반환청구를 하여야 한다. 병은 을과의 유효한 계약관계에 의해 정당하게 인도받은 것이기 때문에 병에 대해서는 부당이득이 성립되지 않는다.

> 발주자가 수급인 등에 대하여 공사대금지급채무를 부담하지 않고 있음에도 이를 부담하고 있는 것으로 잘못 알고 위 규정들에 의하여 하도급대금을 직접 하수급인 등에게 지급하였다고 하더라도, 하수급인 등이 발주자로부터 하도급대금을 지급받은 것은 수급인 등과의 하도급계약에 의한 것이어서 이를 법률상 원인 없이 하도급대금을 수령한 것이라고 볼 수 없으므로 발주자는 수급인 등에 대하여 부당이득반환청구를 할 수 있을 뿐 하수급인 등을 상대로 부당이득반환청구를 할 수는 없다[대법원 2008.6.26. 2006다63884].

다. 지시삼각관계형

계약상의 채무자가 채권자의 지시나 요청 등으로 제3자에게 직접 급부한 경우에, 그 계약이 효력을 상실하면 채무자는 자기가 직접 급부한 제3자에게 부당이득반환청구를 할 수 있는가가 지시삼각관계형 부당이득의 문제이다. 지시삼각관계형 부당이득반환청구를 부정하는 것이 다수의 학설(김준호, 1137; 지원림, 1684)이고 판례[대법원 2008.9.11. 2006다46278]의 태도이다. 채무자의 급부는 외형상으로는 제3자에게 하였을지라도 법리상으로는 채권자에 대한 유효한 변제로서의 효력이 있는 것이고, 동시에 채무자를 이행보조자로 한 채권자의 제3자에 대한 대가관계의 변제로 인정된다. 따라서 채무자는 급부를 수령한 제3자에게 부당이득반환청구를 할 수 없고, 계약관계에 있는 채권자에 대해서 부당이득반환청구를 하여야 한다. 설령 채무자로부터 급부를 수령한 제3자가 채권자와 채무자 사이의 원인관계가 무효임을 알고 있었다고 하더라도 마찬가지이다.

계약의 일방당사자가 상대방의 지시 등으로 상대방과 또 다른 계약관계를 맺고 있는 제3자에게 직접 급부한 경우(이른바 삼각관계에서의 급부가 이루어진 경우), 그 급부로써 급부를 한 당사자의 상대방에 대한 급부가 이루어질 뿐 아니라 그 상대방의 제3자에 대한 급부도 이루어지는 것이므로 계약의 일방당사자는 제3자를 상대로 법률상 원인 없이 급부를 수령하였다는 이유로 부당이득반환청구를 할 수 없다. 이러한 경우에 계약의 일방당사자가 상대방에 대하여 급부를 한 원인관계인 법률관계에 무효 등의 흠이 있다는 이유로 제3자를 상대로 직접 부당이득반환청구를 할 수 있다고 보면 자기 책임하에 체결된 계약에 따른 위험부담을 제3자에게 전가하는 것이 되어 계약법의 원리에 반하는 결과를 초래할 뿐만 아니라 수익자인 제3자가 상대방에 대하여 가지는 항변권 등을 침해하게 되어 부당하기 때문이다. 이와 같이 삼각관계에서의 급부가 이루어진 경우에, 제3자가 급부를 수령함에 있어 계약의 일방당사자가 상대방에 대하여 급부를 한 원인관계인 법률관계에 무효 등의 흠이 있었다는 사실을 알고 있었다 할지라도 계약의 일방당사자는 제3자를 상대로 법률상 원인 없이 급부를 수령하였다는 이유로 부당이득반환청구를 할 수 없다[대법원 2008.9.11. 2006다46278].

뿐만 아니라 채권자의 지시에 따라 채무자가 제3자에게 변제를 하였으면 제3자에 대한 채권자의 채무가 부존재하더라도 채무자의 채권자에 대한 변제로서는 유효하므로, 채권자가 제3자에 대해 부당이득반환청구권을 행사하여야 한다. 다만 채권자의 지시가 아닌 변제할 정당한 이익이 있는 자의 대위변제로서 채무자가 제3자에게 채권자의 채무를 변제하였으나, 제3자에 대한 채권자의 채무가 부존재한 경우에는 채무자가 제3자에 대해 부당이득반환청구를 할 수 있다[대법원 1990.6.8. 89다카20481]. 또한 채권자의 지시에 의해 채무자가 자발적으로 급부한 것이 아니라 채권양도로 인하여 비자발적으로 급부할 수밖에 없었던 경우에도 직접 반환청구를 할 수 있다. 따라서 계약이 해제되면 채권양수인은 채무자로부터 이행받은 급부를 원상회복할 의무가 있다[대법원 2003.1.24. 2000다22850].

3. 전용물소권 이론

가. 개   념

계약에 따른 급부가 계약상대방 뿐만 아니라 제3자의 이득으로도 된 경우에 급부를 한 당사자가 최종적인 이익보유자인 제3자에 대해 직접 부당이득반환청구를 할 권리를 전용물소권이라고 한다. 비용지출자가 중간자와의 계약을 통해 제3자 소유의 물건을 수리하거나 비용을 지출한 경우에 중간자에 대해 계약상의 책임을 묻는 것 외에 제3자에 대해 자신의 급부로 인한 이익을 이유로 계약상의 반대급부에 상응하는 부당이득반환을 청구할 수 있다는 것이다. 예를 들어 갑이 을의 자동차를 빌려서 운행하던 중 원인불명의 고장이 발생하여 급히 병과 외상으로 자동차 정비에 관한 계약을 체결하여 수리한 경우, 병이 갑에게 계약상의 대금지급청구를 하는 것뿐만 아니라 을에게 대금에 상응하는 부당이득반환청구도 할 수 있다는 것이 전용물소권이다.

나. 비 교 법

로마법 이래 인정되어 오던 전용물소권에 대해 독일 민법은 제정 과정에서 논란 끝에 전용물소권을 부정하기로 결정하였고, 프랑스 민법이나 일본 민법의 제정에서도 전용물소권은 인정되지 않았다. 그러다 1892년 프랑스 Boudier사건[17]에서 판례가 전용물소권을 인정하여 독자적인 법제도로 발전하게 되었고, 1970년 일본도 불도저사건[18]에서 전용물소권을 인정한 바 있었으나 1990년대 이후 다시 엄격한 태도를 취하고 있다.

다. 학설 및 판례

우리나라의 학설은 대체로 전용물소권을 부정하고 있다. 전용물소권을 인정하

---

17) 비료 판매상 Boudier로부터 외상으로 비료를 구입한 매수인이 비료를 사용하여 임차한 농지에서 농사를 지은 후 무자력상태가 되어 차임의 대물변제로 농지임대인에게 농작물을 인도하고 농지를 반환하자 Boudier가 농지임대인에게 한 부당이득반환청구를 법원이 인용.

18) 갑이 을의 불도저를 임차하여 사용하던 중 병에게 수리할 것을 의뢰한 이후, 갑이 파산하자 을은 불도저를 회수하였고 병은 을에게 수리대금을 부당이득으로 청구함.

면 손실자가 계약상의 청구권 외에 부당이득반환청구권까지 취득하게 되어 중간자의 무자력에 대해 수익자가 부담을 져야 하는 부당한 문제가 있고, 수익자가 중간자에 대하여 항변할 수 있는 사유가 있음에도 불구하고 손실자에게 부당이득으로 반환해야 하는 문제가 생기게 되므로 전용물소권을 부정한다. 반면에 소수설은 중간자가 무자력이고 중간자와 수익자 사이에 그 이득을 정당화하는 법률행위 또는 법률규정이 없을 경우에는 예외적으로 전용물소권을 인정하자고 주장한다.

판례도 전용물소권을 부정하는 입장을 유지하고 있다. 계약에 따른 어떤 급부가 그 계약의 상대방 아닌 제3자의 이익으로 된 경우에도 급부를 한 계약당사자는 계약상대방에 대하여 계약상의 반대급부를 청구할 수 있을 뿐이고 그 제3자에 대하여 직접 부당이득을 주장하여 반환을 청구할 수 없다[대법원 2005.4.15. 2004다49976].

계약상의 급부가 계약의 상대방뿐만 아니라 제3자의 이익으로 된 경우에 급부를 한 계약당사자가 계약 상대방에 대하여 계약상의 반대급부를 청구할 수 있는 이외에 그 제3자에 대하여 직접 부당이득반환청구를 할 수 있다고 보면, 자기 책임하에 체결된 계약에 따른 위험부담을 제3자에게 전가시키는 것이 되어 계약법의 기본원리에 반하는 결과를 초래할 뿐만 아니라, 채권자인 계약당사자가 채무자인 계약 상대방의 일반채권자에 비하여 우대받는 결과가 되어 일반채권자의 이익을 해치게 되고, 수익자인 제3자가 계약 상대방에 대하여 가지는 항변권 등을 침해하게 되어 부당하므로, 위와 같은 경우 계약상의 급부를 한 계약당사자는 이익의 귀속 주체인 제3자에 대하여 직접 부당이득반환을 청구할 수는 없다고 보아야 할 것이다[대법원 2002.8.23. 99다66564, 66571].

나아가 판례는 계약상의 급부가 제3자의 이익이 된 경우뿐만 아니라 사무관리에 의하여 이루어진 급부에도 전용물소권을 부정하고 있다.

이러한 법리는 그 급부가 사무관리에 의하여 이루어진 경우에도 마찬가지이다. 따라서 의무 없이 타인을 위하여 사무를 관리한 자는 그 타인에 대하여 민법상 사무관리 규정에 따라 비용상환 등을 청구할 수 있는 외에 그 사무관리에 의하여 결과적으로 사실상 이익을 얻은 다른 제3자에 대하여 직접 부당이득반환을 청구할 수는 없다고 할 것이다[대법원 2013.6.27. 2011다17106].

4. 제3자를 위한 계약과의 비교

제3자를 위한 계약도 다수의 당사자가 관여하고 있으므로 다수당사자의 부당이득과 외형상 매우 유사해 보인다. 그러나 제3자를 위한 계약은 요약자와 낙약자의 기본관계와 요약자와 수익자 사이의 대가관계뿐만 아니라 낙약자와 수익자 사이에도 수익의 의사표시에 의해 급부관계가 존재한다. 이 급부관계에 의해 수익자는 계약상의 권리를 확정적으로 취득하는 점에서 다수당사자의 부당이득에서의 수익자인 제3자와는 엄밀하게 구별된다. 즉 수익의 의사표시에 의해서 수익자에게 법률상 원인이 존재하게 되므로 부당이득이 성립되지 않는다.

판례도 제3자를 위한 계약에서 기본관계가 해제되어도 부당이득반환은 낙약자와 요약자 사이에서 행하여져야 하고, 수익자는 대가관계에 따라 요약자와의 관계에서 정당한 수령이 되며 만약 직접 낙약자가 수익자에게 반환청구권을 행사하면 위험부담을 제3자에게 전가하여 계약법의 기본원리에 반하므로 낙약자는 수익자에게 부당이득반환청구를 할 수 없다고 한다[대법원 2005.7.22. 2005다7566, 7573].

제3자를 위한 계약관계에서 낙약자와 요약자 사이의 법률관계(이른바 기본관계)를 이루는 계약이 무효이거나 해제된 경우 그 계약관계의 청산은 계약의 당사자인 낙약자와 요약자 사이에 이루어져야 하므로, 특별한 사정이 없는 한 낙약자가 이미 제3자에게 급부한 것이 있더라도 낙약자는 계약해제 등에 기한 원상회복 또는 부당이득을 원인으로 제3자를 상대로 그 반환을 구할 수 없다[대법원 2010.8.19. 2010다31860, 31877].

제 5 절 부당이득의 효과

1. 부당이득의 반환

가. 부당이득반환청구권

(1) 이익의 개념

부당이득이 성립되면 수익자는 자신이 받은 이득을 손실자에게 반환하여야 한다. 성립요건에서 살펴보았듯이, 이익의 개념에 대해 통일설은 차액설을 따르지만, 비통일설은 취득이익설을 취하고 있다. 차액설에 의하면 수익자의 부당이득이 있고 난 이후의 재산상태에서 부당이득이 있기 이전의 재산상태를 공제하여 그 차액을 이익이라고 한다. 반면에 취득이익설에서는 수익자가 취득한 급부(급부부당이득) 또는 수익을 얻을 수 있었던 기회 상실의 객관적 대가(침해부당이득) 등이 이익으로서 반환대상이 된다(김준호, 1124; 지원림, 1707). 따라서 차액설은 수익의 결과 시점을 기준으로 수익을 판단하는 반면, 취득이익설은 수익행위 시점을 기준으로 하는 차이가 있다.

(2) 비용의 공제

이익에 관한 차액설과 취득이익설의 가장 의미있는 차이는 이익을 얻기 위한 비용을 공제하여야 하는가의 문제이다. 차액설은 수익의 결과 시점을 기준으로 하므로 수익행위에서 비용을 공제한 재산의 증가분(현존이익)만이 이익이 된다. 취득이익설은 수익행위 시점을 기준으로 하므로 비용을 공제하지 아니한 받은 수익 전부가 이익이 된다. 다만 취득이익설에서도 선의수익자의 경우에는 이익의 귀속이 영구적인 것이라 신뢰하고 소비할 가능성이 크므로, 신뢰를 보호하기 위해 반환범위를 현존이익의 한도로 축소하는 배려를 하고 있다. 판례는 차액설에 따라 수익을 위한 비용을 공제한 현존이익을 반환하도록 하고 있다[대법원 1995.5.12. 94다25551].[19]

> 일반적으로 수익자가 법률상 원인 없이 이득한 재산을 처분함으로 인하여 원물반환이 불가능한 경우에 있어서 반환하여야 할 가액은 특별한 사정이 없는 한 그 처분 당시의 대가이나, 이 경우에 수익자가 그 법률상 원인 없는 이득을 얻기 위하여 지출한 비용은 수익자가 반환하여야 할 이득의 범위에서 공제되어야 하고〈후략〉[대법원 1995.5.12. 94다25551].

(3) 무수익재산의 부당이득

침해부당이득의 유형에서 주로 논란이 되는 것은 침해한 재산이 객관적으로

---

19) 타인 소유 임야에서 토석을 굴취하여 제방 성토작업에 제공하고 대금을 받은 경우, 소요경비는 반환범위에서 제외함.

수익가능성이 존재하지 아니하는 무수익재산인 경우에도 차임 상당의 수익을 거둔 것으로 간주할 수 있는가의 문제이다. 이에 대해서도 차액설과 취득이익설은 견해를 달리한다.

차액설에서 이익이란 실질적인 이익을 말하므로 수익자가 객관적으로 수익을 거둘 수 있는 상황에서만 이익이 인정된다. 법률상 제한으로 수익이 허용되지 않는 재산이거나 객관적으로 수익가능성이 전혀 없는 재산의 경우에는 차임 상당의 이익이 당연히 발생한 것으로 간주하여서는 아니 된다. 판례 역시 무수익재산의 경우에는 부당이득을 부정하는 것이 일반적이다[대법원 1991.10.8. 91다22018, 22025].[20)]

반면에 취득이익설의 입장에서는 침해를 통해 수익자가 실제로 이익을 거두었는가는 중요한 것이 아니라, 침해를 통해 손실자가 수익을 거둘 기회를 상실한 객관적 대가가 이익이 된다. 예를 들어 소유자가 전혀 사용·수익의 의사 없이 장기간 방치상태로 둔 토지를 타인이 무단으로 담장을 둘러 폐쇄한 경우에, 누구도 토지를 활용하지 못함으로써 아무런 현실적인 수익이 없었을지라도 차임 상당의 수익을 거둔 것으로 간주되어야 한다. 판례는 드물게 취득이익설을 취하기도 하여 토지 위에 무단으로 건물을 소유하는 경우에 일률적으로 토지 임료 상당의 부당이득이 발생한다거나[대법원 1998.5.8. 98다2389], 토지의 일부를 불법점유하여 나머지 토지도 손실자가 사용할 수 없는 상태로 만들었다면 전체 토지의 차임이 이익이라고 판시하고 있다[대법원 2001.3.9. 2000다70828].[21)]

(4) 손실보다 큰 이익의 반환 문제

수익자가 얻은 이익이 손실자의 손실보다 큰 경우에 모든 이익을 다 반환하여야 하는지 아니면 손실의 한도에서 반환하여야 하는지가 문제가 된다. 이러한 손실보다 큰 이익의 반환 문제는 이익 발생의 원인을 세분하여 다시 살펴볼 필요가 있다.

먼저 부당이득은 손실자의 손실 한도에서 성립되므로 수익자가 개인적인 능력

---

20) 영업양수 후 양수인이 인도받지 못한 차량을 등록말소하여 운행이 불가하였다면 양도인에게 이익이 존재하지 아니함.
21) 타인 토지에 무단으로 시설물을 설치·소유하고 이로 인해 이격거리를 두어야 함으로써 잔여 토지가 과소토지로 남게 되어 사용할 수 없게 된 경우.

으로 얻은 초과이익은 반환하지 않아야 한다는 반환부정설(김준호, 1125)이 있다. 반대로 운용이익을 수익자에게 귀속시키는 것은 부당하므로 전부 반환하여야 한다는 반환긍정설(송덕수, 1396)도 있다. 또한 일부반환설이라 하여 손실자도 얻을 수 있었던 이익은 반환되어야 한다는 견해도 있으나, 반환부정설도 수익자의 개인적 능력으로 얻은 경우만을 전제로 하므로 실질적으로 양자는 구별의 실익이 없다.

　손실보다 큰 이익이 수익자의 고유한 재능이나 노력으로 발생된 운용이익인 경우에는 손실의 한도에서 반환의무를 부담하는 것이 타당하다. 왜냐하면 그러한 운용이익은 손실자로서는 손실이 없었다고 하더라도 수익 획득을 합리적으로 기대할 수 없고, 수익자의 적극적인 기여가 아니었으면 발생할 수 없는 것이기 때문이다. 비록 손실이 운용이익을 발생시킬 수 있었던 조건설적인 계기는 되었을지 몰라도, 운용이익 전부를 손실자에게 귀속시키는 것이 공평의 이념에 부합한다거나 법률상 원인이 있는 것이라고 할 수 없다. 판례도 수익자의 능력이나 노력에 의해 발생된 운용이익은 원칙적으로 반환대상이 되지 못한다고 한다[대법원 1995.5. 12. 94다25551].

　그러나 수익이 누구에게 귀속되어 있더라도 발생될 수 있었던 가치 증가분은 이득으로서 손실자에게 반환되어야 한다. 예를 들어 갑이 A은행의 보통예금 계좌에서 을의 같은 은행 보통예금 계좌로 매매대금을 이체하여, B에게 보통예금 소정의 이자가 발생한 경우라면 그 이자는 이득의 범위에 포함되는 것으로 보아 당연히 반환되어야 함이 물론이다[대법원 2008.1.18. 2005다34711].[22]

　　수익자가 자신의 노력 등으로 부당이득한 재산을 이용하여 남긴 이른바 운용이익도 그것이 사회통념상 수익자의 행위가 개입되지 아니하였더라도 부당이득된 재산으로부터 손실자가 당연히 취득하였으리라고 생각되는 범위 내의 것이 아닌 한 수익자가 반환하여야 할 이득의 범위에서 공제되어야 한다[대법원 1995.5.12. 94다25551].

　수익자의 고유한 재능이나 노력과는 관계없이 우연적인 요소로 발생된 초과이익을 누구에게 귀속시킬 것인가는 매우 어려운 문제이다. 만약 손실의 범위를 넘는 이익 모두를 반환해야 한다면 손실자는 손실보다 더 큰 초과이익을 얻게 된다.

---

22) 설령 손실자가 정기예금에 가입하지 않았다고 하더라도 정기예금 예치가 일반적인 상황(IMF로 인한 고금리)이라면 정기예금 이자 상당의 이득을 인정.

반대로 손실의 한도에서 반환해야 한다면 수익자에게 초과이익이 귀속될 것이므로, 부당이득으로 인한 모든 이득을 박탈하여 수익자를 이득 이전의 상태로 돌리고자 하는 제도적 취지가 흔들리게 된다. 판례는 초과이익에 대해 손실의 한도에서 이익을 반환하는 반환부정설을 취하고 있다. 판례에 따르면, 타인의 공사로 법률상 원인 없이 토지이용 가치가 증대되어 소유자가 공사비보다 더 큰 이익을 얻은 경우에, 손실자의 손실이 이익보다 적어서 수익자가 손실 이상의 이익을 얻은 때에는 손실 상당의 이익만을 반환할 의무가 있다고 한다[대법원 1974.7.26. 73다1637].[23]

(5) 장래이익의 반환

부당이득의 반환은 현존하는 이익 또는 과거에 실현되었었던 이익을 반환하는 것이 일반적이지만, 아직 실현되지 아니한 장래의 이익도 반환되어야 하는가도 문제가 된다. 판례는 장래의 부당이득이라도 그 이행기에 지급을 기대할 수 없어서 미리 청구할 필요가 있는 경우에는 장래이익의 반환을 허용하고 있다[대법원(전) 1975.4.22. 74다1184].[24] 건물의 일부를 무상으로 이용하게 할 의무있는 자가 그 의무를 위반하여 제3자에게 임대하고 있는 경우에 이러한 채무불이행 상태가 장래에도 계속될 것이라 충분히 예측되므로 장래에 발생할 부당이득을 미리 청구할 필요가 있다고 인정하였다[대법원 1993.7.27. 92다13332].

> 원래 장래의 이행을 청구하는 소는 미리 그 청구할 필요가 있는 경우에 한하여 제기할 수 있다고 우리 민사소송법 229조가 규정하고 있는데 그 입법 취지는 가령 현재(즉 사실심의 변론종결당시에)조건부 또는 기한부 권리관계 등이 존재하고 단지 그 이행기가 도래않고 있는데 불과한 때에 만일 그 채무의 이행기가 도래하였다 하여도 채무자가 그 채무를 자진하여 이행하지 않을 것이 명백히 예상되는 경우에도 채권자는 속수무책격으로 아무 대책도 강구 못하고 그 이행기가 도래하였을 때까지 기다렸다가 비로소 그 이행기가 도래한 부분에 한하여 현재의 급부의 소만을 제기하여야 한다면 채권자의 보호가 충분치 못하므로 〈중략〉 이 규정은 이와 같은 의미의 필요성이 인정되는 한 모든 장래의 이행청구권에 널리 이용할 수 있도록 특별한 제한을 두고 있지 않은 것이다. 〈중략〉 그런데 유독

---

23) 성토매립공사로 증대된 토지이용 가치가 공사비를 초과한 경우 공사비만 반환.
24) 불법점거로 인한 차임 상당의 부당이득반환청구의 경우 지속적 불법점거를 고려한 장래의 부당이득 청구 인정.

부당이득 상당금의 지급채무에 있어서만 그 성질상 장래 발생할 채무의 지급을 명하여서는 안된다고 할 아무 합리적 이유도 없다고 할 것이다(민법 741조, 747조, 748조가 「얻은 이익」, 「받은 목적물」은 「반환한다」라고 규정한 점에 현혹되어서 위 민사소송법 229조의 입법취지를 몰각하는 반대해석을 하여서는 안 될 것이다)[대법원(전) 1975.4.22. 74다1184].

나. 지체책임

부당이득반환의무는 이행기한의 정함이 없는 채무이므로 수익자는 이행청구를 받은 익일부터 지체책임을 진다[대법원 2010.1.28. 2009다24187, 24194].[25] 그러므로 선의의 수익자는 손실자가 부당이득반환청구를 한 시점까지 수취한 과실을 반환하지 아니하고 보유할 수 있다. 한편 급부부당이득에서 쌍무계약에 기해 서로 급부를 이행한 후 계약이 실효되면 양 당사자 사이의 부당이득반환의무에 동시이행의 항변권이 적용되므로[대법원 1993.5.14. 92다45025],[26] 그 한도에서는 자기의 채무를 이행하거나 이행의 제공을 하지 않은 채 이행청구를 하더라도 지체책임이 발생하지 아니한다.

다. 소멸시효

부당이득의 법률사실로서의 성격이 사건이므로 당사자의 주관적 인식 여부와 관계없이 부당이득반환청구권이 성립된다. 부당이득반환청구권은 성립과 동시에 행사할 수 있는 채권이므로, 부당이득의 사실이 발생한 시점에 소멸시효가 기산된다. 소멸시효의 기간은 원인되는 행위의 법적 성질에 따라서 결정되어야 하므로 보통의 경우에는 채권의 일반원칙에 따라 10년이지만(제162조 제1항), 상행위인 급부 반환의 경우에는 5년의 상사시효가 적용되어야 하고[대법원 2007.5.31. 2006다63150],[27] 민법상 단기소멸시효가 적용될 급부의 반환에는 그 단기소멸시효(제164조, 제165조)가 적용되어야 한다.

---

25) 명의신탁약정의 무효로 매수대금 부당이득반환의 경우 아무런 청구 없이 지연손해금의 지급만을 청구하였다면 그 지연손해금 청구 시점부터 지체책임 발생.
26) 매매계약이 취소된 경우, 양 당사자의 부당이득 반환은 동시이행 관계에 있음.
27) 보증보험계약에 따른 보험금지급으로 인한 부당이득의 경우에 상사시효 적용.

라. 부당이득반환청구권의 행사

부당이득반환청구권은 손실자가 행사함이 원칙이며, 단독소유자의 경우에는 그가 손실자로서 반환청구를 하면 된다. 부당이득의 대상이 된 원물이 공동소유라면, 공유자인 손실자는 지분의 비율로 수익자를 상대로 부당이득반환청구를 하여야 한다[대법원 1979.1.30. 78다2088]. 이는 공유자가 물권적 청구권을 행사하는 경우에는 각 공유자가 단독으로 공유물 전부의 인도를 청구할 수 있는 것[대법원 1993.5.11. 92다52870]과는 대비되는 것이다. 어떤 물건에 대하여 직접점유자와 간접점유자가 있는 경우, 그에 대한 점유·사용으로 인한 부당이득의 반환의무는 동일한 경제적 목적을 가진 채무로서 서로 중첩되는 부분에 관하여는 부진정연대채무의 관계에 있다[대법원 2012.9.27. 2011다76747].

마. 제한능력자의 반환범위

법률행위가 무효 또는 취소되어 부당이득이 성립되는 경우에는 급부부당이득에 해당된다. 제141조는 "취소된 법률행위는 처음부터 무효인 것으로 본다. 다만, 제한능력자는 그 행위로 인하여 받은 이익이 현존하는 한도에서 상환할 책임이 있다"라고 규정하고 있다. 제141조 단서는 제한능력자의 보호를 위해 선의·악의를 묻지 아니하고 오로지 현존이익에 한하여 그 반환의무를 부담 지우는 것이다. 그러므로 부당이득의 반환범위에 대한 제748조의 특칙이 된다. 이러한 취지를 고려하여 제한능력을 이유로 한 취소뿐만 아니라 의사무능력으로 인한 무효의 경우에도 제141조 단서를 유추 적용해서 의사무능력자에게 받은 이익이 현존하는 한도에서 반환할 의무를 지우는 것이 타당하다[대법원 2009.1.15. 2008다58367].[28]

무능력자의 책임을 제한하는 민법 제141조 단서는 부당이득에 있어 수익자의 반환범위를 정한 민법 제748조의 특칙으로서 무능력자의 보호를 위해 그 선의·악의를 묻지 아니하고 반환범위를 현존 이익에 한정시키려는 데 그 취지가 있으므로, 의사능력의 흠결을 이유로 법률행위가 무효가 되는 경우에도 유추적용되어야 할 것이나, 법률상 원인 없이 타인의 재산 또는 노무로 인하여 이익을 얻고 그로 인하여 타인에게 손해를 가한 경우에

---

28) 의사무능력자가 소유부동산에 근저당권을 설정하고 금융기관의 대출을 받아 제3자에게 대여한 경우 금융기관은 현존이익 한도에서 부당이득반환청구 가능.

그 취득한 것이 금전상의 이득인 때에는 그 금전은 이를 취득한 자가 소비하였는가의 여부를 불문하고 현존하는 것으로 추정되므로, 위 이익이 현존하지 아니함은 이를 주장하는 자, 즉 의사무능력자 측에 입증책임이 있다[대법원 2009.1.15. 2008다58367].

2. 원물반환

가. 원칙적 효과

부당이득은 그 법률효과로서 받은 이익 그대로를 반환하는 원상회복을 원칙으로 한다. 받은 이익이 원상 그대로 존재하면 그 이익을 반환하는 것이고, 특히 물건이라면 그 특정물을 그대로 반환하여야 한다. 대위물이나 보상금처럼 원물에 갈음하여 취득한 대체물로 존재하는 경우에는 그 대체물을 반환하면 된다. 그리고 금전은 물건이 아니라 가치 그 자체로서 점유 있는 곳에 소유가 있으므로 원물반환의 대상이 아니며, 같은 액수의 금전으로 가액반환하면 된다.

받은 이익이 물건이면 이를 점유하는 과정에서 필요비나 유익비 등을 지출할 수도 있다. 물건의 점유에 지출된 필요비나 유익비에 대해서는 선의와 악의를 묻지 아니하고 제203조가 적용된다. 원물에 소요된 필요비는 전액 청구할 수 있으나, 선의수익자로 과실을 수취한 경우에는 통상의 필요비는 청구하지 못한다(제203조 제1항). 원물의 개량에 지출한 금액이나 유익비는 그 가액의 증가가 현존한 경우에 한하여 손실자의 선택에 좇아 그 지출금액이나 증가액을 청구할 수 있다(제203조 제2항).

나. 선의수익자의 반환범위

(1) 선의와 악의의 구분

부당이득의 효과에서 선의수익자와 악의수익자는 매우 큰 차이가 있다. 선의라 함은 수익이 법률상 원인이 없는 것임을 알지 못하는 것이고, 악의라 함은 수익이 법률상 원인이 없는 것임을 알고 있는 것이다. 선의이면 충분하고 무과실까지 요구하는 것은 아니다. 다만 중과실이 있는 선의수익자는 악의수익자와 동일시할 필요가 있다. 왜냐하면 중과실은 거의 고의에 가까운 정도로 주의를 결여하는 것이므로 공평의 관점에서 중과실 있는 자를 구태여 보호할 필요가 없다고 봄이 타당하기 때문이다. 점유자의 선의는 제197조 제1항에 의해 추정되므로 손실자가 점유자인 수익자의 악의를 증명하여야 한다. 법인이 부당이득을 취한 경우에는 대표기관인 이사 등의 선의 여부를 기준으로 판단한다[대법원 2002.2.5. 2001다66369].[29]

선의와 악의의 판단기준이 되는 시점은 수익의 시점이 원칙이지만, 예외적으로 수익의 시점에는 선의였으나 훗날 악의로 되는 경우도 있다. 예를 들어 계약이 제110조의 사기에 의한 의사표시로 취소되는 경우에 수익의 시점에는 선의였으나 훗날 취소 시점부터 악의가 된다[대법원 1993.2.26. 92다48635, 48642]. 다만 선의의 수익자가 패소하면 소 제기 시부터 악의의 수익자로 간주된다(제749조 제2항).

(2) 현존이익의 반환

선의의 수익자의 반환의무는 현존이익의 반환이 원칙이므로, 선의의 수익자는 받은 원물이 존재하면 그 원물을 반환하면 된다. 설령 원물의 가치가 자연적으로 혹은 사용·훼손으로 인해 감소되더라도 현재 상태 그대로 반환하면 된다.

원물이 멸실된 경우에는 현존이익이 없어서 반환의무가 없는지 아니면 가액반환을 해야 하는지 문제가 된다. 반환부정설은 선의수익자의 경우에 누구의 귀책사유로 멸실되었는가를 묻지 아니하고 현존이익의 부존재로 반환의무가 발생하지 않는다고 한다. 반환긍정설은 선의수익자의 경우에 수익자의 귀책사유나 쌍방에게 책임 없는 사유로 멸실된 경우에도 그 가액을 반환하여야 하지만, 불가항력으로 인한 경우라면 가액반환을 부정하고 있다. 수익자는 부당이득반환의 이행청구를 받은 익일부터 지체책임을 지는 것을 고려하면, 부당이득반환청구를 받은 시점에 존재하는 이익이 현존이익이라고 보아야 하고, 그 이후에 원물이 멸실되었다면 가액반환의무를 부담해야 할 것이다.

제748조 제1항이 선의수익자의 반환의무 범위를 현존이익으로 제한하는 의미에 대해 차액설은 이익자가 부담하는 비용과 같은 불이익을 공제하는 것이 원칙이므로 현존이익의 반환은 당연한 것이라고 한다. 반면에 취득이익설은 모든 취득한 이익을 반환하여야 함이 논리적으로는 타당하지만, 공평의 원리상 선의수익자를 보호하기 위해 예외적으로 현존이익으로 조정한 것이라고 설명한다.

---

29) 새마을금고 이사장이 이사회 의결 없이 금고 명의로 대출받아 송금받은 후 임의로 소비한 경우 새마을금고는 악의의 수익자임.

이익이 현존하는가를 판단하는 시기에 대해 수익자가 부당이득반환청구를 받은 시점이라는 견해(김준호, 1128), 원칙적으로 이득을 반환할 때를 기준으로 하되 소가 제기된 경우에는 소 제기 시점을 기준으로 하는 견해(지원림, 1713), 그 이전이라도 이득자가 악의로 된 때에는 악의로 된 시점을 기준으로 하여 현존이익을 결정하여야 한다는 견해(송덕수 1399)가 대립되고 있다. 판례는 내용증명으로 소유권 취득 사실과 무단점유 근거를 제시하면서 명도를 요청하였다면 내용증명이 도달한 시점부터 악의로 된다고 하여 후자의 견해를 취하는 것으로 보인다[대법원 1977.9.28. 77다1278]. 악의수익자의 반환의무 범위가 확장되는 차별성을 고려하면, 이익반환이나 소 제기 시점 이전이라도 악의가 되는 시점을 기준으로 함이 타당하다. 악의가 되는 시점에 존재하는 이익은 그 이후 멸실되더라도 가액반환의무를 부담시키는 것이 공평의 이념에 부합하기 때문이다.

현존이익의 존재에 대해서 이익은 현존하는 것으로 추정하고 수익자가 현존이익이 없음을 증명하여야 한다는 다수설(김준호, 1128; 지원림, 1713; 송덕수, 1400)과 추정을 부정하여 손실자가 현존이익의 존재를 증명하여야 한다는 소수설이 대립된다. 판례는 금전은 이익이 현존하는 것으로 추정하지만[대법원 1996.12.10. 96다32881], 비금전의 경우에는 반환의무자가 현존이익 부존재의 증명책임을 진다는 판례[대법원 1970.10.30. 70다1390][30]와 반환청구권자가 현존이익 존재의 증명책임을 진다는 판례[대법원 1970.2.10. 69다2171][31]가 혼재하고 있다.

영업 부진으로 인한 손실은 현존이익의 판단에서 고려되지 않는다. 판례는 부동산의 점유이익에서 영업 실패로 인한 적자손실이 있어도 이익이 현존하는 것으로 판단하고 있다[대법원 1997.12.9. 96다47586].[32] 목적물로 인한 손해는 공제하여야 하는가에 대해서 이익의 취득과 인과관계 있는 한 공제할 수 있다는 차액설과 수익자의 신뢰와 무관하므로 공제되어서는 안 된다는 취득이익설이 대립되고 있다.

---

30) 농지개혁법을 위반한 임대인이 차임을 받았다면 아직도 소지한 것으로 보아 그가 부존재의 증명책임.
31) 선의의 수익자에 대해서는 반환청구권자가 증명책임.
32) 호텔의 영업 부진으로 실제 이익을 받은 바 없더라도 차임 상당의 이익 발생 간주.

(3) 과실수취권

점유에 관한 제201조와 부당이득에 관한 제748조는 과실의 수취에 대해서 서로 모순된 규정처럼 보인다. 전자의 경우에는 선의의 점유자에게 과실수취권을 인정하는 반면에, 후자의 경우에는 선의수익자도 과실이 현존하고 있다면 현존이익으로서 반환해야 하는 것처럼 규정하고 있다. 이에 대해 학설과 판례는 제201조 제1항을 제748조 제1항의 특칙으로 보아 우선 적용함으로써 선의수익자에게 과실수취권을 인정하여 과실의 반환의무가 없다고 한다[대법원 1978.5.23. 77다2169].[33]

> 민법 제201조 제1항에 의하면 선의의 점유자는 점유물의 과실을 취득한다고 규정하고 있는 바, 선의의 점유자에게 점유물로부터 생기는 과실취득권을 인정한 것은 본권의 존부와는 관계없이 점유권의 효력자체에 의하여 인정하는 권리이다. 따라서 선의의 점유자가 악의의 점유자로 변하였다면 모르거니와 그렇지 아니하고 선의의 점유자로 남아 있는 동안에는 비록 그 과실수취가 법률상 원인 없이 이루어지고, 이로 말미암아 타인에게 손해를 입혔다 할지라도 그 과실취득으로 인한 이득을 그 타인에게 반환할 의무는 없다할 것이다[대법원 1976.7.27. 76다661].

사용이익이 과실에 해당되는가의 문제가 선의수익자의 사용이익반환과 관련하여 제기된다. 사용이익이 과실에 해당된다면, 선의점유자에게는 과실수취권이 인정되므로 사용이익은 반환하지 않아도 된다. 그러나 사용이익을 과실이 아닌 수익으로 파악한다면, 선의점유자의 과실수취권이 적용되지 않으므로, 사용이익이 현존하는 한 반환되어야 한다. 판례는 건물을 사용함으로써 얻는 이익은 그 건물의 과실에 준하는 것이므로 선의점유자는 그 점유 사용으로 인한 차임상당의 이득을 반환할 의무는 없다고 판시하고 있다[대법원 1996.1.26. 95다44290]. 즉 판례에 따르면 사용이익은, 엄격한 의미에서 과실은 아니지만 '과실에 준하는 것'으로 제201조가 적용되어, 선의수익자에게 귀속된다.

---

33) 건물소유권 취득 후 인접한 타인의 토지를 권원 없이 선의로 점유 사용한 경우 임료 상당의 부당이득 부정.

다. 악의수익자의 반환범위

(1) 악의의 개념

악의수익자라 함은 법률상 원인이 없음을 알면서 수익을 하는 것을 말한다. 즉 법률상 원인이 없게 되는 사실을 야기하거나 또는 인식하고 수익을 하는 것이다. 수익 시점부터 악의일 수도 있지만, 수익자가 이익을 받은 후 법률상 원인 없음을 안 때에는 그때부터 악의의 수익자로서 이익반환의 책임이 있다(제749조 제1항). 급부부당이득에서 법률상 원인이 없게 되는 사실이란 무효의 경우에는 무효원인 사실을 인식하고 있는 것으로 족하지만, 취소나 해제의 경우에는 그 취소나 해제의 원인 사실을 아는 것으로는 부족하고 취소나 해제의 의사표시를 아는 때부터 악의로 된다. 취소나 해제 사유가 있다고 해도 취소나 해제의 의사표시를 하지 않는 한 여전히 유동적으로 유효한 상태이기 때문이다. 침해부당이득의 경우에는 자신의 수익이 정당한 권리자의 권리를 침해한다는 인식을 하는 때에 악의로 될 것이고, 비용부당이득의 경우에는 타인이 의무없이 재산을 자의적으로 지출하여 자신에게 이익이 발생하였다는 사실을 인식하면 악의가 될 것이다. 악의의 증명책임은 반환청구를 하는 손실자가 부담한다[대법원 2010.1.28. 2009다24187, 24194].

> 부당이득반환의무자가 악의의 수익자라는 점에 대하여는 이를 주장하는 측에서 입증책임을 진다고 할 것이다. 또한 여기서 '악의'라고 함은, 민법 제749조 제2항에서 악의로 의제되는 경우 등은 별론으로 하고, 자신의 이익 보유가 법률상 원인 없는 것임을 인식하는 것을 말하고, 그 이익의 보유를 법률상 원인이 없는 것이 되도록 하는 사정, 즉 부당이득반환의무의 발생요건에 해당하는 사실이 있음을 인식하는 것만으로는 부족하다[대법원 2010.1.28. 2009다24187, 24194].

제749조 제2항은 선의의 수익자가 패소한 때에는 그 소를 제기한 때부터 악의의 수익자로 본다고 규정하고 있다. 이는 제197조 제2항이 선의의 점유자라도 본권에 관한 소에 패소한 때에는 그 소가 제기된 때로부터 악의의 점유자로 간주하는 것과 같은 맥락에 있는 것이다. 제749조 제2항은 소송이 제기된 경우에 적용되는 동조 제1항의 특칙이다. 부당이득에 관한 소가 제기되어 소송에서 다투는 동안에도 수익자가 법률상 원인이 있다고 진지하게 신뢰하고 있었던 경우에, 만약 제

749조 제1항을 적용한다면 패소가 확정된 시점에야 비로소 악의의 수익자가 된다. 그러나 부당이득에 관한 소송이 제기되었다고 한다면 적어도 자신의 수익의 정당성에 대해 합리적인 의심을 할 수 있었을 것이다. 따라서 부당이득에 관한 소송에서 패소하는 경우에는, 예외적으로 제749조 제1항의 적용을 배제하여, 소송 진행 중에 수익자가 진지한 선의일지라도 소 제기 시점부터 악의인 것으로 간주한다. 일부 학설은 "소를 제기한 때"라는 제749조 제2항의 문언에도 불구하고 소장이 수익자에게 송달된 시점부터 악의로 간주된다고 주장하지만, 판례는 선의였다가 패소한 수익자가 반환해야 할 법정이자 발생의 기산점을 소 제기 시점으로 판시하고 있다[대법원 2008.6.26. 2008다19966].[34]

(2) 원 물

악의수익자는 현존이익이 아닌 '받은 이익'을 반환하여야 한다. 여기의 '받은 이익'에 원물이 포함됨은 물론이다. 선의수익자와 마찬가지로 수익한 원물이 존재하면 일단 그 원물은 '받은 이익'으로 반환되어야 한다. 원물이 자연적으로 또는 용법에 따른 사용으로 가치가 감소된 경우에, 그 가치감소분은 과실이나 사용이익에 암묵적으로 반영되어 있을 것이므로 별도로 평가하여 반환할 필요는 없을 것이다.

악의수익자의 책임있는 사유로 원물이 훼손되어 존재하는 때에는 악의점유자의 책임에 관한 제202조가 적용되어 그 손해의 전부를 배상하여야 한다. 악의수익자의 책임 없는 사유로 원물이 훼손된 때에는 제748조 제2항에 따른 손해배상책임이 적용될 수 있을 것인지 학설이 대립된다. 후술하는 바와 같이 제748조 제2항의 손해배상책임의 성격을 불법행위책임으로 본다면, 악의수익자에게 책임 없는 사유로 원물이 훼손된 때에는 손해배상책임을 인정할 수 없다. 그러나 공평의 원리에 기한 특수한 책임으로 보는 견해에 따르면, 악의수익자의 책임 없는 사유로 원물이 훼손된 경우에도 손해배상책임을 인정할 수 있다. 원물이 훼손되어 가치가 감소한 것은 일종의 손해라고 볼 수 있고, 제748조 제2항에서 손실자에게 손해가 있으면 귀책사유를 요하지 않고 배상하도록 규정하고 있으므로 귀책사유 여부와 관계없이 손해배상책임을 지는 것이 타당하다.

악의수익자는 현존이익이 아닌 '받은 이익'을 반환해야 하므로, 원물이 완전히

---

34) 소 제기 시점 이전에는 부당이득에 대한 법정이자를 반환할 의무가 없음.

멸실되었다면 가액반환이 적용될 것이다.

(3) 과 실

제748조 제2항은 악의수익자의 반환범위에 대해 "받은 이익에 이자를 붙여 반환하고 손해가 있으면 이를 배상"하도록 규정하고 있다. 이 반환범위에 과실은 명시적으로 규정되어 있지 않다. 원물반환이 이루어지는 경우에 원물의 사용이익 반환과 관련하여 이를 살펴볼 필요가 있다.

제748조 제2항에는 과실이 명시적으로 포함되어 있지 않지만, 제201조 제2항에서는 악의의 점유자에게는 과실수취권이 없음이 명확하게 나타나 있다. 그러나 판례는 제201조 제2항이 제748조 제2항의 특칙이라거나 우선적으로 적용되는 관계는 아니므로, 악의수익자의 반환범위는 제748조 제2항에 따라 정해져야 하고 받은 이익에 이자를 붙여 반환하여야 한다고 밝히고 있다[대법원 2003.11.14. 2001다61869].[35)]

> 타인 소유물을 권원 없이 점유함으로써 얻은 사용이익을 반환하는 경우 민법은 선의 점유자를 보호하기 위하여 제201조 제1항을 두어 선의 점유자에게 과실수취권을 인정함에 대하여, 이러한 보호의 필요성이 없는 악의 점유자에 관하여는 민법 제201조 제2항을 두어 과실수취권이 인정되지 않는다는 취지를 규정하는 것으로 해석되는바, 따라서 악의 수익자가 반환하여야 할 범위는 민법 제748조 제2항에 따라 정하여지는 결과 그는 받은 이익에 이자를 붙여 반환하여야 한다. 즉, 악의 점유자는 과실을 반환하여야 한다고만 규정한 민법 제201조 제2항이, 민법 제748조 제2항에 의한 악의 수익자의 이자지급의무까지 배제하는 취지는 아니기 때문에, 악의 수익자의 부당이득금 반환범위에 있어서 민법 제201조 제2항이 민법 제748조 제2항의 특칙이라거나 우선적으로 적용되는 관계를 이루는 것은 아니다[대법원 2003.11.14. 2001다61869].

판례이론에 따를 경우 악의수익자의 반환범위는 제748조 제2항에 따라 결정되어야 하는데, 제748조 제2항은 과실에 대해서는 명시적인 언급을 하고 있지 않다. 분명한 것은 과실의 수취도 부당이득에 의한 수익이라는 점과 제201조 제2항이 악의의 점유자에게는 과실수취권을 인정하지 않는다는 점이다. 그러므로 수취한

---

35) 악의의 수익자인 한전이 타인 소유 토지에 송전선을 설치하여 받은 이익에 이자를 붙여 반환하고 그 이자의 지연손해금도 지급.

과실이 제748조 제2항 법문상의 "받은 이익"에 해당되는지 아니면 "이자"에 해당되는 것인지의 법적 성격의 분류 문제는 남아있지만, 수익자가 이를 보유할 수는 없고, 반드시 손실자에게 반환하여야 할 것이다.

(4) 이 자

악의수익자는 받은 이익에 이자를 붙여 반환하여야 한다(제748조). 여기에서의 이자가 무엇을 의미하는 것에 대해서는 학설의 대립이 있다. 즉 원물의 사용이익이 제101조 제2항의 법정과실로서 제748조 제2항의 '받은 이익'에 포함되는 것인지 아니면 그것이 제748조 제2항의 '이자'인 것인지에 대해 학설대립이 있다. 예를 들어 부동산을 무단으로 점유하여 악의의 수익을 한 경우에, 그 부동산은 원물로서 당연히 반환하여야 하고, 무단으로 점유한 기간의 차임은 법정과실로서 '받은 이익'에 포함되는 것인가 아니면 '이자'인가의 문제이다. 차임을 '받은 이익'에 포함이 되는 것으로 다루든 아니면 '이자'에 해당되는 것으로 다루든, 제748조 제2항의 반환범위에는 포함되므로 반드시 차임은 반환되어야 한다.

논의의 실익은 무단으로 점유한 기간 동안 차임을 지급하지 아니하였으므로, 이에 발생되는 미지급 차임의 이자를 반환해야 하는가의 여부에 있다. 먼저 부동산은 원물로서 그리고 해당 기간의 미지급 차임은 법정과실로서 둘 다 '받은 이익'에 포함되어 반환되어야 하고, 미지급 차임의 통상 얻었을 법정이자 상당액이 '이자', 법정이자의 이행지체에 따른 지연배상이 '손해'에 해당되어 반환되어야 한다는 것이 판례[대법원 2003.11.14. 2001다61869]와 일부 학설(송덕수, 1401)의 입장이다.

위 조문에서 규정하는 이자는 당해 침해행위가 없었더라면 원고가 위 임료로부터 통상 얻었을 법정이자상당액을 말하는 것이므로 악의 수익자는 위 이자의 이행지체로 인한 지연손해금도 지급하여야 할 것이다[대법원 2003.11.14. 2001다61869].

이와 달리 부동산만이 '받은 이익'으로서 그리고 무단 점유 기간의 임료는 '이자'에 준하는 것으로서 반환되어야 하지만, 미지급 차임의 통상 얻었을 법정이자 상당액은 어디에도 해당되지 않아 반환범위에 포함되지 않는다는 견해(지원림, 1715)도 제기되고 있다. 다만 이 견해도 반환권리자의 최고에 의하여 '이자'로서의 사용이익 반환의무가 이행지체에 빠지게 됨에 따른 지연이자는 손해로서 반환되어야 한다고 한다. 양 학설은 미지급차임의 법정이자 상당액이 제748조 제2항의 부당이득반환의 '이자'인지 아니면 이행지체의 효과인 '지연이자'로서 손해인지 법적 성질의 차이가 있는 것이고, 그에 따라 발생 시기와 범위에서 구별된다. 즉 '이자'에 해당된다면 '받은 이익'인 차임을 미지급한 시점에 자동으로 발생되지만, '손해'에 해당된다면 청구권자가 '이자'인 차임의 지급을 최고하여 이행지체에 빠진 시점 이후부터 발생된다.

(5) 손해배상

제748조 제2항의 악의수익자의 반환범위에 포함될 '손해'란 부당이득으로 손실자가 '받은 이익'과 '이자'를 반환받더라도 여전히 남아있는 손해를 말한다. 원물반환이 이루어지는 경우에 여기에 해당하는 전형적인 손해는 '차임의 이자'에 대한 이행지체로 인한 지연손해금을 들 수 있다[대법원 2003.11.14. 2001다61869]. 즉 차임은 '받은 이익'이고, 차임의 미지급이자는 '이자', 그리고 차임의 미지급이자의 이행지체에 대한 지연배상금이 '손해배상'이라는 것이다. 또한 원물이 훼손되어 가치가 감소한 부분도 여기에서의 손해에 해당된다고 할 수 있다.

제748조 제2항의 손해배상의 성질에 대해 불법행위에 기한 손해배상이라고 보는 견해(김준호, 1129)와 공평의 원리에 기한 특수한 책임으로 보는 견해(지원림, 1715)가 대립한다. 전자에 따를 경우에 수익자의 귀책사유를 요한다고 할 것이고 소멸시효도 제766조가 적용되지만, 후자에 따를 경우에 수익자의 귀책사유는 요하지 않고 소멸시효도 일반채권으로 제162조 제1항에 따라 10년이 적용될 것이다. 제748조 제2항은 악의의 수익자에 대한 책임가중이며 귀책사유를 명시하지 않고 있으므로, 특수한 책임으로 보는 것이 타당하다고 생각된다.

(6) 비 용

악의수익자라 할지라도 목적물에 지출한 비용 중 필요비에 관해서는 손실자에 대해 비용상환청구권이 인정되므로, 이를 공제하고 이익을 반환할 수 있다. 다만 목적물을 개량하기 위하여 지출한 금액 기타 유익비에 관하여는 그 가액의 증가가 현존한 경우에 한하여 손실자의 선택에 좇아 그 지출금액이나 증가액을 공제하고 이익을 반환할 수 있다(제203조 제2항).

3. 가액반환

가. 예외적 효과

수익자가 그 받은 목적물을 반환할 수 없는 때에는 그 가액을 반환하여야 한다 (제747조 제1항). 여기에서 "목적물을 반환할 수 없는 때"라 함은 첫째로 수익이 원래 금전인 경우이다. 금전은 물건이 아니라 가치 그 자체여서 점유자에게 소유권이 귀속되므로, 수익자는 받은 그 화폐가 아니라도 동일한 가액을 부당이득으로 반환하면 된다. 둘째로 '하는 급부'인 경우에는 성질상 원물이 존재하지 아니하므로 그에 상응하는 가액을 반환할 수밖에 없다. 끝으로 '주는 급부'에서 원물이 유효하게 처분되어 제3자에게 정당하게 권리가 귀속되었거나, 다른 물건과 부합되어 법적으로 분리하여 반환하는 것이 불가능한 경우이다. 이때에는 원물의 가액을 반환하여야 한다. 원물이 멸실된 경우에 악의수익자는 가액반환을 하여야 하지만, 선의수익자는 이익이 현존하지 않으므로 가액반환을 하는 것이 아니라 아예 부당이득반환의무가 부정된다.

원물의 반환 불능 여부 판단은 반환 시점을 기준으로 하며, 원물의 반환 불가에 대해서는 수익자가 증명책임을 진다. 가액의 산정 시점은 원물반환이 수익 시점부터 불가능한 경우에는 수익개시 시점을 기준으로 하며[대법원 2006.5.12. 2005다31736],[36] 원물반환이 향후에 불가능하게 된 경우에는 처분 당시의 기준으로 하지만[대법원 1995.5.12. 94다25551],[37] 악의수익자인 때에는 변론 종결 당시의 시점을 기준으로 하는 판례도 있다[대법원 1976.5.25. 75다2139].[38]

나. 선의수익자의 가액반환범위

(1) 금전의 현존여부 판단

금전을 수익한 경우에는 현존이익의 존재를 추정하는 것이 통설이자 판례이다.

---

36) 타인 토지가 도로로 편입되어 원물반환이 불가능하면 점유개시 당시의 현실적 이용 상태를 기준으로 기초가격을 평가.

37) 타인 토지를 굴취한 토석을 매각한 경우 매각 시점의 매각대금을 기준.

38) 국가로부터 사용료 상당의 증발보상증권을 교부받아 악의로 수령하였다면 증권처분 시점이 아니라 변론 종결 당시의 가액.

금전을 수익한 것은 아니지만, 곧바로 판매되어 환가될 수 있는 금전과 유사한 대체물이거나[대법원 2009.5.28. 2007다20440, 20457][39] 신용카드로 지급한 경우[대법원 2005.4.15. 2003다60297, 60303, 60310, 60327]에도 매매대금은 금전적 이익으로 현존하는 것으로 추정된다.

> 법률상 원인 없이 타인의 재산 또는 노무로 인하여 이익을 얻고 그로 인하여 타인에게 손해를 가한 경우, 그 취득한 것이 금전상의 이득인 때에는 이를 취득한 자가 소비하였는지 아닌지를 불문하고 그 이득은 현존하는 것으로 추정된다[대법원 2008.6.26. 2008다19966].

(2) 이자와 과실수취권

제201조에 따라 선의점유자는 과실수취권을 갖게 되는데 가액반환의 경우에 반환될 금전에 대한 이자도 반환되어야 하는가가 문제이다. 판례는 원물반환의 경우에 사용이익은 과실에 준하는 것으로 보아 반환의무를 부정하였고[대법원 1978. 5.23. 77다2169], 가액반환의 경우에도 동일하게 선의의 매도인은 대금에 대한 운용이익 내지 법정이자를 반환할 필요가 없다고 판시한 바 있다[대법원 1993.5.14. 92다45025].

> 쌍무계약이 취소된 경우 선의의 매수인에게 민법 제201조가 적용되어 과실취득권이 인정되는 이상 선의의 매도인에게도 민법 제587조의 유추적용에 의하여 대금의 운용이익 내지 법정이자의 반환을 부정함이 형평에 맞는 것이기 때문이다[대법원 1993.5.14. 92다45025].

그러나 학설 중에는 원물반환뿐만 아니라 가액반환의 경우에도 원물로부터 생긴 과실은 현존하는 한도에서 반환되어야 한다는 견해(송덕수, 1400)도 있다. 원물반환의 경우에는 과실수취권을 인정하여 선의수익자에게 사용이익의 반환을 부정하는 것과의 균형을 생각한다면, 가액반환이라고 하여 이자를 과실이 아닌 현존이익의 일부로 보는 것은 적절하지 않다고 생각한다. 더욱이 사용이익은 과실에 준하는 것이지만, 이자는 대표적인 제102조의 법정과실이다. 따라서 제201조 제1항을 제

---

39) 금전으로 쉽게 환가될 수 있는 비디오폰의 경우 이득 현존 추정.

748조의 특칙으로 보는 한, 원물반환의 과실과 가액반환의 이자 모두 반환의무가 없다고 보아야 할 것이다.

계약해제로 인한 원상회복의 경우에 복잡한 문제가 발생한다. 제548조 제2항은 계약해제로 인하여 반환할 금전에는 그 받은 날로부터 이자를 지급하도록 규정하고 있다. 제548조 제2항은 부당이득에 관한 특별규정의 성격을 가지므로[대법원 1998.12.23. 98다43175],[40] 예외적으로 계약해제의 경우에는 선의수익자라도 이자를 반환하여야 한다. 나아가 판례 중에는 하자담보책임으로 인한 해제에도 제548조 제2항을 준용해서 원물뿐만 아니라 사용이익도 반환할 의무를 부담한다는 판결도 찾아볼 수 있다[대법원 1993.4.9. 92다25946].[41] 계약의 해제가 아니라 계약이 무효인 경우에는 제548조 제2항이 유추 적용되지 않는다[대법원 1997.9.26. 96다54997].[42] 따라서 계약이 무효나 취소된 경우에는 이자를 반환할 필요가 없다.

(3) 비용의 지출

물건에 대한 비용의 지출은 원물반환과 가액반환 그리고 선의수익자와 악의수익자에 따른 차이가 없다. 필요비는 공제하고 이익을 반환하며, 목적물을 개량하기 위하여 지출한 금액 기타 유익비에 관하여는 그 가액의 증가가 현존한 경우에 한하여 손실자의 선택에 좇아 그 지출금액이나 증가액을 공제하고 이익을 반환할 수 있다(제203조).

다. 악의수익자의 가액반환범위

목적물의 처분 등으로 원물반환이 불가능하여 가액반환을 하는 경우에도 제748조 제2항의 '받은 이익', '이자', '손해'를 어떻게 판단할 것인가가 문제로 된다. 악의수익자의 원물반환에 관한 판례이론을 준용하면, 악의수익자는 원물반환이 불능으로 된 시점의 '가액'과 취득시점부터 불능시점까지 취득한 과실 및 불능시점부터의 '법정이자'를 '받은 이익'으로 반환하여야 한다. 또한 원물반환에서 미지급차

---

40) 설계비가 지출되었어도 이득자에게 아무런 이득이 되지 않았다면 반환청구 불가능.
41) 하자담보책임에 의한 매도인의 계약해제를 일반적인 해제와 동일하게 해석해서 목적물과 더불어 사용이익도 반환.
42) 토지거래허가를 받지 못해 매매계약이 무효가 된 경우에 매매대금에 이자를 가산하여 지급하여야 한다는 매수인의 주장을 배척.

임에 대한 법정이자를 이자로 파악하는 판례[대법원 2003.11.14. 2001다61869]의 태도를 고려하면, 불능시점부터의 '법정이자'의 '법정이자'를 '이자'로서 반환하여야 한다. '받은 이익'과 '이자'의 반환에도 불구하고 여전히 남아있는 손해가 있으면 이를 배상하여야 한다. 예를 들어 원물을 시가 이하의 헐값으로 처분하여 원물반환이 불가능한 경우 시가와의 차액이 손해에 해당될 것이다.

그러나 판례는 금전의 악의수익자에 대해서 물건의 악의수익자와는 다른 관점을 보이고 있다. 즉 취득한 원금을 '받은 이익'으로 원금에 대한 법정이자를 '이자'로 파악하고, 이외의 다른 추가적인 손해에 대해서는 특별손해로서 제393조에 따라 예견가능성에 의해 배상 여부가 판단되어야 한다고 판시한 바 있다[대법원 2002.2.5. 2001다66369]. 이 판례이론에 따르면 법정이자가 미지급되었다면 그에 따른 이행지체로 인한 지연손해금은 '손해'의 범위에 들어가게 될 것이다.

> 악의의 수익자인 소외 새마을금고는 피고에게 그 대출금 원금에 상당하는 이익에 법정이자를 붙여 반환하여야 할 뿐이고, 이 이자 상당액을 초과하는 손해는 특별한 사정으로 인한 손해로서 소외 새마을금고가 그 사정을 알았거나 알 수 있었다고 볼 수 없는 이상 피고에게 배상할 의무가 없다[대법원 2002.2.5. 2001다66369].

4. 악의 무상전득자의 반환의무

수익자가 그 이익을 반환할 수 없는 경우에는 수익자로부터 무상으로 그 이익의 목적물을 양수한 악의의 제3자는 반환할 책임이 있다(제747조 제2항). '수익자가 이익을 반환할 수 없는 경우'로는 선의수익자에게 현존이익이 없거나 혹은 악의수익자가 무자력인 경우 그리고 소멸시효 등을 생각할 수 있다. 특히 선의수익자가 제3자에게 무상으로 증여하였다면 선의수익자는 원물도 없고 가액에 해당하는 대가도 보유하고 있지 아니하여 반환의무가 소멸된다. 그렇다고 하여 손실자가 그대로 손실을 감수하는 것은 적절하지 아니하므로, 악의의 무상전득자에 한하여 부당이득반환의무를 지우는 것이다. 이렇게 악의의 무상전득자에게 부당이득반환의무를 지우더라도 그는 무상으로 취득한 것이기 때문에 특별히 불이익을 입지는 않는다.

악의의 무상전득자는 원물을 보유하고 있으면 원물을 반환하고, 제3자에게 매각한 경우에는 그 가액을 반환하여야 한다. 악의의 무상전득자라는 점에 대한 증명책임은 반환청구자가 부담한다.

제 6 절 비채변제

1. 비채변제의 개념

채무자가 자기의 채무를 변제한다는 인식으로 자신의 채권자에게 채무내용에 좇은 이행을 하면 정당한 변제로서 채무는 목적을 달성하여 소멸된다. 이는 가장 정상적인 채무의 이행인 변제의 모습이고, 부당이득은 문제가 되지 않는다. 문제는 자신의 채무라고 오신하고 타인의 채무를 변제하거나, 누구에게도 채무가 없음에도 불구하고 자기의 채무를 이행하려는 의도로 변제행위를 하는 경우에는 광의의 비채변제가 된다. 민법은 제742조의 표제를 "비채변제"라고 명시하고 있으나, 후술하는 악의의 비채변제를 규율하고 있으므로 이를 협의의 비채변제라고 할 수 있다.

2. 비채변제의 유형

가. 반환가능한 비채변제

자기에게 채무가 없음에도 불구하고 채무가 있다고 오인하여 자기의 채무를 변제한다는 생각으로 변제행위를 하는 경우, 즉 오상채무자의 변제는 원칙적으로 부당이득반환청구가 가능하다. 변제를 받은 상대방은 채권자가 아니므로 채권의 내용인 급부보유력이 없다. 따라서 그는 수령한 급부를 보유할 수 없고 법률상 원인 없는 이익으로서 변제한 상대방에게 반환하여야 한다. 또한 급부행위의 원인이 될 만한 사유가 처음부터 없었던 착오송금도 반환청구가 가능하다.

당사자 일방이 자신의 의사에 따라 일정한 급부를 한 다음 그 급부가 법률상 원인 없음을 이유로 반환을 청구하는 이른바 급부부당이득의 경우에는 법률상 원인이 없다는 점에 대한 증명책임은 부당이득반환을 주장하는 사람에게 있다. 〈중략〉 급부행위의 원인이 될 만한 사유가 처음부터 없었음을 이유로 하는 이른바 착오 송금과 같은 경우에는 착오로 송금하였다는 점 등을 주장·증명하여야 한다[대법원 2018.1.24. 2017다37324].

나. 반환불가능한 비채변제

비채변제는 원칙적으로 반환청구가 가능한 것이지만 예외적으로 반환청구가 불가능한 경우도 있다. 민법은 비채변제임에도 불구하고 부당이득반환청구가 불가능한 유형을 3가지로 규정하고 있다. 악의의 비채변제(제742조), 도의관념에 적합한 비채변제(제744조) 그리고 타인 채무의 변제(제745조)가 그것이다. 이 세 경우는 모두 자신에게 채무가 없음에도 변제를 한 비채변제이지만, 공평의 원칙에 비추어 수익자가 급부를 보유하는 것이 타당하기 때문에 부당이득으로 반환청구하는 것을 허용하지 않는다. 민법은 자신에게 채무가 존재하기는 하나 변제기 이전에 변제하는 경우에 대해서도 반환청구가 불가능하다는 규정을 제743조에서 두고 있다. 그러나 이 경우는 채무가 존재하고 이를 변제하는 것이므로 엄밀한 의미에서의 비채변제는 아니라고 할 것이다.

3. 악의의 비채변제

가. 채무의 부존재

변제 당시에 객관적으로 채무가 부존재한 상태이어야 한다. 한정승인한 상속채무와 같이 '책임 없는 채무'를 변제한 경우에는 유효한 변제가 된다. 채무가 부존재하는 경우의 전형적인 예는 계약이 불법이 아닌 다른 원인으로 무효이거나 취소 또는 해제된 경우, 이미 유효한 변제가 이루어진 경우, 상속포기 이후 상속채무를 변제한 경우 등이 여기에 해당할 것이다. 또한 변제자가 제3자의 채무를 대위변제하였으나, 제3자의 채무가 부존재하는 경우도 여기에 포함된다.

나. 변제로서의 급부

급부가 특정 채무의 변제로서 변제자의 자유의지에 의하여 임의로 이루어져야 한다. 법적인 변제의사가 필요하지는 않으나 급부가 변제로서 이루어지는 것이라는 사실상의 의사는 있어야 한다. 따라서 그러한 사실상의 자유로운 의사를 결여한 비진의나 강박에 의해 행하여진 급부는 악의의 비채변제에 해당하지 아니하므로 반환청구가 가능하다.

> 비채변제는 지급자가 채무 없음을 알면서도 임의로 지급한 경우에만 성립하고, 채무 없음을 알고 있었다 하더라도 변제를 강요당한 경우나 변제거절로 인한 사실상의 손해를 피하기 위하여 부득이 변제하게 된 경우 등 그 변제가 자기의 자유로운 의사에 반하여 이루어진 것으로 볼 수 있는 사정이 있는 때에는 지급자가 그 반환청구권을 상실하지 않는다[대법원 2006.7.28. 2004다54633].

다. 악   의

변제자가 변제 당시에 자기에게 채무가 부존재하는 것을 알고 있어야 한다. 또한 대위변제의 경우에는 제3자의 채무가 부존재하는 것을 알고 있어야 한다. 변제자의 악의에 대한 증명책임은 반환을 거절하는 자가 부담한다[대법원 1962.6.28. 61다1453]. 따라서 선의로 변제한 경우에는 반환을 청구할 수 있으며, 선의에 무과실까지 요구하는 것은 아니다[대법원 1998.11.13. 97다58453].

> 민법 제742조의 비채변제에 관한 규정은 변제자가 채무 없음을 알면서도 변제한 경우에 적용되는 것이고, 채무 없음을 알지 못한 경우에는 그 과실 유무를 불문하고 적용되지 아니하며, 변제자가 채무 없음을 알았다는 점에 대한 증명책임은 반환청구권을 부인하는 측에 있다[대법원 2016.4.12. 2015다218723].

4. 기한 전의 변제

채무자는 채무의 내용에 좇은 이행을 하여야 한다. 그렇다면 이행의 시기인 변제기가 채무의 내용에 포함되는 것인가도 문제가 된다. 만약 변제기가 채무의 내용이 아니라면 변제기 이전의 변제라도 채무의 내용에 좇은 정당한 이행이 될 것이므로 기한 전의 변제가 문제가 되지 않는다. 그러나 변제기도 채무의 내용이라면 변제기 이전의 변제는 채무의 내용과는 다른 이행이므로 채권자가 변제를 수령할 급부보유력이 있다고 할 수 없다. 따라서 채권자는 변제기 이전의 변제를 채무자에게 부당이득으로 반환한 이후에 변제기가 도래하면 다시 채무의 이행을 청구하여야 할 것이다. 이러한 논란을 입법적으로 해결하는 것이 제468조와 제743조의 의의라고 할 수 있다.

채무자는 변제기까지는 자신의 채무를 변제하지 않아도 되는 기한의 이익을 보유하고 있다. 그럼에도 불구하고 당사자의 특별한 의사표시가 없으면 변제기 전이라도 채무자는 변제할 수 있으나, 상대방의 손해는 배상하여야 한다(제468조). 제743조 본문은 채무자가 변제기에 있지 않음을 알면서도 채무를 변제한 때에는 그 반환을 청구할 수 없도록 규정하고 있다. 제743조는 제468조에 따른 당연한 논리적 귀결이라고 볼 수 있으나, 채권자가 결과적으로 이자 상당의 이익을 얻더라도 이를 부당이득으로 반환하거나 채권액에서 공제하지 않음을 명확히 하는데 의미가 있다[대법원 1991.8.13. 91다6856].[43)]

피고의 위 중간퇴직금지급이 착오에 의한 것임을 인정할 수 있는 사정이 엿보이지 않는 이 사건에 있어서 변제기 전의 변제로 인한 법정이자 상당액의 부당이득을 피고가 원고에게 지급하여야 할 퇴직금에서 공제하여야 한다는 피고의 주장은 배척되어야 할 것〈후략〉[대법원 1991.8.13. 91다6856].

또한 당사자가 변제기 이전에 변제할 수 없다는 특약이 있음에도 불구하고 채무자가 변제기 이전에 변제를 한 경우에, 채권자는 제468조에 따라 유효한 변제가 아님을 주장하여 변제의 수령을 거부하거나 급부를 반환할 수 있을지라도 채무자는 부당이득반환청구를 할 수 없다는 점에도 본조의 의의가 있다고 할 수 있다.

그러나 채무자가 착오로 인하여 변제기에 있지 않음을 알지 못하고 변제한 때에는 채권자는 이로 인하여 얻은 이익(중간이자 등)을 반환하도록 제743조에 단서 규정을 두어 이익의 조절을 꾀하고 있다. 이 이익반환의 법적 성질도 부당이득반환청구권이라고 볼 수 있다.

---

43) 중간퇴직처리가 퇴직으로서 효과가 없다는 것을 대기업이 모를 리가 없으므로 중간퇴직금의 지급은 기한의 이익을 포기하면서 지급한 것으로 판단하여 중간이자의 공제를 부정함.

5. 도의관념에 적합한 비채변제

가. 비채변제

채무가 객관적으로 부존재해야 하고, 변제자가 변제로서 자유로운 의사에 기해서 급부를 하여야 한다.

나. 채무의 존재를 오신

채무의 존재를 오신하여 진지하게 자신 또는 제3자의 채무를 변제한다고 인식하고 있어야 한다. 채무가 존재하지 않는다는 점을 알고 있으면, 앞서 살펴본 악의의 비채변제에 해당된다.

다. 도의관념에 적합

변제가 도의관념에 적합한 경우에는 법 이외의 규범으로서의 도덕률을 존중하여 반환을 부정하고 있다. 즉 착오로 한 비채변제의 급부를 급부자에게 반환하는 것보다는 수령자에게 귀속시키는 것이 일반인의 법감정에 부합하는 때에는 반환청구를 허용하지 않는 것이다.

'민법' 제744조가 정하는 도의관념에 적합한 비채변제에 있어서 그 변제가 도의관념에 적합한 것인지 여부는, 객관적인 관점에서 그 비채변제의 급부가 수령자에게 그대로 보유되는 것이 일반인의 법감정에 부합하는 것으로서, 그 대상인 착오에 의한 비채변제가 강행법규에 위반한 무효의 약정 또는 상대방의 고의·중과실의 위법행위에 기하여 이루어진 것인 경우에는 그러한 변제행위를 도의관념에 적합한 비채변제라고 속단하여서는 안 될 것〈후략〉[대법원 2008.10.9. 2007다67654].

여기에서 도의관념에 적합한 비채변제의 전형적인 예로는 부양의무가 없음에도 불구하고 부양의무가 있다고 오신하고 부양료를 지급하거나, 상속을 포기한 후에 상속포기 사실을 망각하고 피상속인의 채무를 변제하거나, 본인이 비용뿐만 아니라 적절한 사례까지 사무관리자에게 임의로 지급한 경우가 이에 해당할 것이다.

도의관념에 적합한 비채변제를 인정한 판례를 살펴보면, 공무원의 경과실에 의

한 불법행위로 타인에게 손해를 입힌 경우에 공무원 개인은 손해배상의무가 없음
에도 불구하고 피해자에게 손해를 배상하였다면 도의관념에 적합한 비채변제로
피해자는 공무원에게 이를 반환할 의무가 없다고 판시하였다[대법원 2014.8.20.
2012다54478].

도의관념에 적합한 비채변제를 인정하지 않은 판례로는, 융통어음을 발행한 경
리담당 이사가 회사의 추궁을 받자 자기에게 배상책임이 있는 것으로 잘못 알고
변제한 경우는 단순한 비채변제이지 도의관념에 적합한 비채변제에 해당하지 않
는다[대법원 1987.9.29. 87다카1137]거나, 지방자치단체가 이미 하천구역으로 편입한
토지에 대해 착오로 보상금을 공탁하자 토지 소유자가 그 공탁금을 수령한 경우에
보상금의 지급행위는 도의관념에 적합한 비채변제에 해당하지 않는다[대법원 1998.
11.13. 97다58453]고 한 바 있다.

6. 타인 채무의 변제

타인의 채무를 '자신의 채무'라고 착오를 일으켜 변제한 경우에는 변제를 수령
한 자가 정당한 채권자가 아니므로 급부보유력이 인정되지 않는다. 따라서 변제수
령자는 이를 변제자에게 부당이득으로 반환하여야 한다. 그러나 변제수령자가 정
당한 채무의 변제를 받았다고 믿고 채권증서를 훼멸하거나 담보를 포기하거나 권
리를 불행사하여 소멸시효가 완성되도록 방치할 위험이 있음에도 불구하고, 변제
자에게 수령한 급부를 반환해야 한다면 변제수령자에게 예상하지 못한 손해를 안
겨줄 가능성이 크다.

따라서 채권자가 선의로 채권증서를 훼멸하거나 담보를 포기하거나 시효로 인
하여 그 채권을 잃은 때에는 변제자는 그 반환을 청구하지 못한다(제745조 제1항).
타인 채무의 변제가 되어 변제자가 변제수령자에게 부당이득반환청구를 할 수 없
게 되면, 변제자는 진정한 채무자에 대하여 구상권을 행사할 수 있다(제745조 제2
항). 이 구상권의 성질은 비용부당이득에 따른 반환청구권으로 보는 것이 일반적
이다.

변제자가 자신의 채무라고 오신한 것이 아니라 타인의 채무임을 알거나 타인
의 부탁을 받아 변제한 경우에는 제469조 제3자의 변제가 적용된다. 채무의 변제

는 제3자도 할 수 있으나, 채무의 성질 또는 당사자의 의사표시로 제3자의 변제가 허용되지 않는 경우에는 제3자는 변제할 수 없다. 또 이해관계 없는 제3자는 채무자의 의사에 반하여 변제하지 못한다. 따라서 이 경우에 변제는 유효하지 않으므로, 변제자는 변제수령자에게 부당이득반환청구를 할 수 있다.

이를 반대해석하면 채무의 성질 또는 당사자의 의사표시로 제3자의 변제가 허용되거나 변제자가 법률상 이해관계 있는 제3자라면 유효한 제3자의 변제가 되어, 채권은 소멸되고 변제자는 변제수령자에게 부당이득반환청구를 할 수 없다. 변제자가 타인에 대한 사무관리의사를 갖고 그의 채무를 변제한 경우에는 사무관리가 성립되어, 본인에게 비용상환청구권을 행사할 수 있다. 관리의사가 결여되어 사무관리가 성립되지 않으나 제3자의 변제로 유효하다면, 변제자는 채무자에 대해 부당이득반환청구권을 행사할 수 있으며 제480조 또는 제481조의 변제자 대위가 적용된다.

제 7 절 불법원인급여

1. 의   의

불법의 원인으로 인하여 재산을 급여하거나 노무를 제공한 때에는 그 이익의 반환을 청구하지 못한다(제746조). 일반적으로는 계약이 무효가 되면 이미 이루어진 급부는 부당이득으로 반환하여야 하는 것이 논리적인 귀결이다. 그러나 불법원인으로 인해 무효가 된 경우에 한해서 재산을 급여하거나 노무를 제공한 사람은 예외적으로 반환을 청구하지 못하도록 규정하고 있다.

이는 불법을 원인으로 한 재산상태의 변동에 대해 국가가 어떠한 추가적인 개입도 하지 않는다는 취지이다. 불법원인이 개재된 사안에 대해서는 손실자가 국가에게 부당이득 반환절차에 조력해 달라고 요청하더라도, 국가권력이 개입하지 않겠다는 것이다. 국가에게 부당이득의 반환을 소구할 수 없다는 내용이므로, 수익자가 임의로 손실자에게 반환하는 것까지 금지하는 것은 아니다. 따라서 불법원인으로 인한 수익을 얻은 자가 손실자에게 불법원인급여를 임의로 반환하는 것은 허용된다.

　　민법 제746조는 불법의 원인으로 인하여 재산을 급여한 때에는, 그 이익의 반환을 청구하지 못한다고 규정하고 있는 바, 일반의 법리에 따른다면, 불법의 원인에 의한 급여는, 법률상의 원인이 없는 것이 되므로, 부당이득이 되어 그 이익의 반환을 청구할 수 있게 되는 것이나, 이러한 청구를 인정하는 것은, 법의 이념에 어긋나는 행위를 한 사람의 주장을 시인하고 이를 보호하는 것이 되어, 공평의 이념에 입각하고 있는 부당이득제도의 근본취지에 어긋날 뿐만 아니라, 법률 전체의 이념에도 어긋나게 되기 때문에, 이 규정은 선량한 풍속, 기타 사회질서에 위반한 사항을 내용으로 하는 법률행위를 무효로 하는 민법 제103조와 표리를 이루어, 사회적 타당성이 없는 행위를 한 사람을 보호할 수 없다는 법의 이념을 실현하려고 하는 것이다. 이리하여 민법 제746조는 민법 제103조와 함께 사법의 기저를 이루는 하나의 큰 이상의 표현으로서 이것이 비록 민법 채권편 부당이득의 장에 규정되어 있기는 하나, 이는 일반적으로 사회적 타당성이 없는 행위의 복구가 부당이득의 반환청구라는 형식으로 주장되는 일이 많기 때문이고, 그 근본에 있어서는 단지 부당이득제도만을 제한하는 이론으로 그치는 것이 아니라, 보다 큰 사법의 기본 이념으로 군림하여, 결국 사회적 타당성이 없는 행위를 한 사람은 그 스스로 불법한 행위를 주장하여, 복구를 그 형식 여하에 불구하고 소구할 수 없다는 이상을 표현하고 있는 것이라고 할 것이다. 따라서 급여를 한 사람은 그 원인행위가 법률상 무효라 하여 상대방에게 부당이득을 원인으로 한 반환청구를 할 수 없음은 물론, 그 원인행위가 무효이기 때문에 급여한 물건의 소유권은 여전히 자기에게 있다고 하여, 소유권에 기한 반환청구도 할 수 없는 것이고, 그리하여 그 반사적 효과로서 급여한 물건의 소유권은 급여를 받은 상대방에게 귀속하게 되는 것이라고 해석함이 타당하다고 할 것이다[대법원(전) 1979.11.13. 79다483].

　　이처럼 불법원인급여에는 국가가 손실자에 대해 어떠한 조력도 하지 않겠다고 선언한 바, 불법원인으로 인해 이미 이루어진 급부 상태가 그대로 유지된다. 결과적으로 불법수익자의 수익보유를 법이 용인하게 되는 문제점도 있다.

2. 요　　건

가. 불　　법

(1) 불법의 의미

제746조의 불법원인급여에서 '불법'의 의미가 무엇인가에 대해서는 학설의 대

립이 있다. 다수설(김준호, 1118)은 불법을 제103조의 선량한 풍속 기타 사회질서 위반과 완전히 동의어로 이해한다. 설령 강행규정을 위반하더라도 그것이 선량한 풍속 기타 사회질서에 반하지 아니하면, 제746조의 불법원인에 포함되지 않는다. 판례도 다수설과 같은 태도를 취하고 있다.

> 민법 제746조가 규정하는 불법원인이라 함은 그 원인되는 행위가 선량한 풍속 기타 사회질서에 위반하는 경우를 말하는 것으로서 법률의 금지에 위반하는 경우라 할지라도 그것이 선량한 풍속 기타 사회질서에 위반하지 않는 경우에는 이에 해당하지 않는다고 할 것이다[대법원 2001.5.29. 2001다1782].[44)]

그러나 이에 대해 다양한 소수설이 제기되고 있다. 먼저 기타 사회질서는 빼 선량한 풍속위반만이 제746조의 불법원인이라고 좁게 이해하는 견해(송덕수 1389)와 강행법규 중 효력규정은 선량한 풍속 기타 사회질서와 관계있는 규정이기 때문에 효력규정 위반도 포함한다고 넓게 이해하는 견해(지원림, 1722)가 제기되고 있다.

판례가 불법원인급여를 인정한 경우를 살펴보면, 선량한 풍속 기타 사회질서에 위반하여 무효인 부분의 이자 약정을 원인으로 차주가 대주에게 임의로 이자를 지급하는 것[대법원(전) 2007.2.15. 2004다50426], 성매매 행위를 할 자를 고용·모집함에 있어 성매매의 유인·강요의 수단으로 이용되는 선불금 등 명목으로 제공한 금품이나 그 밖의 재산상 이익[대법원 2004.9.3. 2004다27488, 27495], 당사자 일방이 상대방에게 공무원의 직무에 관한 특별한 청탁을 하게 하고 그에 대한 보수로 돈을 지급한 경우 및 그 돈을 반환하기로 하는 약정에 따라 약속어음을 발행한 경우[대법원 1995.7.14. 94다51994], 송금액에 해당하는 수입품에 대한 관세 포탈의 범죄를 저지르기 위해 환전상 인가를 받지 아니한 자에게 비밀송금을 위탁한 행위[대법원 1992.12.11. 92다33169], 불륜의 대가로 임야를 증여한 경우[대법원(전) 1979.11.13. 79다483] 등이 대표적이다.

판례가 불법원인급여를 부정한 경우로는, 구 담배사업법 소정의 등록도매업자 또는 지정소매인 아닌 자가 담배 사재기를 위해 담배를 구입하기로 하고 담배 대금을 지급한 경우[대법원 2001.5.29. 2001다1782], 부동산 실권리자명의 등기에 관한

---

44) 담배사업법이나 물가안정에관한법률을 위반한 담배 사재기도 선량한 풍속 기타 사회질서에 위반한 것은 아니므로 불법에 해당되지 않음.

법률에 위반하여 무효인 명의신탁약정에 기하여 경료된 타인 명의의 등기[대법원 2003.11.27. 2003다41722], 강제집행을 면할 목적으로 부동산의 소유자 명의를 신탁하는 경우[대법원 1994.4.15. 93다61307], 건설업 면허 대여의 방편으로 체결되는 건설업 양도양수계약에 따른 건설업 면허의 대여[대법원 1988.11.22. 88다카7306], 덕대계약에 해당하는 공동광업권 설정계약[대법원 1981.7.28. 81다145] 등은 강행규정 위반으로서 무효이지만 반윤리적이지 않으므로 불법원인급여에 해당되지 않는다.

(2) 불법의 인식

불법원인급여자가 불법을 인식하고 있어야 하는가에 대해서도 학설이 대립된다. 인식필요설은 원칙적으로 불법을 인식하고 있어야 하지만 보편적인 도덕률에 반하는 경우까지 불법을 실제로 인식하고 있어야 할 필요는 없다고 한다. 반면에 인식불요설(지원림, 1723; 송덕수, 1389)은 객관적인 불법으로 족하고 급여자가 불법을 주관적으로 인식할 필요는 없다고 한다.

생각해보건대 불법의 의미를 좁게 파악한다면 상식적인 수준의 보편적 금지규범 위반이므로, 급여자가 실제로 불법을 인식하고 있을 것을 요건으로 할 필요는 없을 것이다. 그러나 불법의 개념을 강행규정 중 효력규정 위반까지 포함하여 광범위하게 설정한다면, 급여자가 불법을 인식하는 경우로 범위를 좁혀 조절할 필요가 있다. 다수설과 판례처럼 불법의 개념을 선량한 풍속 기타 사회질서 위반으로 좁게 본다면, 손실자가 실제로 불법을 인식하였는가는 묻지 않아도 무방할 것이다.

(3) 인과관계

제746조는 "불법의 원인으로 인하여 재산을 급여하거나 노무를 제공한 때"라고 명시하고 있어서 불법원인과 급여 사이에 인과관계가 존재해야 한다. 불법원인과 급여 사이의 인과관계는 마약과 같이 급여 자체가 불법인 경우이거나, 성매매의 대금과 같이 급여의 원인이 불법인 경우 또는 살인 청부와 같이 조건이 불법한 경우를 말한다. 그러나 범죄를 위해 칼을 구입하는 것처럼 동기의 불법은 그 불법한 동기가 표시되어 급여원인의 명시적 내용으로 된 경우에만 불법원인급여가 성립한다.

나. 급부의 임의성과 종국성

급부는 급여자가 자발적인 의사로 행하여야 한다. 불법원인을 고발하겠다고 협박하여 급부행위를 강제한 경우에는 급부의 임의성이 결여되어 반환청구가 가능하다.

또한 급부는 종국성이 있어야 한다. 따라서 도박자금을 대여하고 이를 담보하기 위해 근저당권설정등기를 경료한 경우에는 종국적인 것이 아니므로 근저당권설정등기의 말소를 청구할 수 있다[대법원 1995.8.11. 94다54108]. 또한 첩계약의 대가로 농지를 양도하였으나 농지개혁법상의 증명을 받지 못하여 양도의 효과가 발생하지 않은 경우에는 종국성이 결여되어 재산의 급여가 있다고 할 수 없다[대법원 1966.5.31. 66다531]. 그러나 부동산 양도담보를 위한 소유권이전등기는 급여의 종국성이 있으므로 반환청구가 불가능하다[대법원 1989.9.29. 89다카5994].

3. 효 과

불법원인급여자는 어떠한 명목이나 근거를 들어서도 반환청구를 할 수 없다. 급여가 임치라고 주장하여 반환청구하는 것도 불가하며[대법원 1991.3.22. 91다520], 송금위탁계약의 해제를 이유로 한 반환청구도 불가하다[대법원 1992.12.11. 92다33169]. 또한 불법원인급여자가 원물반환이 아닌 가액반환을 청구하는 것도 불가능하다. 불법원인급여자가 아닌 상속인이 반환청구를 하는 것 역시 허용되지 않는다.

그러나 불법원인급여자에게 수익자가 임의로 반환하는 경우에 그 반환은 유효하다. 왜냐하면 불법원인급여에 반환청구를 허용하지 않는 이유가 수익자에게 급부보유력을 인정하기 때문이 아니라 불법원인급여자의 소구력을 부정하는 결과이기 때문이다. 그러나 불법원인급여의 확정적 반환이 아니라 당사자 간에 반환약정을 하는 것은 그 자체로 역시 무효이다[대법원 1995.7.14. 94다51994].[45]

---

45) 공무원의 직무에 관한 청탁의 대가로 돈을 지급하기로 한 약정 뿐 아니라 그 반환에 관한 약정도 무효.

4. 다른 청구권과의 관계

가. 불법행위에 기한 손해배상청구권

불법원인급여자가 수익자를 상대로 불법행위에 기한 손해배상청구권을 행사하는 것도 허용되지 않는다.

나. 물권적 청구권

물권적 청구권인 소유권에 기한 반환청구도 불가하다[대법원 1989.9.29. 89다카5994].

> 민법 제746조가 불법의 원인으로 인하여 재산을 급여한 때에는 그 이익의 반환을 청구하지 못한다고 규정한 취의는 민법 제103조의 규정과 함께 사법의 기본이념으로서 사회적 타당성이 없는 행위를 한 사람은 그 형식여하를 불문하고 스스로 한 불법행위의 무효를 주장하여 그 복구를 소구할 수 없다는 법의 이상을 표현한 것이라 할 것이고 부당이득반환청구만을 제한하는 규정이 아니라 할 것이다. 그러므로 불법의 원인으로 급여를 한 사람이 그 원인행위가 무효라고 주장하고 그 결과 급여물의 소유권이 자기에게 있다는 주장으로 소유권에 기한 반환청구를 하는 것도 허용할 수 없다함이 당원의 판례이다[대법원 (전) 1979.11.13. 79다483]. 따라서 이 사건의 경우에도 원고가 도박채무가 불법무효로 존재하지 아니한다는 주장으로 양도담보의 의미로 이전하여준 소유권이전등기의 말소를 청구하는 것은 민법 제746조의 적용에 의하여 허용되지 아니한다고 할 것이다[대법원 1989. 9.29. 89다카5994].

다. 채권자대위권

불법원인급여자가 수익자를 상대로 채권자대위권을 행사하는 것도 허용되지 않는다. 그러나 불법원인급여의 취지는 급여자가 다시 그 이익을 회복하는데 국가가 조력하지 않는다는 데 있는 것이지 수익자의 불법수익을 그대로 유지시켜주겠다는데 있는 것은 아니므로, 불법과 아무 관계 없는 정당한 권리자가 채권자대위권을 행사하여 수익자로부터 이익을 회수하는 것은 허용되어야 한다. 부동산 이중매매에서 매도인의 제1매수인에 대한 배임행위로 제2매매가 무효로 되면 불법과 아무 관계가 없는 제1매수인이 매도인을 대위하여 제2매수인을 상대로 소유권이 전등기 말소청구를 하는 것은 허용된다[대법원 1980.5.27. 80다565].

라. 악의의 비채변제

불법원인급여자가 불법원인으로 무효가 되어 급부의무가 없음을 알면서도 급부행위를 한 경우에, 악의의 비채변제(제742조)와 불법원인급여(제746조)가 경합된다. 다수설(김준호, 1121; 송덕수, 1394)은 불법원인급여가 우선 적용되어야 하므로 반환청구가 불가능하며 제746조 단서의 예외에 해당하는 경우(불법원인이 수익자에게만 있는 경우)에는 반환청구가 가능하다고 주장하는 반면, 소수설은 악의의 비채변제가 우선적으로 적용되어 예외 없이 반환청구가 불가능하다고 한다.

5. 예   외

가. 원   칙

불법원인이 수익자에게만 있는 때에는 그 이익의 반환을 청구할 수 있다(제746조 단서). 예를 들어 유괴범이 미성년자를 유괴하여 친권자로부터 몸값을 받은 경우에, 불법원인은 오로지 유괴범에게만 있으므로 친권자는 불법원인으로 한 급여임에도 불구하고 반환청구가 가능하다.

나. 불법비교설

불법원인급여에서 오로지 어느 일방에게만 불법원인이 있는 경우는 범죄의 피해자를 제외하고는 흔하지 않다. 불법원인이 수익자와 급여자 모두에게 있는 경우가 일반적이다. 만약 수익자의 불법이 급여자의 불법보다 현저히 큰 경우라면, 급여자에게 불법이 전혀 없는 것이 아니라 조금은 있다는 이유로 제746조 단서를 적용하지 못하는 것은 정당하다고 할 수 없다. 따라서 판례와 학설은 수익자와 급여자의 불법 크기를 비교하여 수익자의 불법이 급여자의 불법보다 현저히 큰 경우에는 급여자에게도 불법원인이 있음에도 불구하고 제746조 단서를 적용하여 부당이득반환청구를 허용하고 있다. 이것이 이른바 불법비교설이다.

판례는 사기 도박꾼에게 도박채무를 변제하기 위해 주택을 양도한 경우에 부당이득반환청구를 허용하였고[대법원 1997.10.24. 95다49530, 49547], 성매매업주가 성매매 여성의 성매매 대가를 보관하는 경우 불법비교설에 따라 성매매 대가의 소유권이 성매매 여성에게 속한다고 판시하였으며[대법원 1999.9.17. 98도2036], 현저한 고금리의 금전소비대차계약에서 대주가 우월한 지위를 이용하여 차주에게 과도한 부담을 지우는 경우에는 불법비교설에 따라 이자의 반환청구를 허용한 바 있다[대법원(전) 2007.2.15. 2004다50426].

불법원인급여에 있어서도 그 불법원인이 수익자에게만 있는 경우이거나 수익자의 불법성이 급여자의 그것보다 현저히 커서 급여자의 반환청구를 허용하지 않는 것이 오히려 공평과 신의칙에 반하게 되는 경우에는 급여자의 반환청구가 허용된다고 해석되므로, 대주가 사회통념상 허용되는 한도를 초과하는 이율의 이자를 약정하여 지급받은 것은 그의 우월한 지위를 이용하여 부당한 이득을 얻고 차주에게는 과도한 반대급부 또는 기타의 부당한 부담을 지우는 것으로서 그 불법의 원인이 수익자인 대주에게만 있거나 또는 적어도 대주의 불법성이 차주의 불법성에 비하여 현저히 크다고 할 것이어서 차주는 그 이자의 반환을 청구할 수 있다고 봄이 상당하다[대법원(전) 2007.2.15. 2004다50426].

사무관리

제3장 사무관리

제1절 서 설

1. 의 의

가. 개 념

의무 없이 타인을 위하여 사무를 관리하는 자는 그 사무의 성질에 좇아 가장 본인에게 이익되는 방법으로 이를 관리하여야 한다(제734조 제1항). 이처럼 의무 없이 타인을 위하여 그의 사무를 관리하는 것을 사무관리라고 한다. 여기에서의 의무는 법률상으로 부여되어 있는 의무와 계약에 의해 발생하는 의무를 모두 포함한다. 사무관리에서 타인을 위해 사무를 관리하는 자를 '관리자'라고 하며, 관리자에 의해 사무의 관리를 받는 타인을 '본인'이라 한다. 사무관리가 성립하면 당사자 사이에 법률관계가 형성되고 그에 따라 상호 간에 권리와 의무가 발생된다. 그러므로 사무관리는 법률 규정에 의해 채권이 발생하는 법정채권 발생원인 중 하나이다.

나. 인정 이유

사적 자치의 원칙상 누구도 타인의 영역에 법적 근거 없이 간섭하는 것은 위법한 것이 되므로 허용되어서는 아니 된다. 그럼에도 불구하고 민법이 타인의 사무를 관리하는 것을 예외적으로 허용하는 이유에 대해서는 학설이 대립되고 있다.

(1) 사회부조설

사회부조설은 이타적인 목적으로 타인 영역에 간섭하는 것에 대해 상호부조의 이념에 따라서 이를 적법한 것으로 평가하는 것이다. '서로 돕고 사는 사회'라는 초법적인 이상을 구현하는데 법률이 오히려 방해되는 것은 적절하지 않기 때문이다. 타인 영역의 간섭이 적법한 것으로 평가되기 위해서는 반드시 이타적인 목적이 존재하여야 하고 이것이 사무관리의사라는 법적 요건으로 구체화된다. 따라서 오신사무관리나 무단사무관리와 같이 사무관리의사가 존재하지 않는 경우에는 이타적 목적이 없으므로 사무관리가 성립되지 않는다. 판례는 사회부조설을 취하고 있다[대법원 1995.9.15. 94다59943].[1]

사무관리가 성립하기 위하여는 우선 그 사무가 타인의 사무이고 타인을 위하여 사무를 처리하는 의사, 즉 관리의 사실상의 이익을 타인에게 귀속시키려는 의사가 있어야 함은 물론 나아가 그 사무의 처리가 본인에게 불리하거나 본인의 의사에 반한다는 것이 명백하지 아니할 것을 요하고, 따라서 의무 없이 타인을 위하여 사무를 관리하는 자는 그 타인과의 사이에서 사무관리가 성립하고 제3자에 대한 관계에서는 사무관리가 성립하지 아니한다고 할 것이다[대법원 1997.10.10. 97다26326].

(2) 귀속성설

귀속성설은 타인을 위한 사무의 처리에 따른 재산적 귀속관계를 적절히 규율하기 위해 본인과 관리자 사이의 법률관계를 형성시키는 것으로 이해한다. 타인 사무를 처리한 결과를 귀속시키는 문제나 타인 사무에 들어간 비용을 청산하는 문제 등이 가장 핵심적인 귀속조절의 내용이 된다. 따라서 이타적인 목적은 여기에서 중요한 요소가 아니므로 사무관리의사는 법적 요건에 포함되지 않는다. 사무관리의사가 존재하지 않는다고 하더라도 사무관리가 성립하는 데는 영향이 없다.

귀속성설에 대해서는 공평의 원리에 따른 이익의 균형을 이념으로 하는 부당이득제도가 존재하는데도 불구하고 사무관리를 독립된 법정채권원인으로 설정할 필요가 있는가에 대한 의문이 생긴다. 수익자의 이익 반환이 아닌 관리자가 지출한 비용을 상환하도록 하는 부당이득과 사무관리의 차별성을 상호부조적 의사에서 도출하는 것이 합당하다.

---

1) 관리의사 없이 예금을 관리하거나 인출하는 행위는 사무관리 불성립.

(3) 의무설

그 밖에 의무설도 제기되어 설령 의무 없이 타인의 사무를 관리하더라도 본인 의사와 합치되도록 유지할 의무를 발생시키는 것이 사무관리의 제도적 의의라고 한다. 이 의무설은 관리행위의 결과 처리보다도 관리행위 그 자체에 중점을 둔 견해라고 할 수 있다.

다. 제도상의 특징

사무관리의 핵심적인 법률효과는 제739조 관리자의 비용상환청구권이다. 즉 타인을 위하여 관리자가 사무를 처리하는데 소요된 비용은 원칙적으로 본인이 부담하여야 한다. 부당이득은 이익을 반환하는 제도이고, 불법행위는 손해를 배상하는 제도임에 비해서 사무관리는 비용을 상환하는 제도이다. 관리자가 들인 비용이 반드시 본인의 이익이 되는 것은 아니므로, 사무관리와 부당이득은 각각 독자적인 고유한 존재의의와 기능이 있다. 특히 관리자가 들인 비용보다 본인에게 발생된 이익이 더 적은 경우에 부당이득이 아닌 사무관리를 적용하게 되면, 이타적 목적을 가진 관리자를 더 강하게 보호하는 효과가 발생된다.

2. 법적 성격

사무관리는 사실적인 결과 발생을 목적으로 하는 행위로서 법률상 의사 없이 사실상의 의사만 존재한다. 즉 타인의 사무를 처리한다는 사실상의 의사에 기한 사람의 외적 용태이므로 법률사실로서의 법적 성격은 사실행위에 속한다. 즉 용태 중에 외부적 용태로서, 적법행위인 준법률행위에서도 사실행위이다.

사무관리는 준법률행위로서 사실행위이지만, 사무관리의 내용으로 행해지는 관리행위는 법률행위인 경우도 있고 사실행위인 경우도 있다. 예를 들어 길을 잃은 타인의 개를 집에 데려다 돌보는 관리행위는 사실행위이지만, 길에 떨어진 타인의 냉동수산물을 냉동창고에 보관하는 계약을 체결하는 관리행위는 법률행위가 된다. 관리행위가 법률행위로 행하여지는 경우, 전용물소권에서 다루어진 바와 같이 관리행위의 계약당사자는 본인에게 부당이득반환청구를 하는 것은 불가능하고 관리자에게 계약상의 청구권만을 행사할 수 있을 뿐이다.

> 계약상 급부가 계약 상대방뿐 아니라 제3자에게 이익이 된 경우에 급부를 한 계약당
> 사자는 계약 상대방에 대하여 계약상 반대급부를 청구할 수 있는 이외에 제3자에 대하여
> 직접 부당이득반환청구를 할 수는 없다고 보아야 하고, 이러한 법리는 급부가 사무관리에
> 의하여 이루어진 경우에도 마찬가지이다[대법원 2013.6.27. 2011다17106].

3. 다른 제도와의 비교

가. 대   리

타인을 위해서 행위를 하면 그 행위의 법률효과가 타인에게 귀속되는 법리의 가장 대표적인 것은 대리제도이다. 대리인의 대리행위에 따른 법률효과가 본인에게 발생된다는 점과 대리인에게 대리행위를 할 권한은 있으나 대리행위를 할 의무가 있는 것은 아니라는 점에서 대리와 사무관리는 매우 유사하다.

그러나 다음과 같은 점에서 대리와 사무관리는 구별된다. 대리가 성립되기 위해서는 임의대리의 경우에는 수권행위가 존재해야 하며, 법정대리의 경우에는 대리권을 부여하는 법률규정이 존재해야 한다는 점에서 다르다. 또한 대리행위는 법률행위에 국한되는 반면, 관리행위는 법률행위뿐만 아니라 사실행위도 포함하는 점에서도 차이가 있다. 끝으로 대리의 법률효과는 반드시 본인에게 직접 귀속되지만, 사무관리의 법률효과는 관리자에게 먼저 귀속된 후에 다시 본인에게 이전되는 경우도 있다.

나. 위   임

사무관리나 위임계약 모두 타인의 사무를 처리한다는 점과 관리행위나 위임사무 모두 법률행위뿐만 아니라 사실행위도 포함한다는 점에서는 공통적이다. 따라서 사무관리도 위임에 관한 제683조 내지 제685조의 규정(수임인의 보고의무, 수임인의 인도 및 이전의무, 수임인의 금전 소비의 책임)을 제738조에서 준용하고 있다. 그렇지만 위임은 계약이고 위임사무의 처리도 계약상의 의무에 기한 것이라는 점에서, 법적 의무 없이 타인의 사무를 처리하는 사무관리와는 구별된다.

다. 부당이득

타인을 위해 사무를 관리하는 행위가 채무 없이 자기의 재산을 비용으로 지출하는 방법으로 이루어지게 되면 비용부당이득과 사무관리 모두 성립될 수 있다. 이러한 경우에는 손실자, 즉 관리자에게 관리의사가 있는가에 따라 어떠한 청구권을 행사할 것인지가 결정되어야 한다. 손실자에게 이타적인 목적의 관리의사가 존재하는 때에는, 본인에게 이익이 현존하는가와 관계없이 행사할 수 있고 자신의 비용지출을 용이하게 증명할 수 있는, 사무관리에 기한 비용상환청구권이 우선적으로 적용되는 것이 타당하다. 판례도 제3자가 사무관리에 의하여 채무자를 위하여 변제하는 경우에는 부당이득반환청구권이 아닌 사무관리의 비용상환청구권을 적용하였다[대법원 2012.4.26. 2011다68203]. 그러나 손실자에게 관리의사가 존재하지 않는 때에는 부당이득반환청구권만이 성립됨은 물론이다.

라. 불법행위

사무관리와 불법행위 모두 법정채권 발생원인이라는 점에서 공통적이다. 그러나 사무관리가 성립하는 한도에서는 타인 영역의 개입도 위법성이 조각되어 불법행위가 성립되지 않는다는 점에서는 법적용의 경계선상을 이루고 있다. 반대로 무단사무관리와 같이 관리의사가 없이 타인의 사무를 처리하여 사무관리의 성립이 부정되는 경우에는 귀책사유나 손해발생 등이 인정된다면 불법행위가 성립될 수 있다. 또한 사무관리는 적법행위로서 지출한 비용의 상환에 중점을 두는 제도이므로, 피해자의 손해를 배상하는 불법행위와는 제도적 취지에서 완전히 구별된다.

제 2 절 성립요건

1. 타인 사무의 관리

가. 사 무

사무관리에서 사무라 함은 재산적 이익이 있는 일체의 행위를 말한다. 사무는 사실행위일 수도 있고 법률행위일 수도 있으며, 업으로서 행하는 업무와는 아무런 관계가 없다. 사무는 일시적이든 계속적이든 무방하지만, 불법적인 사무라면 사무관리가 성립되지 않는다고 해야 할 것이다. 사무관리의 대상이 되는 사무는 반드시 사인의 사무일 필요는 없다. 국가의 사무라도 사인이 대신하여 처리할 수 있는 성질의 것이며 사무처리의 긴급성 등 사인의 개입이 정당화될 수 있는 경우에는 예외적으로 사무관리가 성립된다[대법원 2014.12.11. 2012다15602].[2]

나. 관 리

관리는 사무를 처리하는 행위로 보존행위뿐만 아니라 개량행위나 처분행위도 관리의 범위에 들어간다. 다만 처분행위는 주관적인 관리의사 외에도 객관적으로도 이타적 목적이 인정되는 경우에만 제한적으로 허용되어야 할 것이다. 현상을 유지하는 수준의 보존행위나 개량행위로 타인의 사무를 처리할 수 있는 것이 일반적이므로 본인의 물건이나 권리를 처분하는 것을 정당화하기 위해서는 객관적으로도 그러한 필요성이 인정되어야만 한다. 예를 들어 도심 한가운데 도로에 떨어져 있는 냉동수산물을 주운 경우에는 도시 외곽에 있는 냉동창고에 보관시키기 보다는 근처 재래시장에 처분해서 현금으로 보관하는 것이 더 적합한 관리가 될 수 있다.

다. 타 인 성

관리하는 사무는 타인의 것이어야 한다. 이에 사무의 타인성을 어떻게 파악할

---

2) 해양 원유유출사고 발생시 민간회사가 해양경찰의 직접 지휘를 받아 방제작업을 보조한 행위는 국가 사무에 대한 사무관리가 성립.

것인가에 대하여 학설대립이 존재한다.

(1) 3분설

사회부조설을 따르는 통설적인 입장에서는 사무의 타인성을 크게 3가지로 유형을 세분화한다(김준호, 1097; 송덕수, 1359; 지원림, 1668). 첫째로 객관적으로 타인 사무인 경우, 예를 들어 타인 소유 물건의 주인을 찾아주는 행위는 타인성이 쉽게 인정된다. 타인 사무를 처리하는 반사적 효과로 자신에게 이익이 생기더라도 이는 관리의사로 다룰 문제이므로 타인성에는 영향이 없다. 둘째로 객관적으로 자기 사무인 경우에는 설령 타인의 사무라고 인식하고 있더라도 타인성이 부정된다. 예를 들어 타인의 물건이라고 생각하고 비용을 들여 관리했으나, 자신의 물건으로 확인된 경우이다. 주관적 인식과는 관계 없이 법률효과가 행위자 자신에게 귀속될 것이므로 사무관리는 성립될 여지가 없다. 끝으로 객관적으로 중립적인 사무는 관리자의 주관적 의사에 따라서 사무의 타인성이 결정되어야 한다. 예를 들어 자신이 애완견을 키우면서 타인이 잃어버린 애완견도 동시에 관리해주는 상황에서 애완견용 사료를 구입하는 행위가 이에 해당된다. 이 경우에는 타인의 사무라고 인식하고 관리행위를 한 경우에만 사무의 타인성이 인정되어 사무관리가 성립한다. 만약 자신의 애완견을 위해 사료를 구입했다면 자기 사무가 될 것이지만, 타인의 애완견을 위해 사료를 구입한 것이라면 타인성이 인정될 것이다. 다만 타인이 구체적으로 누구인가를 정확히 인식할 필요는 없다.

(2) 객관설

귀속성설을 취하는 입장에서는 사무의 타인성을 개개의 행위에 대해 객관적으로 판단하여야 한다고 한다. 이러한 견해를 취하면 중립적인 사무의 경우에는 판단이 매우 모호해진다. 예를 들어 애완견을 키우는 사람이 타인의 잃어버린 애완견도 같이 관리하는 경우에 애완견용 사료를 구입하는 행위가 자신을 위한 행위인지 아니면 타인을 위한 행위인지를 객관적으로 판단하는 기준을 명확히 제시하는 것은 매우 어렵다.

2. 관리의사

가. 학설대립

사무관리가 성립되기 위해서는 타인을 위하여 그의 사무를 관리한다는 의사가 필요한가에 대해서 학설대립이 있다.

(1) 필요설

사회부조설을 전제로 하여 사무관리가 성립되기 위해서는 사실상의 이익을 타인에게 귀속시키려는 의사가 필요하다는 견해가 통설이자 판례이다. 이러한 의사는 이타적 목적의 행위라는 타인 영역의 간섭의 정당화요소가 된다. 예를 들어 관리자가 타인의 채무임을 인식하고 그의 이익을 위하여 대신 채무를 유효하게 변제하였다면, 본인에 대한 사무관리가 성립된다. 그러나 자신의 채무라고 생각하고 변제하였으나 실제로는 타인의 채무를 변제한 것이었다면, 관리의사의 부존재로 채무자에 대한 사무관리는 성립되지 않는다. 이 경우에는 제3자 변제가 유효하다면 채무자에 대해 부당이득이 성립되고, 변제가 유효하지 않다면 변제를 수령한 자에 대한 부당이득 만이 문제가 될 것이다.

그러나 전적으로 이타적 목적일 필요는 없으므로 공유물의 관리와 같이 관리행위가 자기에게도 이익이 되어도 무방하며, 관리자가 인식하는 타인과 실제의 타인이 다르더라도 상관없다. 판례도 향후 계약체결에 따른 보수를 기대하면서 법적 의무 없는 타인의 사무를 처리한 경우에도 사무처리로 인한 사실상의 이익을 본인에게 귀속시키려는 의사를 원칙적으로 인정하지만, 사무관리의 주된 의도나 목적이 보수의 지급을 통한 자신의 경제적 이익추구에 있다고 볼 수 있는 경우에는 보다 엄격하고 신중한 판단이 필요하다고 한다[대법원 2010.1.14. 2007다55477].

관리자가 위 계약상 약정된 급부를 모두 이행한 후 본인과의 사이에 별도의 계약이 체결될 것을 기대하고 사무를 처리하였다면 그 사무는 위 약정된 의무의 범위를 벗어나 이루어진 것으로서 법률상 의무 없이 사무를 처리한 것이며, 이 경우 특별한 사정이 없는 한 그 사무처리로 인한 사실상의 이익을 본인에게 귀속시키려는 의사, 즉 타인을 위하여 사무를 처리하는 의사가 있다고 봄이 상당하다. 〈중략〉 관리자가 본인의 사무를 관리하게 된 주된 의도나 목적이 사무관리에 따른 보수를 지급받아 자신의 경제적 이익을 추구하고자 하는 데 있는 것으로 볼 수 있는 경우에는, 위와 같은 경제적 이익의 추구라고 하는 동기 때문에 관리자가 타인의 생활관계에 지나치게 개입함으로써 사적 자치의 원칙을 훼손시키고 오히려 사회적 상호부조의 이상에도 반할 우려가 있으므로, 이러한 경우 관리자에게 사무관리에 따른 비용청구권이 있는지를 판단함에 있어서는 그 사무의 처리가 본인의 이익과 의사에 부합하는지 여부 등 사무관리 성립요건의 충족 여부에 관하여 보다 엄격하고도 신중한 판단이 이루어져야 할 것이다[대법원 2010.1.14. 2007다55477].[3]

이처럼 필요설의 입장에서는 관리의사라는 주관적 요소가 필요하므로 행위능력까지는 없더라도 적어도 사리분별을 위한 의사능력은 존재해야 한다. 판례도 사무관리가 성립되기 위해서는 관리의사가 필요하다는 태도를 견지하고 있다[대법원 1981.10.24. 81다563].[4]

(2) 불요설

귀속성설을 따르는 경우에는 객관적으로 타인의 사무라면 사무관리가 성립되며 관리자의 주관적 의도나 타인성에 대한 인식을 요하지 않는다.

나. 오신사무관리

관리의사가 필요하다는 입장에 서면 타인의 사무를 자기의 사무로 오인하고 처리한 오신사무관리의 경우에 관리의사의 부존재로 사무관리가 성립되지 않게 된다. 따라서 오신에 과실이 없다면 부당이득으로, 오신에 과실이 있다면 불법행위로 처리되어야 할 것이다. 그러나 불요설에 따르면 객관적으로 타인의 사무라면 관리의사가 결여된 오신사무관리도 사무관리가 성립되는 데 아무런 지장이 없다.

다. 무단사무관리

타인의 사무임을 인식하고도 자신의 이익을 위하여 그 사무를 처리하는 무단사무관리의 경우에도 관리의사가 결여되어 있다. 이 경우에 불요설이라면 객관적

---

3) 약정된 분량을 초과한 건설폐기물의 처리를 중단하였으나 상대방의 요청으로 재개한 경우, 초과 처리된 폐기물처리비는 비용의 명목으로 청구 가능.
4) 공유수면매립 허가의 실효 통지를 수령한 뒤에 투입된 매립공사비는 관리의사가 부존재하므로 사무관리 불성립.

인 타인의 사무인 한 사무관리가 성립될 수 있으나, 필요설에 따를 경우에는 사무관리가 성립될 수 없음이 논리적인 귀결이다. 그러나 과거에는 필요설을 취하면서도 관리의사의 결여로 사무관리가 성립되지 못한다고 한다면 오히려 수익이 관리자에게 잔존할 위험도 있으므로, 무단사무관리의 효과를 본인에게 귀속시키기 위해서는 '준사무관리'라는 개념을 고안하여 사무관리의 규정을 적용하는 견해도 있다. 이는 독일 민법의 영향을 받은 해석론으로서, 사무관리가 부정되어 부당이득이 적용되면 무단사무관리에서 발생된 본인의 손실을 넘는 이익은 관리자에게 귀속될 수 밖에 없는 문제점을 이론적으로 해결하려는 시도이다.

주로 다루어지는 예가 타인 소유의 물건을 특별히 높은 가격으로 매도한 경우에 그 매매대금 전부를 본인에게 반환하여야 하는가의 문제이다. 이 경우 준사무관리를 인정하지 않고 부당이득이나 불법행위로 규율하게 되면, 손실자의 손실을 한도로 하는 부당이익을 반환하거나 또는 피해자의 손해를 배상하므로 일반적인 시가를 기준으로 반환 또는 배상되어야 한다. 그렇게 되면 특별히 높은 가격에서 시가를 공제한 차액은 무단사무관리자에게 귀속될 수밖에 없다. 그러나 준사무관리 개념을 인정하여 사무관리 규정을 적용하게 되면 제738조에 따라 위임에 관한 제684조가 준용되어 특별히 높은 가격 전부를 본인에게 인도하여야 한다.

대체로 학설(김준호, 1099; 송덕수, 1364; 지원림, 1670)과 판례는 사회부조설과 관리의사 필요설 그리고 준사무관리 부정설의 논리적인 흐름을 취하는 것이 일반적이다. 생각해보건대 독일 민법과는 달리 무단사무관리에 대해 사무관리에 관한 규정을 적용하는 조문을 두고 있지 않음에도 불구하고 준사무관리의 개념을 창설하는 것은 입법론으로는 몰라도 해석론으로서는 무리이다. 무단사무관리자는 타인의 사무임을 인식하고도 자신의 이익을 위해 무단히 개입하는 것이므로 악의의 부당이득자가 될 것이므로, 그 이익의 반환도 제748조 제2항이 적용되어 받은 이익에 이자를 붙여 반환하고 손해가 있으면 이를 배상하여야 한다. 따라서 악의의 부당이득자인 무단사무관리자가 실질적으로 이득을 얻을 범위는 매우 협소해지므로, 법률상 근거도 없는 준사무관리의 개념을 생성해서 무단사무관리에 적용할 필요까지는 없을 것이다.

3. 법적 의무의 부존재

사무관리가 성립되기 위해서는 관리자에게 타인의 사무를 처리할 법적 의무가 존재하지 않아야 한다. 여기에서의 법적 의무란 법률규정에 의해 부과되는 의무뿐만 아니라 당사자의 계약에 의해 발생되는 의무도 포함된다. 그리고 법적 의무가 존재하더라도 그 범위를 초과하는 관리행위[대법원 2010.1.14. 2007다55477] 또는 향후 계약체결에 대비하여 사전에 선이행을 하는 행위[대법원 2013.6.27. 2011다17106][5]는 사무관리가 성립될 수 있다.

법적 의무의 부존재를 관리자가 주관적으로 인식할 필요는 없고, 객관적으로 법적 의무가 존재하지 않으면 된다. 사무관리의 사회부조적 기능은 관리의사의 존재라는 주관적 요건으로 충분하다고 할 것이다. 예를 들어 생계를 같이 하지 않는 형제간에도 부양의무가 있다고 오신한 경우와 같이 타인의 사무를 처리할 법적 의무가 존재한다고 믿고 관리행위를 하였으나, 실제로는 법적 의무가 존재하지 않는 경우에도 사무관리의 성립에는 영향이 없다.

법적 의무의 부존재는 관리행위를 하는 시점을 기준으로 판단되어야 한다. 타인의 사무를 처리할 시점에는 위임계약 등에 따른 법적 의무가 있었으나 취소나 해제 등의 사유로 소급적으로 의무가 없는 것으로 확정되는 경우에는 사무관리는 성립될 수 없고 급부부당이득으로 다루어져야 할 것이다. 또한 관리자가 본인에 대해서 법적 의무를 부담하지 않지만, 제3자에 대해서 법적 의무를 부담하는 경우에도 원칙적으로 본인에 대한 사무관리가 성립하지 아니한다[대법원 2013.9.26. 2012다43539]. 따라서 제3자를 위한 계약의 경우에는 수익자에 대한 낙약자의 사무관리가 성립되지 않는다. 다만 요약자가 수익자를 위해 의무 없이 이타적 목적으로 낙약자와 제3자를 위한 계약을 체결한 경우에는 요약자와 수익자 간의 사무관리가 성립될 수는 있다.

---

5) 국방 관련 유지·보수 용역계약의 입찰 조건을 충족하기 위해 해군이 사용할 프로그램의 라이선스계약을 해외 사업자와 미리 체결하였으나, 입찰에서 탈락한 경우에 대한민국을 위한 사무관리에 해당할 수 있음.

4. 본인에게 불리하거나 본인의 의사에 반하지 않을 것

관리자는 그 사무의 성질에 좇아 가장 본인에게 이익이 되는 방법으로 이를 관리하여야 하고, 본인의 의사를 알거나 알 수 있는 때에는 그 의사에 적합하도록 관리하여야 한다. 이에 위반하여 사무를 관리하는 경우에는 과실 없는 때에도 이로 인한 손해를 배상할 책임이 있다. 그러나 그 관리행위가 공공의 이익에 적합한 때에는 중대한 과실이 없으면 배상할 책임이 없다(제734조). 제734조 제1항은 "가장 본인에게 이익이 되는 방법으로" 관리할 것을 규정하고 있고, 동조 제2항은 본인의 "의사에 적합하도록 관리"하여야 한다고 규정하고 있다. 그리고 동조 제3항에서는 이에 위반하여 사무를 관리하면 무과실의 손해배상책임을 지우고 있다.

학설은 본인의 이익이나 의사에 합치할 것을 성립요건으로 다루는 것이 일반적이다(지원림, 1671; 송덕수, 1362). 따라서 본인에게 불리하거나 본인에 의사에 반하는 것이 명백하면 사무관리가 성립되지 않는다. 그러나 제734조 제1항은 "가장 본인에게 이익이 되는 방법"을 규정하고 있는데, 이타적 목적으로 타인 사무를 의무없이 처리하는 자에게 최선의 방법까지 성립요건으로 요구하는 것은 과도한 부담이 아닐 수 없다. 그리고 사무관리의 구체적인 방법에 대한 규정이지 타인 사무에 대한 처리 그 자체에 관한 규율은 아니다.

따라서 사무관리 자체에 대한 본인의 의사와 관리 방법에 대한 본인의 의사나 이익을 구분할 필요가 있다. 즉 본인이 직접 관리하겠다는 의사에 반하지 않을 것은 사무관리의 성립요건이지만, 관리 방법이 본인의 이익이나 의사에 반하지 않을 것은 사무관리의 성립요건은 아니라고 할 것이다.

가. 관리 자체

사무관리는 본인이 직접 사무를 관리하지 않는 경우에 한하여 성립될 수 있는 것이며, 본인 자신이 직접 관리하겠다는 의사가 외부로 명백히 표시된 이후 부터는 사무관리가 성립될 수 없다[대법원 1975.4.8. 75다254]. 따라서 관리 자체가 본인의 이익 또는 의사에 반하는 경우에는 사무관리의 성립을 부정하여야 할 것이다[대법원 1981.10.24. 81다563].[6]

사무관리가 되려면 의무 없이 타인의 사무를 처리함에 있어서 주관적으로는 타인을 위하여 하려는 의사가 있어야 할 뿐만 아니라 객관적으로는 타인의 의사에 반하지 않아야 할 것[대법원 1981.10.24. 81다563].

왜냐하면 관리를 원하지 않는다는 의사가 명백함에도 불구하고 관리를 하는 것은 무단사무관리와 다를 바 없으므로 이에 대해 사무관리의 성립을 인정하는 것은 논리적으로도 수용하기 어렵다. 또한 사회부조설적인 입장에서 이타적 목적을 인정할 수 없으므로 사무관리의 성립을 긍정할 수는 없을 것이다. 판례도 사무의 처리가 본인에게 불리하거나 본인의 의사에 반하는 것이 명백하지 아니할 것을 요한다고 판시하고 있다[대법원 1997.10.10. 97다26326].[7]

나. 관리 방법

관리 자체는 본인의 이익이나 의사에 반하지 않으나 오로지 관리 방법이 본인의 이익 또는 의사에 반하는 경우에는 사무관리의 성립을 긍정하여야 할 것이다. 제739조 제3항에서 관리자가 본인의 의사에 반하여 관리한 때에는 본인의 현존이익 한도에서 비용상환청구권이 인정된다고 규정하는 것은 사무관리의 성립을 전제로 한 것이라고 볼 수 있다. 그러므로 관리 방법에 있어서 본인의 이익이나 의사에의 합치를 성립요건이 아닌 관리자의 특수한 책임가중 사유로 보는 것이 더욱 타당할 것으로 생각한다.

만약 관리 방법에 있어서의 본인의 이익이나 의사에의 합치를 사무관리의 성립요건으로 본다면, 이를 결여하는 경우에는 사무관리가 성립되지 않으므로 불법행위로 다루게 된다. 불법행위가 적용되어야 한다면 당연히 가해자의 귀책사유가 존재하지 않는 경우에는 손해배상책임을 인정할 수 없다. 이렇게 되면 제734조 제3항의 무과실책임과는 상충된 결과를 가져오게 된다. 그러므로 관리 방법에 있어서의 본인의 이익이나 의사에의 합치는 성립요건이 아닌 관리자의 특수한 책임가

---

6) 공유수면매립 허가의 실효 통지를 수령한 뒤에 투입된 매립공사비는 본인의 의사에 반하므로 사무관리 불성립.
7) 이미 합의금 지급을 거부한 피고에게 그 동생의 합의금을 대신 지급한 동생의 친구가 피고에게 사무관리 비용 청구를 한 경우에 합의금 지급 자체가 피고의 의사에 반하는 것이라 사무관리성립을 부정.

중사유로 보아야 한다. 즉 관리 방법에 있어서 본인의 이익이나 의사에 합치하지 않더라도 사무관리는 성립하되, 무과실책임의 무거운 법적 효과를 부담할 뿐이라고 할 것이다. 판례도 관리 자체는 본인의 이익에 반하는 것은 아니지만 관리 방법이 본인의 이익에 반하는 사안에서 사무관리자로서 본인이 입은 손해에 대해 무과실책임을 진다고 함으로써, 관리 방법에서 본인의 이익이나 의사에의 합치가 성립요건이 아닌 특수한 책임가중사유로 취급하는 것으로 이해할 수 있다[대법원 1995.9.29. 94다13008].[8]

> 피고가 원고를 대신하여 손님이 주문할 음식의 조리를 위한 준비로 위 가스레인지를 점화하여 원고의 사무를 개시한 이상 위 가스레인지의 사용이 필요없게 된 경우 스스로 위 가스레인지의 불을 끄거나 위 레스토랑의 종업원으로 하여금 그 불을 끄도록 조치하는 등 원고에게 가장 이익되는 방법으로 이를 관리하여야 함에도 이를 위반하였으므로 피고는 사무관리자로서 이로 인하여 발생한 이 사건 손해에 대하여 본인인 원고가 입은 손해를 배상할 책임이 있다[대법원 1995.9.29. 94다13008].

5. 행위능력의 문제

사무관리의 성립을 위하여 관리자에게 행위능력이 필요한가에 대해 견해가 대립한다. 사무관리가 준법률행위인 사실행위라는 점을 고려하면 관리의사를 위한 사실상의 의사능력은 몰라도 행위능력은 필요하지 않다고 보는 견해(김준호, 1095)가 논리적이다. 그러나 제한능력자라도 사무관리가 성립될 수 있다고 한다면, 제한능력자에게 무거운 법적 책임을 지우는 것이 되기 때문에 제한능력자 보호를 위해 행위능력이 필요하다고 하는 반대 견해도 설득력이 있다. 따라서 제한능력자라도 사무관리가 성립되어 비용상환청구권 등의 권리행사는 가능하지만, 제734조 제3항과 같은 무거운 무과실책임은 적용되지 아니하고 부당이득이나 과실책임의 불법행위로 다루어야 한다는 절충적인 견해(지원림, 1668)가 유력하다.

---

8) 사무관리로 타인의 가스레인지를 사용하고는 불을 직접 끄거나 끄도록 조치하지 아니한 것은 관리 자체가 아닌 관리 방법이 본인의 이익이나 의사에 반한 경우라고 봐야 하고, 사무관리의 성립을 긍정.

제 3 절 효 과

1. 일반적 효과

사무관리의 가장 중요한 효과는 타인 영역의 개입도 위법성이 조각되어 불법행위가 성립하지 않는다는 것이다. 사무관리가 성립되면 후술하는 본인의 이익·의사 존중의무를 위반하지 아니하는 한 본인에게 손해가 발생하더라도 불법행위 책임을 지지 아니한다.

2. 관리자의 의무

가. 통지의무

관리자가 관리를 개시한 때에는 지체 없이 본인에게 통지하여야 한다. 그러나 본인이 이미 이를 안 때에는 그러하지 아니하다(제736조). 이러한 통지의무를 위반하는 경우의 효과에 대해서 민법이 특별히 명시하고 있는 바는 없으나, 통지의무를 위반하여 발생한 손해에 대해서는 제734조 제3항을 준용하여 손해배상책임을 지우거나 그 손해액만큼 상환할 비용에서 감액하는 것이 타당할 것이다. 판례는 통지의무를 위반하였으나 손해가 발생한 것이 아니라면 지출한 비용 전부의 상환을 인정한 바 있다[대법원 1975.2.25. 73다1326].[9]

나. 관리계속의무

관리자는 본인, 그 상속인이나 법정대리인이 그 사무를 관리하는 때까지 관리를 계속하여야 한다(제737조 제1항). 관리자는 법적 의무가 없으므로 타인의 사무를 관리할 것인가의 판단은 자유이지만, 일단 관리를 개시하면 임의로 중단해서는 아니된다. 그러나 관리의 계속이 본인의 의사에 반하거나 본인에게 불리함이 명백한 때에는 그러하지 아니하다(제737조 제2항). 따라서 본인 자신이 직접 사무를 관리하

---

9) 타인의 채무를 변제하는 사무관리를 개시하였으나 통지하지 아니한 경우 손해가 발생하지 않았다면 채무 변제를 위하여 지출한 비용 전액에 대해 상환청구권 인정.

겠다는 의사가 외부적으로 명확히 표현되었으면, 관리자에 대한 종료의 의사표시 없이 사무관리가 종료된다[대법원 1975.4.8. 75다254].

다. 관리 방법에서 본인의 이익·의사 존중 의무

관리자는 사무를 본인의 이익이나 의사에 적합한 방법으로 관리하여야 한다. 제734조 제1항은 "그 사무의 성질에 좇아 가장 본인에게 이익이 되는 방법"을 선택하도록 명시하고 있다. 문제는 '가장' 본인에게 이익이 되는 방법이라고 민법이 명시하고 있다는 점이다. 여러 가지 관리 방법 중에서 무엇이 최선인가를 판단하여 실천할 의무까지 이타적 목적의 관리자에게 지우는 것이 적절한가는 의문이다. 사회부조설적인 사무관리의 제도적 취지를 고려한다면 본인에게 불이익이 되지 아니하는 방법으로 관리하는 정도로 충분하다고 생각된다. 다만 본인의 의사를 알거나 알 수 있었을 경우에는 그에 적합한 방법으로 관리하는 것은 지극히 당연한 것으로 받아들일 수 있다.

입법론으로도 제734조 제1항에서 "가장 본인에게 이익이 되는 방법"이라는 법문상 표현은 "본인에게 불리하지 않은 방법으로"로 개정하는 것이 적절하다. 법적 의무 없이 이타적인 관리의사를 가지고 타인의 사무에 개입하는 자에게 대해 최선의 방법을 취해야만 한다는 법적 요구는 과도한 것이 아닐 수 없다. 본인에게 최선은 아닐지라도 불리하지 않은 방법을 취했다면 사무관리의 제도적 이념에 충분히 부합되는 것이라고 보아, 무거운 법적 책임을 지우지 않아야 할 것이다.

관리 방법에 있어서 본인의 이익·의사 존중의무를 위반하는 경우에는 사무관리 자체가 불성립하는 것은 아니고, 제734조 제3항에 따라 본인에게 발생한 손해에 대해 관리자에게 과실이 없더라도 관리자는 손해배상책임을 부담하게 된다. 예를 들어 계속해서 안정적인 성향으로만 투자해 온 해외 체류 중인 본인의 정기예금계좌의 만기가 되자, 관리자가 이를 공격적인 투자성향의 주식형 펀드로 교체하였으나 주가 폭락으로 손해를 입은 경우에 관리자는 손해를 배상하여야 한다.

다만 그 관리행위가 공공의 이익에 적합한 때에는 중대한 과실이 없으면 배상할 책임이 없다(제734조 제3항 단서). 예를 들어 주차위반 과태료를 장기 체납한 본인의 부재중 집을 보아주던 친구가 대신 납부하였으나 본인은 납부할 의사가 전혀 없었던 경우에는 공공의 이익에 적합한 관리행위이므로 관리자는 중과실이 있는 경우에만 배상책임을 부담한다.

라. 기   타

관리자는 위임계약만 없을 뿐 수임인과 유사한 역할과 기능을 하는 것이므로 제738조는 위임계약에 관한 규정들을 준용하고 있다. 먼저 수임인의 보고의무에 관한 제683조가 준용되어 관리자는 본인의 청구가 있는 때에는 사무관리의 처리 상황을 보고하고 사무관리가 종료된 때에는 지체 없이 그 본말을 보고하여야 한다. 그리고 수임인의 취득물 등의 인도 및 이전의무에 관한 제684조가 준용되어 관리자는 사무의 처리로 인하여 받은 금전 기타의 물건 및 그 수취한 과실을 본인에게 인도하여야 하며, 관리자가 본인을 위하여 자기의 명의로 취득한 과실을 본인에게 이전하여야 한다. 또한 수임인의 금전 소비의 책임에 관한 제685조가 준용되어 관리자가 본인에게 인도할 금전 또는 본인의 이익을 위하여 사용할 금전을 자기를 위하여 소비한 때에는 소비한 날 이후의 이자를 지급하여야 하며 그 외의 손해가 있으면 배상하여야 한다.

3. 관리자의 권리

가. 비용상환청구권

관리의사가 존재하여 사무관리가 성립하면 관리자가 본인을 위하여 지출한 모든 필요비와 유익비 전액의 상환을 청구할 수 있다(제739조 제1항). 사무관리의 제도적 취지는 이타적 관리자가 지출한 비용을 본인으로부터 상환받을 수 있게 하는 것이며, 본인의 이익을 박탈하여 원래의 이익 상황으로 돌이키는 것은 아니다. 따라서 사무관리와 동시에 부당이득의 성립요건도 충족하는 경우에 본인이 얻은 이익보다 관리자가 지출한 비용이 더 크다면, 사무관리의 성립을 주장하여 지출한 비용 전액을 청구할 실익이 있다. 관리자가 본인을 위하여 필요 또는 유익한 채무를 부담한 때에는 본인에게 자기를 갈음하여 이를 변제하게 할 수 있고 그 채무가 변제기에 있지 아니한 때에는 상당한 담보를 제공하게 할 수 있다(제739조 제2항). 향후 지출할 채무도 이미 지출한 비용과 마찬가지로 본인의 최종적인 부담으로 돌리는 것이 마땅하기 때문이다.

관리자가 본인의 의사에 반하여 관리한 때에는 본인의 현존이익 한도에서만 비용의 상환을 청구하거나 채무의 변제 또는 상당한 담보를 제공하게 할 수 있다 (제739조 제3항). 그러나 여기에서 본인의 의사에 반하여 관리할 때라 함은 관리 자체가 본인의 의사에 반하는 것이 아니라 관리 방법만이 본인의 의사에 반하는 것을 의미한다. 왜냐하면 관리 자체가 본인의 의사에 반하는 것이라면, 아예 사무관리가 성립되지 않는다고 보아야 하기 때문이다. 예를 들어 서민적인 생활을 하는 갑이 잃어버린 애완견을 을이 관리하는 과정에서 평범한 애완견 사료가 아니라 매우 고가의 최고급 수입 사료를 구입해서 제공했다면, 을은 최고급 사료 구입 비용이 아닌 평범한 사료를 절약한 액수의 상환을 갑에게 청구할 수 있을 뿐이다.

만약 관리 자체가 본인의 의사에 반하는 것이었다면 관리행위를 한 자는 사무관리에 기한 비용상환청구권이 아닌 부당이득반환청구권의 행사만이 가능하게 된다. 부당이득반환청구권을 행사하면, 사무관리의 효과에 관한 제739조 제3항이 적용되지 아니하므로, 본인에 대해 채무 변제나 상당한 담보를 제공할 것을 청구할 수는 없다는 점에서 이러한 구분의 실익이 있다.

본인의 의사에 반하는가의 판단은 객관적인 관점에서 평가되어야 한다. 예를 들어 습득한 인쇄물을 주인에게 돌려주느라 비용이 소요되었는데, 주인은 이미 소유권을 포기하고 재출력한 상태라고 한다면 관리자로서는 사실상 비용을 상환받는 것이 불가능하게 된다. 따라서 객관적인 관점에서 관리자의 관리행위가 본인의 의사에 반하는 것이 아니라면, 지출한 필요비 또는 유익비 전액의 상환을 청구할 수 있다고 보아야 할 것이다.

나. 무과실 손해보상청구권

관리자가 사무관리를 함에 있어서 자신의 과실 없이 손해를 받은 경우에 본인의 현존이익 한도에서 그 손해의 보상을 청구할 수 있다(제740조). 예를 들어 관리자가 타인이 잃어버린 맹견을 기둥에 묶어서 보관하던 중 맹견이 관리자의 집 기둥을 물어뜯었으면, 본인에게 현존이익의 한도에서 손해의 보상을 청구할 수 있다. 만약 관리자에게 과실이 있었다면 제740조를 반대해석해서 손해의 보상을 청구할 수 없다고 할 것이 아니라, 본인이 관리자에게 과실상계를 주장할 수 있다고 보는 것이 타당하다. 전술한 예에서 관리자가 맹견을 묶어 놓지 않는 바람에 자신의 신발을 전부 훼손시켰다면, 맹견을 묶어두지 아니한 관리자의 과실에 대해 본인은 과실상계를 주장할 수 있다.

관리자가 사무 처리에 소요된 시간 동안 노동력을 제공한 것을 일종의 소극적 손해로 간주하여 무과실 손해보상청구권을 주장할 수는 없다고 할 것이다. 상호부조적인 관리행위를 관리자의 손해라고 부정적으로 평가하는 것은 사회부조설적인 입장과는 잘 조화된다고 보기 어렵다. 따라서 여기에서의 손해란 사무관리 과정에서 발생하는 구체적인 재산상 적극적 손해와 정신적 손해만을 말한다.

다. 보수지급청구권

민법상 사무관리의 경우에는 관리자에게 보수지급청구권이 인정되지 않는다. 판례는 직업 또는 영업에 의하여 유상으로 일하는 사람이 그 직업 또는 영업의 범위 내에서 타인의 사무를 관리한 경우에는 통상의 보수 상당 금액을 필요비 또는 유익비로 청구할 수 있다고 하여 보수가 아닌 비용 상환의 명목으로 청구권을 인정하고 있다[대법원 2010.1.14. 2007다55477].[10] 이는 직업 또는 영업의 범위 내에서 타인 사무의 관리를 하는 바람에 그 시간만큼 자신의 소득을 포기한 데 대한 기회비용을 보수를 기준으로 하여 인정한 것이다. 한편 특별법인 유실물법 제4조에서 물건을 반환받는 자는 물건 가액의 100분의 5 이상 100분의 20 이하의 범위 내에서 보상금을 습득자에게 지급하도록 보수지급의무를 규정하고 있다. 다만 공공기관 및 지방공사와 지방공단은 보상금을 청구할 수 없다(유실물법 시행령 제6조).

직업 또는 영업의 일환으로 제공한 용역은 그 자체로 유상행위로서 보수 상당의 가치를 가진다고 할 수 있으므로 그 관리자는 통상의 보수를 받을 것을 기대하고 사무관리를 하는 것으로 보는 것이 일반적인 거래 관념에 부합하고, 그 관리자가 사무관리를 위하여 다른 사람을 고용하였을 경우 지급하는 보수는 사무관리 비용으로 취급되어 본인에게 반환을 구할 수 있는 것과 마찬가지로, 다른 사람을 고용하지 않고 자신이 직접 사무를 처리한 것도 통상의 보수 상당의 재산적 가치를 가지는 관리자의 용역이 제공된 것으로서 사무관리 의사에 기한 자율적 재산희생으로서의 비용이 지출된 것이라 할 수 있으므로 그 통상의 보수에 상응하는 금액을 필요비 내지 유익비로 청구할 수 있다고 봄이 타당하고,

---

10) 약정된 분량을 초과한 건설폐기물의 처리를 중단하였으나 상대방의 요청으로 재개한 경우, 초과 처리된 폐기물처리비는 비용의 명목으로 청구 가능.

이 경우 통상의 보수의 수준이 어느 정도인지는 거래관행과 사회통념에 의하여 결정하되, 관리자의 노력의 정도, 사무관리에 의하여 처리한 업무의 내용, 사무관리 본인이 얻은 이익 등을 종합적으로 고려하여 판단하여야 한다[대법원 2010.1.14. 2007다55477].

4. 긴급사무관리

관리자가 타인의 생명, 신체, 명예 또는 재산에 대한 급박한 위해를 면하게 하기 위하여 그 사무를 관리한 때에는 고의나 중대한 과실이 없으면 이로 인한 손해를 배상할 책임이 없다(제735조). 이 규정의 취지와 해석에 대해서는 논란의 여지가 있으나 이에 대한 논의가 활발하지는 않다. 먼저 타인이 사무관리자의 상대방인 본인을 말하는 것인지 아니면 본인 이외의 제3자도 포함하는 것인지, 그리고 제761조 제2항의 긴급피난과의 관계 및 제734조 제3항 단서와의 관계는 어떻게 되는 것인지 등은 검토되어야 할 여지가 있다.

일단 여기에서 타인이란 제734조 제1항의 타인과 동의어로 사무관리에서 본인을 지칭하는 것이라고 보아야 할 것이다. 따라서 제3자를 위하여 타인의 사무를 관리한 경우에는 긴급피난이 성립되는 것은 별론으로 하고 사무관리는 성립되지 아니한다. 제735조는 제761조 제2항의 긴급피난의 구체적인 일 유형을 예시한 것으로 일종의 위법성 조각사유로 보아야 할 것이다. 제734조 제3항 단서는 구체적인 관리 방법에 대한 이익이나 의사의 존중의무를 위반하였으나 관리 자체는 공공의 이익에 적합한 경우에 해당되는 것으로, 예를 들면 이자제한법 위반의 폭리로 금전소비대차를 하는 것이 본인의 의사였음에도 불구하고 은행 정기예금에 가입한 경우를 생각해 볼 수 있다. 제735조는 관리 자체에 대한 이익이나 의사의 존중의무를 위반하였으나 관리를 개시하는 경우, 예를 들어 심야의 동파를 방지하기 위해 수돗물을 약하게 틀어놓았으나 이웃 주민이 이를 모르고 물을 아끼기 위해 잠근 경우와 같은 사안에 적용되는 것으로 이해되어야 한다.

판례색인

사항색인

[저자 약력]

연세대학교 법과대학 법학사
연세대학교 대학원 법학석사
연세대학교 대학원 법학박사
경남과학기술대학교 컴퓨터공학과 공학사
충북대학교 대학원 공학석사(정보통신공학 전공)
충북대학교 대학원 공학박사(정보통신공학 전공)
국립 경상대학교 법과대학 교수
사법시험, 행정고시, 변호사시험 위원
현, 연세대학교 법학전문대학원 교수

[주요 저서]

전자거래법(전정판), 법원사, 2000.
디지털정보계약법, 법문사, 2005.
전파법연구(공저), 법문사, 2012.
전기통신사업법연구(공저), 법문사, 2016.
방송법연구(공저), 법문사, 2019.

법정채권법 [제3판]

2014년 2월 28일   초판 발행
2021년 3월 15일   제2판 발행
2023년 2월 25일   제3판 1쇄 발행

저　자　오　　병　　철
발행인　배　　효　　선
발행서판　法　文　社

소　10881 경기도 파주시 회동길 37-29
등록　1957년 12월 12일/제2-76호(윤)
전화　(031)955-6500～6 FAX (031)955-6525
mail　(영업) bms@bobmunsa.co.kr
　　　(편집) edit66@bobmunsa.co.kr
홈페이지　http://www.bobmunsa.co.kr

조 판 법 문 사 전 산 실

정가 26,000원　　ISBN 978-89-18-91375-9

불법복사는 지적재산을 훔치는 범죄행위입니다.
이 책의 무단전재 또는 복제행위는 저작권법 제136조 제1항에 의
거, 5년 이하의 징역 또는 5,000만원 이하의 벌금에 처하게 됩니다.